utb 4949

Eine Arbeitsgemeinschaft der Verlage

Böhlau Verlag · Wien · Köln · Weimar
Verlag Barbara Budrich · Opladen · Toronto
facultas · Wien
Wilhelm Fink · Paderborn
Narr Francke Attempto Verlag · Tübingen
Haupt Verlag · Bern
Verlag Julius Klinkhardt · Bad Heilbrunn
Mohr Siebeck · Tübingen
Ernst Reinhardt Verlag · München
Ferdinand Schöningh · Paderborn
Eugen Ulmer Verlag · Stuttgart
UVK Verlag · München
Vandenhoeck & Ruprecht · Göttingen
Waxmann · Münster · New York
wbv Publikation · Bielefeld

 Dr. jur. *Sabahat Gürbüz* ist als Fachanwältin für Familienrecht tätig und lehrte als Vertretungsprofessorin u. a. Familienrecht an der Frankfurt University of Applied Sciences, Fachbereich Soziale Arbeit und Gesundheit.

Sabahat Gürbüz

Familien- und Kindschaftsrecht für die Soziale Arbeit

2., aktualisierte Auflage
Mit 16 Abbildungen

Ernst Reinhardt Verlag München

Außerdem im Ernst Reinhardt Verlag erschienen:

Gürbüz, S.: Grundkurs Verfassungs- und Verwaltungsrecht für die Soziale Arbeit
(2016, ISBN: 978-3-8252-4561-0)

Bibliografische Information der Deutschen Nationalbibliothek

Die Deutsche Nationalbibliothek verzeichnet diese Publikation in der Deutschen Nationalbibliografie; detaillierte bibliografische Daten sind im Internet über <http://dnb.d-nb.de> abrufbar.

UTB-Band-Nr.: 4949
ISBN 978-3-8252-5374-5
2., aktualisierte Auflage

© 2020 by Ernst Reinhardt, GmbH & Co KG, Verlag, München

Dieses Werk einschließlich seiner Teile ist urheberrechtlich geschützt. Jede Verwertung außerhalb der engen Grenzen des Urheberrechtsgesetzes ist ohne schriftliche Zustimmung der Ernst Reinhardt, GmbH & Co KG, München, unzulässig und strafbar. Das gilt insbesondere für Vervielfältigungen, Übersetzungen in andere Sprachen, Mikroverfilmungen und die Einspeicherung und Verarbeitung in elektronischen Systemen.

Printed in EU
Einbandgestaltung: Atelier Reichert, Stuttgart
Cover unter Verwendung eines Fotos von © asignarts / Fotolia
Satz: ew print & medien service GmbH

Ernst Reinhardt Verlag, Kemnatenstr. 46, D-80639 München
Net: www.reinhardt-verlag.de   E-Mail: info@reinhardt-verlag.de

Inhalt

Hinweise zur Benutzung dieses Lehrbuchs 10
Abkürzungsverzeichnis 11
Vorwort 14
1 Grundlagen des Familienrechts 15
1.1 Allgemeines. 15
1.2 Verfahrensrecht 16
1.3 Materielles Recht 20
2 Paarbeziehungen 22
2.1 Verlöbnis, § 1297 BGB 22
2.1.1 Begriff und Rechtsnatur 22
2.1.2 Wirkungen 23
2.1.3 Beendigung des Verlöbnisses 23
2.2 Ehe, §§ 1303–1563 BGB 24
2.2.1 Ehe und Lebenspartnerschaft/-gemeinschaft 25
2.2.2 Eheschließung 28
2.2.3 Wirkungen der Ehe 29
3 Trennung und Scheidung 32
3.1 Grundsatz 32
3.2 Fallgruppen der Scheidung. 33
3.2.1 Die „unwiderlegliche" Vermutung des
 § 1566 Abs. 1 BGB. 33
3.2.2 Scheidung wegen Zerrüttung der Ehe,
 § 1565 Abs. 1 S. 2 BGB. 37
3.2.3 Unwiderlegliche Vermutung (§ 1566 Abs. 2 BGB) 37
3.2.4 Härtefallscheidung gemäß § 1565 Abs. 2 BGB 38
3.3 Die Schutzklauseln des § 1568 BGB 44
3.3.1 Kinderschutzklausel (§ 1568 S. 1, 1. Alt. BGB). 45

3.3.2	Ehegattenschutzklausel (§ 1568 S. 1, 2. Alt. BGB)	45
4	**Aufhebung einer Ehe (§§ 1313–1320 BGB)**	**47**
5	**Sonderthema 1: Die Lebenspartnerschaft (LPartG)**	**49**
5.1	Homosexualität in der Weimarer Republik	49
5.2	Homosexuelle Männer im Dritten Reich	50
5.3	Homosexualität in der DDR	51
5.4	Wandel in den 1960er Jahren in der BRD	52
5.5	Die Regelung im wiedervereinigten Deutschland	53
5.6	Rechtsangleichung zwischen Ost und West	54
5.7	Rechtsangleichung der Lebenspartnerschaft mit der Ehe	54
5.8	Die Haltung des BVerfG	55
5.9	Regelungen im LPartG	58
6	**Sonderthema 2: Scheidung und Trennung von Ehen mit internationalem Bezug („ROM III-Verordnung")**	**61**
6.1	Anwendbares Recht	61
6.2	Grundlagen im türkischen Scheidungsrecht	62
7	**Unterhaltsrecht**	**65**
7.1	Kindesunterhalt	65
7.1.1	Minderjährigenunterhalt	65
7.1.2	Volljährigenunterhalt	71
7.2	Unterhalt bei Getrenntlebenden und nach der Scheidung	76
7.2.1	Erwerbsobliegenheit (§ 1574 BGB)	77
7.2.2	Rangfolge (§§ 1582 i. V. m 1609 BGB)	78
7.2.3	Prinzip der Eigenverantwortung (§§ 1574, 1578b, 1579 BGB)	79
7.2.4	Unterhaltsbedarf	81
7.2.5	Unterhaltsvergleiche	82
7.3	Unterhalt nichtverheirateter betreuender Eltern	82
7.4	Elternunterhalt	83

8	**Scheidungsfolgen**	**86**
8.1	Güterrecht (Zugewinnausgleich)	86
8.2	Versorgungsausgleich	87
8.3	Güterrecht mit internationalem Bezug	87
9	**Sorgerecht (§§ 1626–1698b BGB)**	**89**
9.1	Gerichtliche Zuständigkeit	89
9.2	Berechtigung der Eltern	89
9.3	Umfang (Regelfall): Personensorge, Vermögenssorge und Vertretung	91
9.4	Sorgerecht bei dauerhaft getrennt lebenden Eltern	93
9.4.1	Grundsatz	93
9.4.2	Kindeswohl	95
9.4.3	Familienpsychologisches Gutachten	101
9.4.4	Sorgerecht beim Wechselmodell	104
9.5	„Kleines Sorgerecht" des Lebenspartners, der nicht Elternteil ist	104
9.6	Beispiele für mögliche Entscheidungen im Gerichtstermin	105
9.7	Sonderthemen (Sorgerecht)	106
9.7.1	Sonderthema 3: Sorgerecht bei unverheirateten Ehepaaren	106
9.7.2	Sonderthema 4: Beschneidung des männlichen Kindes (§ 1631d BGB)	112
9.7.3	Sonderthema 5: Die nächtliche Fixierung des Kindes	115
9.7.4	Sonderthema 6: Abbruch der künstlichen Ernährung eines Kindes	116
9.7.5	Sonderthema 7: Das geltende Vaterschaftsanfechtungsrecht	118
9.7.6	Sonderthema 8: Auskunftsanspruch des Scheinvaters gegen die Mutter	122
9.7.7	Sonderthema 9: Die Adoption (§§ 1741–1766 BGB)	124
9.8	Ruhen der elterlichen Sorge (Fallgruppen)	126
9.8.1	Bei längerfristiger Abwesenheit des Elternteils (§ 1674 Abs. 1 BGB)	127
9.8.2	Aus rechtlichen Gründen wegen beschränkter Geschäftsfähigkeit (§§ 1673 Abs. 2, 106 BGB)	128

9.8.3 Aus rechtlichen Gründen wegen Geschäftsunfähigkeit
(§§ 1673 Abs. 1, 104 BGB) 128
9.8.4 Aus rechtlichen Gründen, weil der Sorgeberechtigte
in die Adoption seines Kindes eingewilligt hat
(§ 1751 Abs. 1 S. 1 BGB) 129
9.8.5 Bei vertraulich geborenem Kind
(§ 25 Abs. 1 Schwangerschaftskonfliktgesetz,
in Kraft seit 01.05.2014; § 1674a BGB). 129

**10 Tod eines Elternteils oder Entziehung
des Sorgerechts (§ 1680 BGB). 133**

11 Umgang. 136
11.1 Recht auf Umgang. 136
11.2 Umgangsausschluss. 138
11.3 Umgangspflegschaft 138
11.4 Umgangsrecht des biologischen Vaters (§ 1686a BGB) . . 139

**12 Auskunftsanspruch über die persönlichen
Verhältnisse des Kindes (§ 1686 BGB) 141**

13 Kindschaftsrecht. 143
13.1 Rechtsgrundlagen im Kindschaftsrecht. 143
13.2 Kinder- und Jugendhilferecht nach SGB VIII 144
13.2.1 Leistungen der Jugendhilfe (§ 2 SGB VIII) 147
13.2.2 Beratung in Fragen der Partnerschaft,
Trennung und Scheidung (§ 17 SGB VIII). 149
13.2.3 Beratung und Unterstützung bei der Ausübung
der Personensorge und des Umgangsrechts
(§ 18 SBG VIII) 151
13.2.4 Schutzauftrag der Kinder- und Jugendhilfe
(§ 42 i. V. m § 8a SGB VIII). 152
13.2.5 Das Verfahren des Schutzauftrages nach § 8a SGB VIII . . 153
13.2.6 Besonderheiten für freie Träger 160
13.3 Sonderthema 10: Minderjährige Flüchtlinge 164
13.4 Fachkräftegebot (§ 72 SGB VIII, § 6 SGB XII) 167

14 Grundzüge des Gewaltschutzgesetzes 168
14.1 Allgemeines. 168
14.2 Schutzmaßnahmen nach § 1 GewSchG 171

14.3	Die Wohnungszuweisung nach § 2 GewSchG.	173
14.4	Sorgeberechtigte Personen als Täter (§ 3 GewSchG)	175

15 Fälle zu den Kapiteln und Musterlösungen **177**
- 15.1 Übungsfall: „Sorgerecht bei gewalttätigen Eltern" 177
- 15.1.1 Sachverhalt 177
- 15.1.2 Lösung 178
- 15.2 Übungsfall: „Der unverheiratete Vater und sein Sorgerecht" 180
- 15.2.1 Sachverhalt 180
- 15.2.2 Lösung 181
- 15.3 Übungsfall: „Sorgerecht von Eltern, die selbst unter Betreuung stehen" 183
- 15.3.1 Sachverhalt 183
- 15.3.2 Lösung 184
- 15.4 Übungsfall: „Unterbringung von Kindern und Erwachsenen" 186
- 15.4.1 Sachverhalt 186
- 15.4.2 Lösung 188
- 15.5 Übungsfall: „Elterliche Sorge und Sterbenlassen des Kindes" 190
- 15.5.1 Sachverhalt 190
- 15.5.2 Lösung 191
- 15.6 Übungsfall: „Sorgerecht bei ungewisser wirtschaftlicher und räumlicher Situation der Eltern" . . . 193
- 15.6.1 Sachverhalt 193
- 15.6.2 Lösung 195
- 15.7 Übungsfall: „Erziehungseignung einer streng islamischen Mutter" 198
- 15.7.1 Sachverhalt 198
- 15.7.2 Lösung 200

Glossar **204**

Literatur **209**

Sachregister **211**

Hinweise zur Benutzung dieses Lehrbuchs

Verwendung der Icons

 Aus der Rechtsprechung

 Aus dem Gesetz

Abkürzungsverzeichnis

a.A.	anderer Ansicht/Auffassung
a.a.O.	am angegebenen Ort
Abs.	Absatz
abzgl.	abzüglich
AdVermG	Adoptionsvermittlungsgesetz
AG	Amtsgericht
AGKJHG	Gesetz zur Ausführung des Kinder- und Jugendhilfegesetzes
Anm.	Anmerkung
Art.	Artikel
Aufl.	Auflage
AuslG	Ausländergesetz
Az.	Aktenzeichen
Beschl.	Beschluss
BGB	Bürgerliches Gesetzbuch
BGBl.	Bundesgesetzblatt
BGH	Bundesgerichtshof
BGHZ	Entscheidungen des BGH in Zivilsachen (amtliche Sammlung)
Bsp.	Beispiel
BT-Drs.	Bundestags-Drucksache
Buchst.	Buchstabe
BVerfG	Bundesverfassungsgericht
BVerfGE	Entscheidungen des Bundesverfassungsgerichts (amtliche Sammlung)
BVerwG	Bundesverwaltungsgericht
bzgl.	bezüglich
bzw.	beziehungsweise
ca.	circa

DDR	Deutsche Demokratische Republik
DFGT	Deutscher Familiengerichtstag
d. h.	das heißt
EGBGB	Einführungsgesetz zum Bürgerlichen Gesetzbuch
EGMR	Europäischer Gerichtshof für Menschenrechte
EGZPO	Einführungsgesetz zur Zivilprozessordnung
EMRK	Europäische Menschenrechtskonvention
et al.	et altera
etc.	et cetera
EuGH	Europäischer Gerichtshof
EUR	Euro
ff.	fortfolgende
FamFG	Gesetz über das Verfahren in Familiensachen und in den Angelegenheiten der freiwilligen Gerichtsbarkeit
FamRZ	Zeitschrift für das gesamte Familienrecht
gem.	gemäß
ges.	gesetzlich/e/er/es
GewSchG	Gesetz zum zivilrechtlichen Schutz vor Gewalttaten und Nachstellungen (Gewaltschutzgesetz)
GG	Grundgesetz
ggf.	gegebenenfalls
grds.	grundsätzlich
h. M.	herrschende Meinung
Hrsg.	Herausgeber
i. d. R.	in der Regel
i. R. d.	im Rahmen des/der
i. R. v.	im Rahmen von
i. S. d.	im Sinne der/des
i. V. m.	in Verbindung mit
KJHG	Kinder- und Jugendhilfegesetz
LG	Landgericht
LPartG	Lebenspartnerschaftsgesetz
m. E.	meines Erachtens
m. w. N.	mit weiteren Nachweisen
Nachw.	Nachweis, Nachweise

n. F.	neue Fassung
NJW	Neue Juristische Wochenschrift
Nr.	Nummer
OLG	Oberlandesgericht
OWiG	Ordnungswidrigkeitengesetz
RG	Reichsgericht
RGBl.	Reichsgesetzblatt
Rn.	Randnummer
Rom III-VO	Verordnung (EU) Nr. 1259/2010 (Rom III-VO) zum Scheidungsrecht
Rspr.	Rechtsprechung
S.	Seite
s.	siehe
SGB	Sozialgesetzbuch
sog.	so genannte/r/s
StGB	Strafgesetzbuch
StPO	Strafprozessordnung
u. a.	und andere/unter anderem
UnterhVG	Unterhaltsvorschussgesetz
Urt.	Urteil
usw.	und so weiter
u. U.	unter Umständen
v.	von/vom
VA	Versorgungsausgleich
VersAusglG	Versorgungsausgleichsgesetz
vgl.	vergleiche
VO	Verordnung
z. B.	zum Beispiel
zzgl.	zuzüglich

Vorwort

Das vorliegende Lehrbuch soll die Studierenden der Sozialen Arbeit mit den Grundzügen des Rechts in der sozialen Arbeit, insbesondere des Familien- und Kindschaftsrechts, als Grundlage der Sozialen Arbeit vertraut machen.

Das Familien- und Kindschaftsrecht umfasst die verfahrens- und materiellrechtlichen Regelungen der Bereiche Ehe und Lebenspartnerschaft, Scheidung, Unterhalt, Sorge- und Umgangsrecht, Kinder- und Jugendhilfe sowie das Adoptionsrecht. Aufgrund der geringeren Relevanz für die soziale Arbeit werden Güterrecht und Versorgungsausgleich nur kurz skizziert.

Die Darstellung berücksichtigt neuere Entwicklungen in Rechtsprechung, Gesetzgebung und Wissenschaft (z. B. Sorgerecht des unverheirateten Vaters, Umgangsrecht des biologischen Vaters, Beschneidungsgesetz). Der Bezug zur Praxis wird dadurch erkennbar und der Einfluss des Wandels gesellschaftlicher Anschauungen erlebbar wie etwa bei der rechtlichen Behandlung gleichgeschlechtlicher Paare.

Inhalt und Anwendung der Normen werden anhand einschlägiger Gerichtsurteile näher erläutert, sodass es nicht bei theoretischen Überlegungen bleibt. Durch die Einbeziehung der einschlägigen Urteile der Rechtsprechung ist es möglich, Bedeutung und Funktionweise der Normen realistisch anhand echter Fälle nachzuvollziehen. Zugleich werden die wesentlichen Überlegungen und Wertentscheidungen der Gerichte, deren Kenntnis für das Verständnis und die Anwendung zunächst abstrakter Regelungen unerlässlich ist, vermittelt. Indem die Leser nicht nur die Inhalte der Bestimmungen und deren Regelungssystematik, sondern auch die praktische Anwendung kennen lernen, eröffnet sich ihnen die Möglichkeit, eine eigene Meinung zu sich stellenden Rechtsfragen und zu lösenden Sachverhalten zu entwickeln.

Der Vermittlung der theoretischen Grundlage folgt somit jeweils ein Beispiel praktischer Anwendung. Am Ende des Buches werden die Leser dann ermutigt, das Erlernte anhand von Musterfällen anzuwenden.

Meiner Tochter und meinem Mann danke ich erneut für eine geduldige, interessierte und kritische Begleitung bei der Erstellung des Buches.

Frankfurt am Main, November 2017
Sabahat Gürbüz

1 Grundlagen des Familienrechts

1.1 Allgemeines

Das Familienrecht regelt Rechtsverhältnisse zwischen gleichberechtigten Rechtssubjekten unter Berücksichtigung staatlicher Sonderbefugnisse. Es stellt sich daher zunächst die Frage, ob Familienrecht zum öffentlichen Recht oder zum Privatrecht gehört. Das spielt beispielsweise für die Zuständigkeit der Gerichte eine Rolle, aber auch für bestimmte Rechtsanwendungsgrundsätze, die sich im öffentlichen und im Zivilrecht etwa bei der Möglichkeit, Maßnahmen festzulegen und ggf. auch mit Zwang durchzusetzen, unterscheiden.

Das **Zivilrecht oder auch Privatrecht** regelt Rechtsbeziehungen zwischen gleichberechtigten Rechtssubjekten (z. B. Kaufvertrag).

Öffentliches Recht regelt demgegenüber das Verhältnis des Staats zum Bürger (z. B. Baugenehmigung; beachte aber: Auch der Staat kann privatrechtlich handeln, z. B. beim Einkauf von Sachmitteln, der Anmietung von Räumen, er hat handelt dann wie ein Bürger und nicht in seiner Sonderrolle als Staat).

Öffentliches Recht und Privatrecht

Die Abgrenzung zwischen Privat- und öffentlichem Recht ist streitig. Hierzu gibt es folgende Theorien:

Abgrenzung

- Nach der **Interessentheorie** betrifft öffentliches Recht das öffentliche Interesse, Privatrecht das Privatinteresse.
- Nach der **Subordinationstheorie** ist eine öffentlich-rechtliche Tätigkeit gegeben, wenn zwischen dem Hoheitsträger und dem Bürger ein Über-/Unterordnungsverhältnis besteht.
- Nach der **Subjektstheorie** sind öffentliches Recht die Rechtssätze, die (nur) Träger der hoheitlichen Gewalt berechtigen oder verpflichten. Das öffentliche Recht ist also derjenige Teil der Rechtsordnung, der das Verhältnis zwischen Trägern der öffentlichen Gewalt und einzelnen Privatrechtssubjekten regelt. Öffentliches Recht umfasst danach sämtliche Rechtsmaterien, die die Organisation und Funktion des Staats betreffen (z. B. Strafzettel für eine Ordnungswidrigkeit, Dienstverhältnis bei Beamten, Polizeieinsätze).

▪ Nach der herrschenden **modifizierten Subjektstheorie und Subordinationstheorie** ist öffentliches Recht immer anzunehmen, wenn die betroffene Gesetzesnorm ausschließlich einen Träger hoheitlicher Gewalt berechtigt oder verpflichtet. Ansonsten liegt Privatrecht vor.

Begriff Das **Familienrecht** regelt die Rechtsbeziehungen der durch Ehe, Lebenspartnerschaft, nichteheliche Lebensgemeinschaft und/oder Familien verbundenen Personen. Dazu zählen beispielsweise das Unterhaltsrecht, das Recht der ehelichen Güterstände, der Ehescheidung sowie der elterlichen Sorge. Es regelt also die Beziehungen rechtlich gleichgestellter Rechtssubjekte untereinander, nämlich zwischen Bürgern, und ist daher dem Privatrecht zuzuordnen. Das Familienrecht verleiht dem Staat allerdings zum Teil Sonderbefugnisse, um in diese Rechtsbeziehungen einzugreifen oder sie gar einzuschränken.

Das Familienrecht unterteilt sich wiederum in Verfahrensrecht und materielles Recht. Während das **Verfahrensrecht** regelt, wie Rechte **formal** geltend gemacht werden können, also das „Verfahren" (z. B. Klage, Scheidungsverfahren), bezeichnet das **materielle Recht** die Normen, die den Inhalt der Rechte ausgestalten (z. B. Grundlage des Zahlungsanspruchs, Voraussetzungen der Scheidung).

1.2 Verfahrensrecht

FamFG Die wesentlichen Regelungen zum Verfahrensrecht zur Durchsetzung des materiellen Familienrechts finden sich in dem am 01.09.2009 in Kraft getretenen **FamFG**, dem **Gesetz über das Verfahren in Familiensachen und in den Angelegenheiten der freiwilligen Gerichtsbarkeit**. Das FamFG regelt nunmehr also das familiengerichtliche Verfahren in einer einheitlichen Verfahrensordnung. Aus dem Namen des Gesetzes ergibt sich allerdings bereits, dass es nicht nur Familiensachen regelt, sondern auch andere Verfahren der sogenannten freiwilligen Gerichtsbarkeit, die keinen familienrechtlichen Bezug haben (z. B. Verfahren in Registersachen, unternehmensrechtliche Verfahren in Buch 5 oder Verfahren in Freiheitsentziehungssachen in Buch 7). Das FamFG unterteilt sich in insgesamt neun Bücher mit unterschiedlichen Regelungsbereichen. Für die Verfahren in Familiensachen kommt den ersten beiden Büchern besondere Bedeutung zu (Abb. 1).

▪ **Buch 1** (§§ 1–110 FamFG) regelt den **Allgemeinen Teil** (ausführlich Prütting/Helms 2013). Hier definiert der Gesetzgeber unter anderem, wer Beteiligter ist (vgl. § 7 FamFG), stellt klar, wann eine förmliche Beweisaufnahme nach den Regeln der Zivilprozessordnung stattzufinden hat (vgl. § 30 FamFG), führt eine generelle Befristung der Beschwerde ein (vgl. § 63 FamFG) und ersetzt die bisherige weitere Beschwerde zum Oberlandesgericht durch eine zulassungsabhängige Rechtsbeschwerde zum Bundesgerichtshof (vgl. § 70 FamFG). Bei Missachtung einer gerichtlichen Umgangsentscheidung bestehen Sanktionsmöglichkeiten im Wege der Festsetzung von Ordnungsgeld oder Ordnungshaft (vgl. § 89 FamFG).

Buch 2 (§§ 111–270 FamFG) regelt das **Verfahren in Familiensachen**, insbesondere die Grundlagen für das gerichtliche Verfahren in Scheidungssachen, Kindschaftssachen, Abstammungssachen, Adoptionssachen, Wohnungszuweisungs- und Hausratssachen, Gewaltschutzsachen, Versorgungsausgleichssachen, Unterhaltssachen, Güterrechtssachen und sonstigen Familiensachen (Prütting/Helms 2013). Hervorzuheben sind in diesem Teil die mit dem FamFG neu eingeführten Gebote, wie z. B. das Gebot vorrangiger und beschleunigter Bearbeitung von Sorge- und Umgangsverfahren (vgl. § 155 FamFG) oder die Präzisierung der Voraussetzungen für die Bestellung eines Interessenvertreters des Kindes in Kindschaftssachen (sog. Verfahrensbeistand; vgl. § 158 FamFG).

Mit dem Inkrafttreten der Reform des Rechts der Freiwilligen Gerichtsbarkeit im FamFG zum 01.09.2009 wurden die Zuständigkeiten des Familiengerichts erweitert (sog. **großes Familiengericht**). Der für die Zuständigkeit der Familiengerichte entscheidende Begriff der „**Familiensache**" wurde um die zuvor von den Vormundschaftsgerichten zu bearbeitenden Rechtsstreitigkeiten und Gewaltschutzsachen erweitert. Durch den Bereich „**sonstige Familiensachen**" wurden u. a. auch vermögensrechtliche Ansprüche der Eheleute, die sonst vor den Zivilgerichten zu verhandeln waren, gemäß § 111 FamFG den Familienrichtern zugewiesen (Horndasch/Viefhues 2014). Damit wurde eine einheitliche Verfahrensordnung in Kraft gesetzt.

Zuständigkeit des Familiengerichts

Der Begriff der Familiensachen ist in § 111 FamFG definiert. Dies sind:

1. Ehesachen: Gesetzliche Definition in § 121 FamFG
2. Kindschaftssachen: Gesetzliche Definition in § 151 FamFG
3. Abstammungssachen: Gesetzliche Definition in § 169 FamFG
4. Adoptionssachen: Gesetzliche Definition in § 186 FamFG

Familiensachen

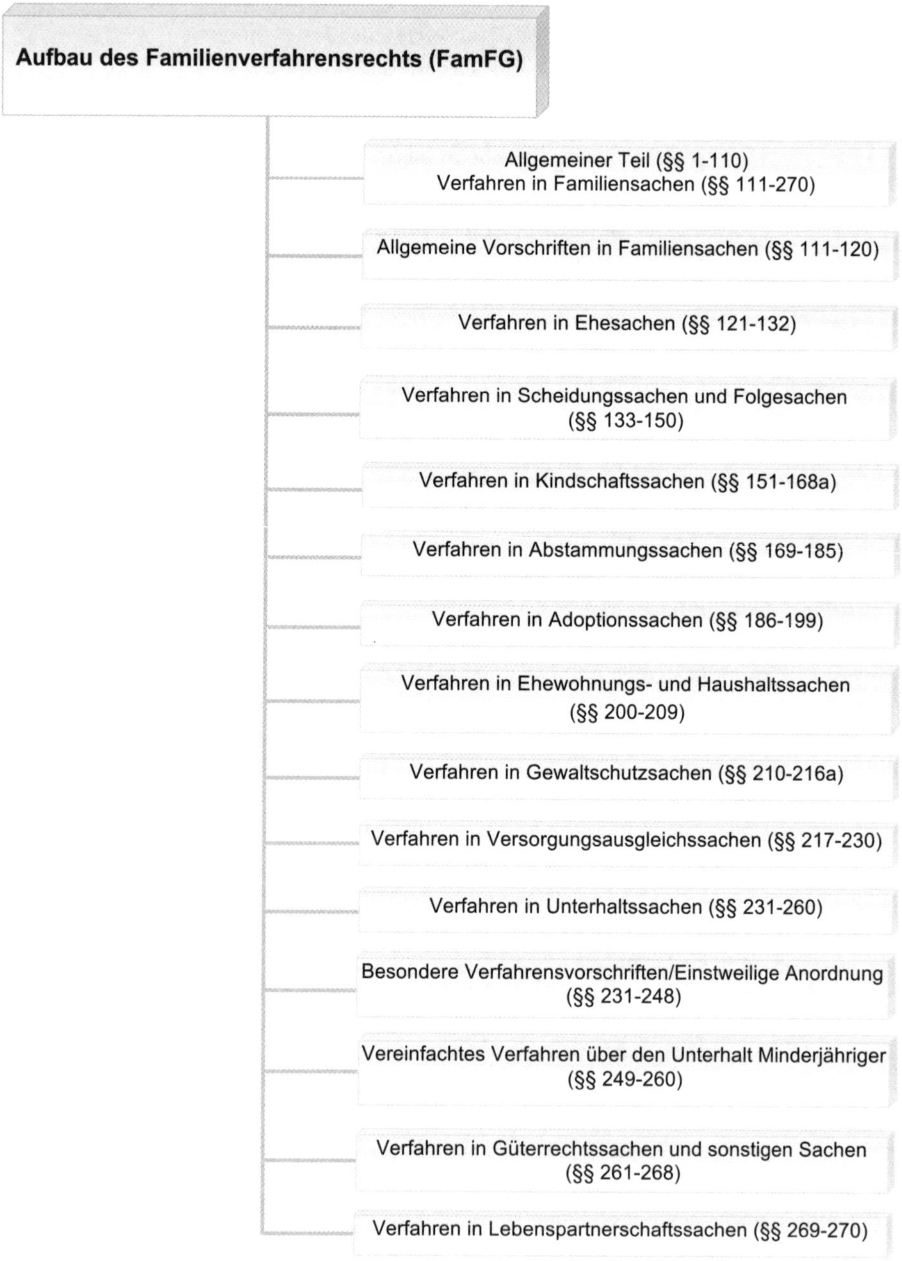

Aufbau des Familienverfahrensrechts (FamFG)

- Allgemeiner Teil (§§ 1-110)
- Verfahren in Familiensachen (§§ 111-270)
  - Allgemeine Vorschriften in Familiensachen (§§ 111-120)
  - Verfahren in Ehesachen (§§ 121-132)
  - Verfahren in Scheidungssachen und Folgesachen (§§ 133-150)
  - Verfahren in Kindschaftssachen (§§ 151-168a)
  - Verfahren in Abstammungssachen (§§ 169-185)
  - Verfahren in Adoptionssachen (§§ 186-199)
  - Verfahren in Ehewohnungs- und Haushaltssachen (§§ 200-209)
  - Verfahren in Gewaltschutzsachen (§§ 210-216a)
  - Verfahren in Versorgungsausgleichssachen (§§ 217-230)
  - Verfahren in Unterhaltssachen (§§ 231-260)
    - Besondere Verfahrensvorschriften/Einstweilige Anordnung (§§ 231-248)
    - Vereinfachtes Verfahren über den Unterhalt Minderjähriger (§§ 249-260)
  - Verfahren in Güterrechtssachen und sonstigen Sachen (§§ 261-268)
  - Verfahren in Lebenspartnerschaftssachen (§§ 269-270)

Abb. 1: Aufbau des Familienverfahrensrechts

5. Ehewohnungs- und Haushaltssachen: Gesetzliche Definition in § 200 FamFG
6. Gewaltschutzsachen: Gesetzliche Definition in § 210 FamFG (Die Vorschrift bestimmt den Begriff der Gewaltschutzsachen durch Bezugnahme auf die §§ 1 f. GewSchG.)
7. Versorgungsausgleichssachen: Gesetzliche Definition in § 217 FamFG
8. Unterhaltssachen: Gesetzliche Definition in § 231 FamFG
9. Güterrechtssachen: Gesetzliche Definition in § 261 FamFG
10. Sonstige Familiensachen: Gesetzliche Definition in § 266 FamFG
11. Lebenspartnerschaftssachen: Gesetzliche Definition in § 269 FamFG

Die Zuständigkeit für **„sonstige Familiensachen"** (§ 111 Nr. 10 FamFG) bedarf der näheren Bestimmung. Sie findet sich in § 266 FamFG. „Sonstige Familiensachen" sind danach Verfahren, die folgende Bereiche betreffen:

Sonstige Familiensachen

1. Ansprüche zwischen miteinander verlobten oder ehemals **verlobten Personen** im Zusammenhang mit der Beendigung des Verlöbnisses sowie in den Fällen der §§ 1298 und 1299 BGB zwischen einer solchen und einer dritten Person (Horndasch/Viefhues 2014). In allen Fällen ist Voraussetzung, dass ein Zusammenhang mit der Beendigung des Verlöbnisses besteht. Dritte Personen sind danach nur beteiligt, sofern Ansprüche aus den §§ 1298, 1299 BGB geltend gemacht werden, z. B. Verfahren auf Rückgabe von Geschenken oder sonstigen Zuwendungen.
2. Aus der **Ehe** herrührende Ansprüche, wie z. B. die aus § 1353 BGB herzuleitenden Ansprüche, etwa auf Mitwirkung bei der gemeinsamen steuerlichen Veranlagung, Ansprüche, die das absolute Recht zur ehelichen Lebensgemeinschaft verwirklichen, wie etwa Abwehr- und Unterlassungsansprüche gegen Störungen des räumlich-gegenständlichen Bereichs der Ehe gegenüber dem anderen Ehegatten oder einem Dritten (sog. Ehestörungsklagen) oder diesbezügliche Schadensersatzansprüche.
3. Ansprüche zwischen miteinander verheirateten oder ehemals miteinander verheirateten Personen oder zwischen einer solchen und einem Elternteil. Voraussetzung ist ein Zusammenhang mit **Trennung, Scheidung oder Aufhebung der Ehe**, z. B. auch die vermögensrechtliche Auseinandersetzung zwischen den Ehegatten außerhalb des Güterrechts, wie auch die Auseinandersetzung zwi-

schen einem Ehegatten und dessen Eltern oder den Eltern des anderen Ehegatten aus Anlass der Trennung, Scheidung oder Aufhebung der Ehe, z. B. die Rückabwicklung von Zuwendungen der Schwiegereltern.
4. Aus dem **Eltern-Kind-Verhältnis** herrührende Ansprüche – ergänzend zur Zuständigkeit in Kindschaftssachen. Hierunter fallen z. B. Streitigkeiten wegen der Verwaltung des Kindesvermögens, auch soweit es sich um Schadensersatzansprüche handelt. Der Anspruch muss allerdings im Eltern-Kind-Verhältnis selbst seine Grundlage haben, ein bloßer Zusammenhang hierzu genügt nicht.
5. Aus dem **Umgangsrecht** herrührende Ansprüche wie etwa Schadensersatzanspruch wegen Nichteinhaltens der Umgangsregelung, jedoch nicht das Verfahren wegen des Umgangsrechts selbst.

Zuständigkeitsvorbehalt Für alle fünf genannten Bereiche gilt jedoch, dass es sich nur um „sonstige Familiensachen" handelt, sofern nicht die Zuständigkeit der Arbeitsgerichte gegeben ist oder das Verfahren eines der in § 348 Abs. 1 Satz 2 Nr. 2 Buchstabe a bis k der Zivilprozessordnung (ZPO) genannten Sachgebiete (siehe dort), das Wohnungseigentumsrecht oder das Erbrecht betrifft und sofern es sich nicht bereits nach anderen Vorschriften ohnehin um eine Familiensache handelt.

Schließlich fallen unter „sonstige Familiensachen" auch Verfahren über einen Antrag nach § 1357 Abs. 2 Satz 1 BGB, mit dem ein Ehegatte die Berechtigung des anderen Ehegatten, Geschäfte zur Deckung des Lebensbedarfs mit Wirkung für ihn zu besorgen, beschränken oder ausschließen möchte.

1.3 Materielles Recht

Das Familiengericht wendet zur Entscheidungsfindung – unter Beachtung der angesprochenen Verfahrensregelungen des FamFG – das materielle Familienrecht an.

BGB Die wesentlichen Inhalte des materiellen Familienrechts sind im **4. Buch des Bürgerlichen Gesetzbuches** geregelt. Es enthält u. a. Bestimmungen über die Rechtsverhältnisse der Ehe und Familie mit den Schwerpunkten Eheschließung, Scheidung und Unterhalt, und auch über die Rechtsbeziehung der Eltern zu den Kindern, also insbesondere das Sorgerecht und das Vaterschaftsrecht (Abb. 2).

Materielles Recht 21

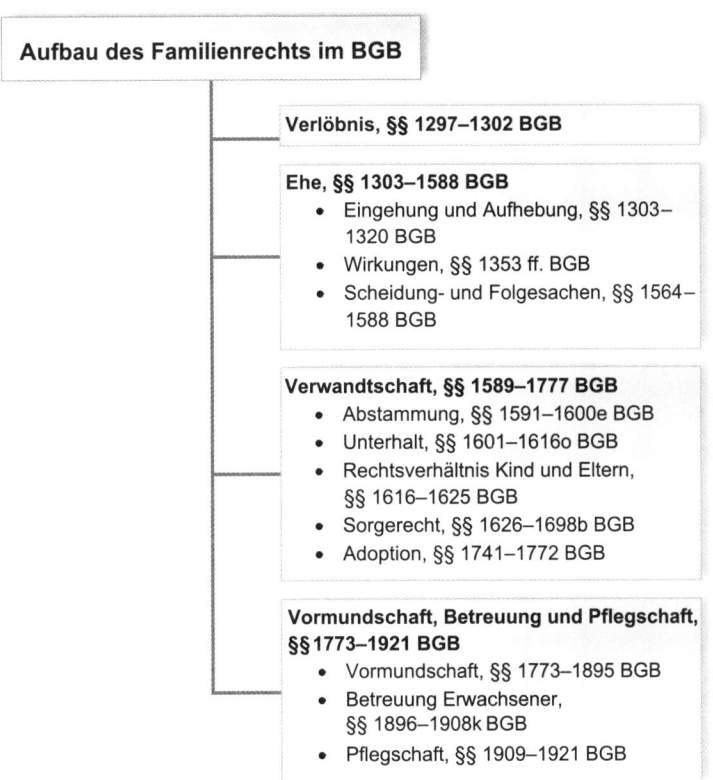

Abb. 2: Aufbau des Familienrechts im BGB

2 Paarbeziehungen

2.1 Verlöbnis, § 1297 BGB

Das Familienrecht regelt in den §§ 1297 bis 1302 BGB zunächst, als eine wichtige Institution, das Verlöbnis (u. a. Eingehung, Wirkungen) als Vorstufe der Ehe bzw. Lebenspartnerschaft (Prütting et al. 2017).

2.1.1 Begriff und Rechtsnatur

Definition Das **Verlöbnis** ist ein gegenseitiges formfreies Versprechen, künftig miteinander die Ehe einzugehen (Gernhuber/Coester-Waltjen 2010). Es begründet ein erhöhtes Einstehenmüssen und zwar auch im Sinne einer Garantenstellung gemäß § 13 StGB mit einer daraus resultierenden strafbewehrten Verpflichtung zum aktiven Handeln zum Schutz des Partners, weil ein familienrechtliches Gemeinschaftsverhältnis begründet wird (Dethloff 2015, Anmerkung: vgl. auch § 1 Abs. 4 LPartG).

Vertrag Die Rechtsnatur des Verlöbnisses ist umstritten (hierzu Dethloff 2015). Das Eheversprechen und das dadurch begründete Rechtsverhältnis sind nach herrschender Vertragstheorie ein Vertrag, auf den die allg. Vorschriften der §§ 104 ff., 145 ff. BGB Anwendung finden, jedoch mit Ausnahme der §§ 164 ff. BGB, sodass Stellvertretung ausgeschlossen ist (Gernhuber/Coester-Waltjen 2010).

Folgt man der Einordnung als Vertrag, so gelten die Vorschriften über das Wirksamwerden von Rechtsgeschäften. Die Verlobten müssen, damit ein Verlöbnis als wirksam zustande gekommen gilt, zwei übereinstimmende Willenserklärungen abgegeben haben, die dem jeweils anderen zugegangen sein müssen. Inhalt der Erklärungen muss das ernsthafte gegenseitige Versprechen sein, einander zu heiraten. Eine **Form** ist gesetzlich nicht vorgeschrieben, sodass diese Willenserklärungen auch konkludent, also durch schlüssiges Verhalten, abgegeben werden können. Es kann daher unter Umständen sogar schon ausreichen, die Eheringe zu kaufen, wenn dem ein entsprechender übereinstimmender Erklärungswert zukommt.

Aufgrund der Anwendbarkeit der allgemeinen Rechtsgeschäftslehre ist aber weitere Voraussetzung für den Abschluss eines Verlöbnisses auch die **Geschäftsfähigkeit** der Beteiligten zum Zeitpunkt des Abschlusses der Verlobung. Bei Geschäftsunfähigkeit eines der Beteiligten liegt daher kein wirksames Verlöbnis vor. Bei beschränkter Geschäftsfähigkeit gelten die §§ 106 ff. BGB. Eine minderjährige Person bedarf demnach für eine wirksame Verlobung der vorherigen Einwilligung oder nachträglichen Genehmigung der gesetzlichen Vertreter (§§ 107, 108 Abs. 1 BGB).

Das Verlöbnis eines **Verheirateten** ist sittenwidrig (§ 138 Abs. 1 BGB) und zwar unabhängig von der Kenntnis eines oder beider Beteiligten. | **Unwirksamkeit**

Ist ein Verlöbnis wegen eines in der Person eines Verlobten liegenden Grundes, etwa weil er verheiratet oder schon verlobt ist, nichtig, kann der gutgläubige andere Verlobte **Geschenke**, die er im Vertrauen auf die Verlobung gemacht hat, gemäß § 1301 BGB herausverlangen (OLG Schleswig, Beschluss vom 06.12.2013, 10 UF 35/13; Palandt 2017). § 1301 BGB ist also auch anwendbar, wenn das Verlöbnis nichtig ist, der Schenkende jedoch die Schenkung im Vertrauen auf die Gültigkeit des Verlöbnisses vollzogen hat. | **Rückforderung**

2.1.2 Wirkungen

Das Verlöbnis begründet **keine klagbare Verpflichtung** zur Eingehung der Ehe (§ 1297 Abs. 1 BGB). Das Versprechen zur Eingehung der Ehe ist daher gemäß § 120 Abs. 3 FamFG auch nicht vollstreckbar (Prütting/Helms 2013) und kann nach § 1297 Abs. 2 BGB nicht durch eine Vertragsstrafe abgesichert werden. | **nicht klagbar**

Im Zivil- und im Strafprozess können sich Verlobte auf **Zeugnisverweigerungsrechte** (§ 383 Abs. 1 Nr. 1 ZPO, § 52 Abs. 1 Nr. 1 StPO) und im Strafprozessrecht auf **Auskunftsverweigerungsrechte** (§ 55 StPO) berufen. | **Sonderrechte**

2.1.3 Beendigung des Verlöbnisses

Das Verlöbnis wird durch die Eheschließung, durch den Tod, durch eine einvernehmliche Entlobung oder durch Rücktritt nach §§ 1298 ff. BGB beendet. Nach § 1298 BGB ist ein **Rücktritt** ohne wichtigen Grund **jederzeit** möglich. | **Gründe**

Folgen Der **ohne wichtigen Grund** von der Verlobung Zurücktretende hat dem anderen Verlobten nach § 1298 Abs. 1 BGB **Schadensersatz** zu leisten. Umgekehrt begründet § 1299 BGB eine Schadensersatzpflicht des anderen Teils, soweit dieser einen wichtigen Grund für den Rücktritt veranlasst hat. Als wichtige Gründe i. S. v. § 1298 Abs. 3 kommen solche Gründe in Betracht, die zur Anfechtung wegen Irrtums oder wegen arglistiger Täuschung berechtigen würden, so dass die Aufrechterhaltung des Verlöbnisses unter Würdigung aller Umstände unzumutbar ist, z. b. Untreue, körperliche Gewalt oder grobe Beleidigungen.

Der Anspruch auf Herausgabe der **Brautgeschenke** ist in § 1301 BGB geregelt. Die Norm des § 1301 BGB greift grundsätzlich in allen Fällen der Beendigung des Verlöbnisses ein und verpflichtet den Verlobten zur Rückgabe der Geschenke. Sie verweist auf das Bereicherungsrecht der §§ 812 ff. BGB, sodass auch § 815 BGB anwendbar ist, was für das Bestehen des Anspruchs bedeutsam sein kann.

§ 815 BGB (Nichteintritt des Erfolgs):

„Die Rückforderung wegen Nichteintritts des mit einer Leistung bezweckten Erfolgs ist ausgeschlossen, wenn der Eintritt des Erfolgs von Anfang an unmöglich war und der Leistende dies gewusst hat oder wenn der Leistende den Eintritt des Erfolgs wider Treu und Glauben verhindert hat."

Verlobte können kein gemeinsames Testament errichten, § 2265 BGB, und haben auch **kein gesetzliches Erbrecht**. Sie können jedoch Ehe-, Erb- sowie Erbverzichtsverträge schließen (§§ 1408, 2275 Abs. 3, 2347 Abs. 1 BGB).

2.2 Ehe, §§ 1303–1563 BGB

Definition Die Ehe ist eine **staatlich anerkannte Lebensgemeinschaft zwischen zwei Menschen**, die gemäß Art. 6 Abs. 1 GG (Ehe und Familie) unter dem besonderen Schutz des Staates steht. Art. 6 GG umfasst die Freiheit, eine Ehe mit einem selbst gewählten Partner zu schließen (vgl. BVerfGE 31, 58, 67; 76, 1, 42; 105, 313, 345; Ipsen 2014).

Bundesverfassungsgericht:
Zur Ehe gehört, dass sie

„die Vereinigung eines Mannes mit einer Frau zu einer auf Dauer angelegten Lebensgemeinschaft ist, begründet auf freiem Entschluss unter Mitwirkung des Staates" (vgl. BVerfGE 10, 59, 66; 29, 166, 176; 62, 323, 330),
„in der Mann und Frau in gleichberechtigter Partnerschaft zueinander stehen" (vgl. BVerfGE 37, 217, 249; 103, 89, 101) und
„über die Ausgestaltung ihres Zusammenlebens frei entscheiden können" (vgl. BVerfGE 39, 169, 183; 48, 327, 338; 66, 84, 94).

2.2.1 Ehe und Lebenspartnerschaft/-gemeinschaft

Das Institut der **eingetragenen Lebenspartnerschaft** und die **nichteheliche Lebensgemeinschaft** wurden noch bis Oktober 2017 von diesem Schutz nicht erfasst (vgl. BVerfGE 105, 313, 345). Sie waren vielmehr durch Art. 2 Abs. 1 und Art. 3 Abs. 1 und 3 GG geschützt (hierzu ausführlich Grziwotz 2014).

Bisherige Rechtslage

> **Gesetzentwurf des Bundesrats vom 22.03.2013:**
> Der Bundesrat hatte bereits am 22.03.2013 einen Gesetzesentwurf zur Einführung des Rechts auf Eheschließung für Personen gleichen Geschlechts beschlossen und beim Deutschen Bundestag eingebracht, der aber nicht behandelt wurde. Der Beschluss beschreibt sehr gut den historischen Wandel und die Entwicklung im Zusammenhang mit der „Ehe für Alle" und erleichtert das Verständnis des Themas:
>
> **BR-Drucksache 193/13 (Beschluss):** „Artikel 6 Absatz 1 des Grundgesetzes bestimmt: „Ehe und Familie stehen unter dem besonderen Schutze der staatlichen Ordnung." Nach der Rechtsprechung des Bundesverfassungsgerichts wird durch diese Vorschrift unter anderem die Ehe als Institut garantiert. Der Gesetzgeber muss deshalb die wesentlichen, das Institut der Ehe bestimmenden Strukturprinzipien beachten. Diese Strukturprinzipien hat das Bundesverfassungsgericht aus den vorgefundenen, überkommenen Lebensfor-

men in Verbindung mit dem Freiheitscharakter des Artikels 6 Absatz 1 des Grundgesetzes und anderen Verfassungsnormen hergeleitet. Allerdings wird die Ehe durch Artikel 6 Absatz 1 des Grundgesetzes nicht abstrakt gewährleistet, sondern in der verfassungsgeleiteten Ausgestaltung, wie sie den herrschenden, in der gesetzlichen Regelung maßgeblich zum Ausdruck gelangenden Anschauungen entspricht. Danach schützt das Grundgesetz die Ehe – anders als die Weimarer Verfassung, die die Ehe als Grundlage der Familie verstand und die Fortpflanzungsfunktion hervorhob, – als Beistand- und Verantwortungsgemeinschaft, unabhängig von der Familie. Deshalb fällt unter den Schutz des Artikels 6 des Grundgesetzes ebenso die kinderlose Ehe. Nach dem traditionellen Eheverständnis kam der Geschlechtsverschiedenheit der Ehegatten prägende Bedeutung zu. Ebenso galt sie lange Zeit als notwendige Voraussetzung der Ehe im Sinne des Artikels 6 Absatz 1 des Grundgesetzes, so dass gleichgeschlechtliche Partnerschaften vom Ehebegriff ausgeschlossen waren (vgl. BVerfG Beschluss vom 4. Oktober 1993 – 1 BvR 640/93 –, NJW 1993, 3058; BVerfGE 105, 313, 345f = NJW 2002, 2543; BVerwGE 100, 287, 294 = NVwZ 1997, 189).

Seit einiger Zeit gibt es nun hinreichende Anhaltspunkte für einen grundlegenden Wandel des traditionellen Eheverständnisses, die angesichts der Gestaltungsfreiheit des Gesetzgebers die Einführung des Rechts auf Eheschließung für Personen gleichen Geschlechts verfassungsrechtlich zulassen. Die Rechtsprechung des Bundesverfassungsgerichts lässt einen Bedeutungswandel zu, wenn entweder neue, von der gesetzlichen Regelung nicht erfasste Tatbestände auftauchen oder sich Tatbestände durch Einordnung in die Gesamtentwicklung verändert haben (vgl. BVerfGE 2, 380, 401 = NJW 1953, 1137; BVerfGE 45, 1, 33 = NJW 1977, 1387).

Erstens erfolgte der grundlegende Wandel des Eheverständnisses in Folge der Einführung des Rechtsinstituts der Lebenspartnerschaft. In der Bevölkerung wird heute nicht mehr zwischen Ehe und Lebenspartnerschaft unterschieden. Die Eingehung einer Ehe und die Begründung einer Lebenspartnerschaft werden unterschiedslos als „heiraten" bezeichnet. Man macht auch keinen Unterschied mehr zwischen „verheiratet" und „verpartnert", sondern spricht unterschiedslos bei Ehegatten und bei Lebenspartnern davon, dass sie „verheiratet" sind. Die Bevölkerung geht zudem wie selbstverständlich davon aus, dass Ehegatten und Lebenspartner dieselben Pflichten und Rechte haben, obwohl das tatsächlich nur für die Pflichten zutrifft. Nach aktuellen Meinungsumfragen wird die Öffnung der Ehe für gleichgeschlechtliche Paare ganz überwiegend befürwortet."

Neue Rechtslage

Der Bundestag hat am 30.06.2017 nunmehr unter Zugrundelegung dieses Entwurfs die Öffnung der Ehe entsprechend den Empfehlungen des Bundesrates für gleichgeschlechtliche Paare beschlossen. Sie erfolgt durch die Ergänzung von § 1353 Abs. 1 S. 1 BGB, dass **auch gleichgeschlechtliche Personen eine Ehe** eingehen können. Die Rechte der Kirchen und Religionsgemeinschaften sollen von dieser gesetzlichen Neuregelung unberührt bleiben (vgl. BR-Drucksache 18/6665 und 18/12989). Damit können künftig auch gleichgeschlechtliche Paare heiraten. Am 07.07.2017 stimmte der Bundesrat dem neuen Gesetz zu. Das Gesetz ist am 01.10.2017 in Kraft getreten (BGBl. I 2017 S. 2787).

§ 1353 BGB a. F. (Eheliche Lebensgemeinschaft) (bis 30.09.2017)

„(1) Die Ehe wird auf Lebenszeit geschlossen. Die Ehegatten sind einander zur ehelichen Lebensgemeinschaft verpflichtet; sie tragen füreinander Verantwortung.
(2) Ein Ehegatte ist nicht verpflichtet, dem Verlangen des anderen Ehegatten nach Herstellung der Gemeinschaft Folge zu leisten, wenn sich das Verlangen als Missbrauch seines Rechts darstellt oder wenn die Ehe gescheitert ist."

§ 1353 BGB n. F. (Eheliche Lebensgemeinschaft) (ab dem 01.10.2017)

„(1) Die Ehe wird **von zwei Personen verschiedenen oder gleichen Geschlechts** auf Lebenszeit geschlossen. Die Ehegatten sind einander zur ehelichen Lebensgemeinschaft verpflichtet; sie tragen füreinander Verantwortung.
(2) Ein Ehegatte ist nicht verpflichtet, dem Verlangen des anderen Ehegatten nach Herstellung der Gemeinschaft Folge zu leisten, wenn sich das Verlangen als Missbrauch seines Rechts darstellt oder wenn die Ehe gescheitert ist."

In § 1353 BGB wird somit klargestellt, dass die Ehe eine Lebensgemeinschaft zweier Personen verschiedenen oder gleichen Geschlechts

Zukunft der eingetragenen Lebenspartnerschaft

ist. Mit der Neufassung des § 1353 BGB traten am 01.10.2017 flankierend weitere Regelungen etwa zur Umwandlung einer Lebensgemeinschaft in eine Ehe oder der Schließung des Rechtsinstituts der Lebenspartnerschaft für Neueintragungen in Kraft (siehe Änderung der §§ 1309, 1353 BGB, Einfügung der § 20a Lebenspartnerschaftsgesetz, § 17a Personenstandsgesetz, Änderung des § 7 Transsexuellengesetz und des Art. 17b Einführungsgesetz zum Bürgerlichen Gesetzbuch).

Mit der Öffnung der Ehe für gleichgeschlechtliche Paare entfällt die Notwendigkeit für das Rechtsinstitut der eingetragenen Lebenspartnerschaft. Deshalb wird die Neueintragung der Lebenspartnerschaft nicht mehr möglich sein. Die schon **eingetragen Lebenspartnerschaften** werden hingegen weiter bestehen, es sei denn die Lebenspartnerinnen bzw. Lebenspartner wandeln sie in eine Ehe um.

neu § 20a LPartG

Das Lebenspartnerschaftsgesetz vom 16.02.2001 (BGBl. I S. 266) wird wie folgt geändert:
„1. Eine Lebenspartnerschaft wird in eine Ehe umgewandelt, wenn zwei Lebenspartnerinnen oder Lebenspartner gegenseitig persönlich und bei gleichzeitiger Anwesenheit erklären, miteinander eine Ehe auf Lebenszeit führen zu wollen. Die Erklärungen können nicht unter einer Bedingung oder Zeitbestimmung abgegeben werden. Die Erklärungen werden wirksam, wenn sie vor dem Standesbeamten abgegeben werden.
2. Die bisherigen Abschnitte 5 und 6 werden die Abschnitte 6 und 7."

2.2.2 Eheschließung

Voraussetzungen Voraussetzung einer fehlerfreien Eheschließung ist zunächst die **Ehefähigkeit**. Das bedeutet Ehemündigkeit, § 1303 Abs. 1 BGB (Prütting et al. 2017) und Geschäftsfähigkeit (§ 1304 BGB); bei beschränkt Geschäftsfähigen gilt § 1303 Abs. 2 bis 4 BGB.

Es dürfen zudem **keine Eheverbote** eingreifen, z.B. Doppelehe (§ 1306 BGB), Verwandtschaft in gerader Linie oder zwischen vollbürtigen oder halbbürtigen Geschwistern (§ 1307 BGB) (Prütting et al. 2017).

Form Die **Eheschließung** erfolgt gemäß §§ 1310 Abs. 1, 1311 S. 1 BGB durch persönliche und gleichzeitige Erklärung der Eheschließenden

vor dem mitwirkenden Standesbeamten, die Ehe miteinander eingehen zu wollen. Diese Erklärung darf gemäß § 1311 S. 2 BGB an keine Bedingung oder Befristung geknüpft werden.
Der **Trauvorgang** erfolgt gemäß § 1312 BGB vor dem örtlich zuständigen Standesbeamten (vgl. § 6 Abs. 2 PStG).

2.2.3 Wirkungen der Ehe

Das **Namensrecht** der Eheleute ist in § 1355 BGB geregelt. Ehegatten sollen einen gemeinsamen Familiennamen (Ehenamen) führen, haben aber keine Pflicht zur Führung des Ehenamens (§ 1355 Abs. 1 S. 1 BGB). Wenn ein Ehename gewählt wird, besteht die Möglichkeit zur Führung eines Begleitnamens (§ 1355 Abs. 4 BGB), der voranzustellen oder anzufügen ist. Wird hingegen kein Ehename geführt, behalten die Ehegatten die z. Zt. der Eheschließung geführten Namen (§ 1355 Abs. 1 S. 3 BGB).

Name

Der Ehename wird Geburtsname des **Kindes** (§ 1616 BGB). Wenn kein gemeinsamer Ehename geführt wird, können die Eltern den Namen entscheiden. Bei Uneinigkeit überträgt das Familiengericht das Bestimmungsrecht auf einen Elternteil (§ 1617 BGB).

§ 1353 BGB regelt die **Kernpflichten** der Eheleute, die den persönlichen und vermögensrechtlichen Bereich betreffen, z. B. die Pflicht zur gegenseitigen Liebe und Achtung (Muscheler 2017), zu Beistand und Hilfe (begründet nach § 13 StGB Garantenstellung), zum Zusammenleben in häuslicher Gemeinschaft oder zur Aufklärung über Vermögensstand und laufendes Einkommen (Muscheler 2017).

Pflichten

Die Eheleute haben die **Pflicht zur ehelichen Lebensgemeinschaft** (§ 1353 Abs. 1 S. 2 BGB). Das bedeutet ein Zusammenleben in häuslicher Gemeinschaft. Beiden muss die Mitbenutzung von Hausrat und Ehewohnung (Mitbesitz) ermöglicht werden unabhängig davon, wer Eigentümer/Mieter ist. Sie haben auch die Pflicht zur ehelichen Treue, zur Achtung des Ehegatten (Anschauungen, Privatsphäre) und Beistandspflichten in erheblichen Zwangslagen/Notsituationen (Krankheitsfall, drohender Selbstmord, Garantenstellung nach § 13 StGB; vgl § 1353 Abs. 1 S. 2, 2.HS BGB).

Im vermögensrechtlichen Bereich haben die Eheleute die Pflicht, die **Vermögensinteressen** des anderen zu wahren und Auskunft über die eigenen Vermögensverhältnisse zu erteilen.

Teilnahme am Rechtsverkehr	**Geschäfte zur angemessenen Deckung des Lebensbedarfs** (§ 1357 BGB) verpflichten und berechtigen beide Ehegatten (als Gesamtschuldner bzw. Gesamtgläubiger) gemeinsam unabhängig davon, ob die Willenserklärung im Namen der Eheleute abgegeben wird oder der Vertragspartner bei Vertragsschluss Kenntnis von der Ehe hatte. Anwendungsbereich sind Geschäfte zur Deckung des auf Einkommen und Vermögen der Familie zugeschnittenen Lebensbedarfs, wie z. B. Haushaltsgeschäfte zur Beschaffung von Lebensmitteln, Kleidung etc., Reparatur des PKW, medizinisch gebotene (zahn-)ärztliche Behandlung (BGH, FamRZ 1992, 291). Bei Lebenspartnern gilt § 8 Abs. 2 LPartG, der auf § 1357 BGB verweist.

Nach § 1362 Abs. 1 S. 1 BGB gelten die im Besitz eines oder beider Ehegatten befindlichen beweglichen Sachen als Sachen des Schuldner-Ehegatten (**Eigentumsvermutung**; Dethloff 2015). Diese Vermutung des § 1362 Abs. 1 S. 1 BGB entfällt bei Getrenntleben (§ 1362 Abs. 1 S. 2 BGB). Bei Lebenspartnern gilt § 1362 BGB gemäß § 8 Abs. 1 LPartG nur, soweit im Gesetz darauf verwiesen wird.

Ansprüche gegen Ehegatten	Die **gerichtliche Durchsetzung** der personalen Pflichten im Wege der Herstellungsklage oder Unterlassungsklage ist nicht vollstreckbar („Recht zum Getrenntleben"). Es gibt auch keine Schadensersatzansprüche wegen Verletzung der Pflichten aus § 1353 Abs. 1 S. 2 BGB (so BGHZ 57, 229).
Ansprüche gegen Dritte	Bei der **Verletzung** des räumlich gegenständlichen Bereichs der Ehe **durch Dritte** bestehen Abwehr- und Unterlassungsansprüche (§§ 823 Abs. 1 und 2, § 1004 BGB, nicht § 1353 Abs. 1 S. 2 BGB). Der Umfang der Pflichten in der Partnerschaft folgt der Form einer Pyramide von der Spitze bis zur Basis (Abb. 3).

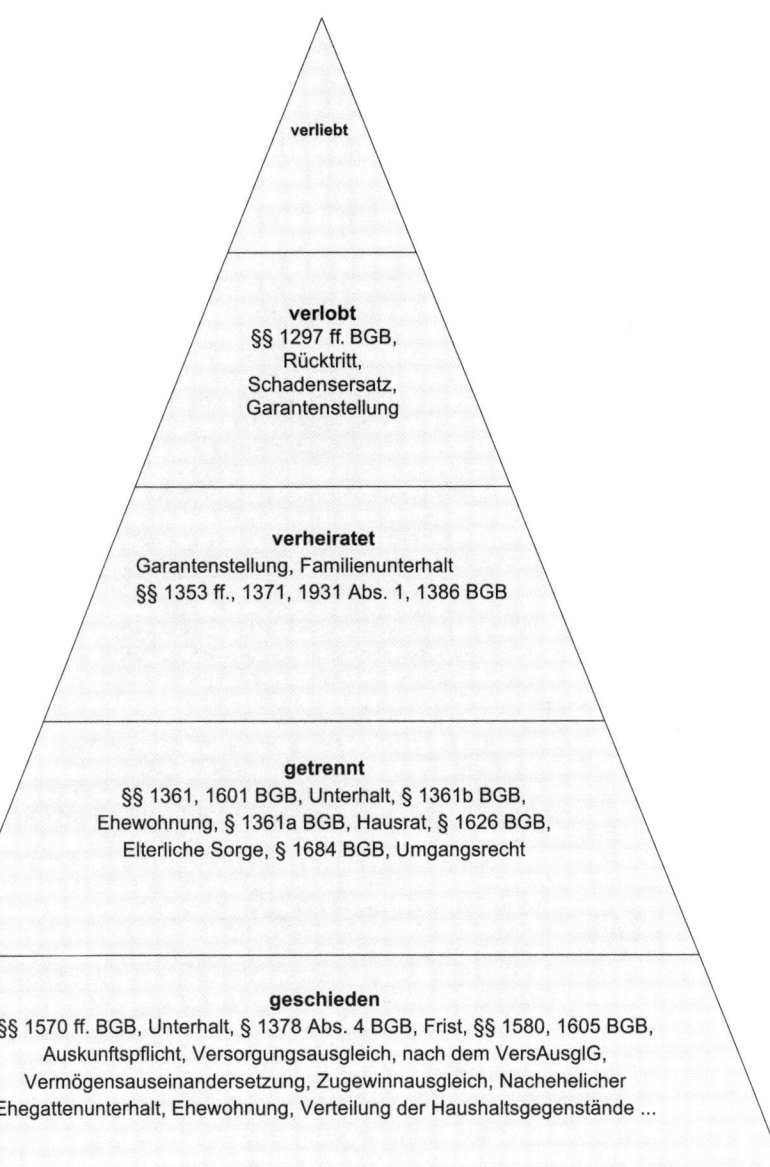

Abb. 3: Umfang der Pflichten in einer Partnerschaft

3 Trennung und Scheidung

3.1 Grundsatz

Form der Scheidung Eine Ehe wird durch einheitlichen **Beschluss** (§ 1564 BGB, § 142 Abs. 1 FamFG) über sämtliche im Verbund stehenden Familiensachen geschieden, wenn sie gescheitert ist.

> **§ 1564 BGB (Scheidung durch richterliche Entscheidung)**
>
> „Eine Ehe kann nur durch richterliche Entscheidung auf Antrag eines oder beider Ehegatten geschieden werden. Die Ehe ist mit der Rechtskraft der Entscheidung aufgelöst. Die Voraussetzungen, unter denen die Scheidung begehrt werden kann, ergeben sich aus den folgenden Vorschriften."

Zerrüttungsprinzip Das früher herrschende Schuldprinzip hat der Gesetzgeber schon 1976 abgeschafft. Es gilt (nunmehr) das **Zerrüttungsprinzip** (Wellenhofer 2017).

> **§ 1565 BGB (Scheitern der Ehe)**
>
> „(1) Eine Ehe kann geschieden werden, wenn sie gescheitert ist. Die Ehe ist gescheitert, wenn die Lebensgemeinschaft der Ehegatten nicht mehr besteht und nicht erwartet werden kann, dass die Ehegatten sie wiederherstellen.
> (2) Leben die Ehegatten noch nicht ein Jahr getrennt, so kann die Ehe nur geschieden werden, wenn die Fortsetzung der Ehe für den Antragsteller aus Gründen, die in der Person des anderen Ehegatten liegen, eine unzumutbare Härte darstellen würde."

Wann eine Ehe zerrüttet und damit gescheitert ist, wird anhand einer **Einzelfallprüfung** festgestellt (hierzu auch Dethloff 2015).

3.2 Fallgruppen der Scheidung

Das Gesetz geht von vier Fallgruppen aus, die sich aus Abb. 4 ergeben und im Folgenden erläutert werden.

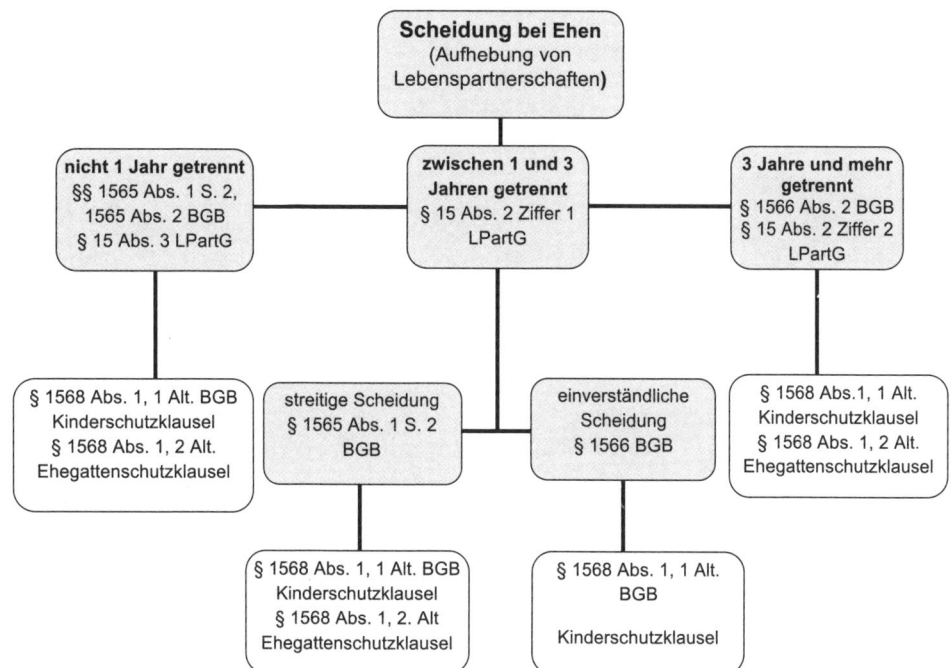

Abb. 4: Fallgruppen der Scheidung

3.2.1 Die „unwiderlegliche" Vermutung des § 1566 Abs. 1 BGB

Das Scheitern der Ehe wird nach **einjähriger Trennungszeit und Einvernehmlichkeit** der Eheleute **unwiderleglich** vermutet. Die Definition des Begriffs Trennung ergibt sich aus § 1567 BGB:

einvernehmliche Trennung (1 Jahr)

§ 1567 BGB (Getrenntleben)

„(1) Die Ehegatten leben getrennt, wenn zwischen ihnen keine häusliche Gemeinschaft besteht und ein Ehegatte sie erkennbar nicht herstellen will, weil er die eheliche Lebensgemeinschaft ablehnt. Die häusliche Gemeinschaft besteht auch dann nicht mehr, wenn die Ehegatten innerhalb der ehelichen Wohnung getrennt leben.
(2) Ein Zusammenleben über kürzere Zeit, das der Versöhnung der Ehegatten dienen soll, unterbricht oder hemmt die in § 1566 bestimmten Fristen nicht."

Begriff der „Einvernehmlichkeit" „**Einvernehmlichkeit**" der Scheidung bedeutet, dass eine beidseitige Beantragung der Scheidung oder eine entsprechende Zustimmung zur Scheidung vorliegt (aber keine Einvernehmlichkeit, wenn z. B. Sorgerecht bezüglich ehelicher Kinder streitig ist).

Begriff der „Trennung" Die „**Trennung**" im Sinne § 1567 BGB bedeutet das Ende der häuslichen Gemeinschaft sowie der Wille zur Trennung und Scheidung (Münder et al. 2013).

Eine Trennung gemäß § 1567 BGB ist gegeben, wenn eine häusliche Gemeinschaft nicht mehr besteht: Trennung meint dabei insbesondere eine Trennung von „Tisch und Bett".

Entscheidung „Scheitern der Ehe bei Geisteskrankheit eines Ehegatten" (BGH, Urteil vom 07.11.2001, XII ZR 247/00):
Anmerkung der Autorin: Der Fall behandelt die Frage der häuslichen Gemeinschaft zwischen Parteien, die zu keinem Zeitpunkt zusammen gelebt haben. Der Ehemann bewohnt im selben Haus wie seine kranke Frau eine (Nachbar-)Wohnung und kümmert sich intensiv um die Ehefrau. Der Betreuer der Ehefrau stellt einen Scheidungsantrag.
Aus den Gründen: „Unter der Lebensgemeinschaft der Ehegatten ist das Ganze des ehelichen Verhältnisses, primär aber die wechselseitige innere Bindung der Ehegatten zu verstehen. Die häusliche Gemeinschaft umschreibt dagegen die äußere Realisierung dieser Lebensgemeinschaft in einer von beiden Ehegatten gemeinsamen Wohnstätte. Im Verhältnis zueinander ist die Lebensgemeinschaft der Ehegatten der umfassendere Begriff; die häusliche Gemeinschaft bezeichnet nur einen äußeren, freilich nicht notwendigen Teilaspekt dieser Gemeinschaft."

Ein **„Getrenntleben"** ist auch möglich, wenn die Ehegatten innerhalb der ehelichen Wohnung getrennt leben (Dethloff 2015). **Gemeinsame Wohnung**

Die Annahme des Getrenntlebens innerhalb der ehelichen Wohnung setzt allerdings voraus, dass kein gemeinsamer Haushalt geführt wird und zwischen den Ehegatten keine wesentlichen persönlichen Beziehungen mehr bestehen (BGH, Urteil vom 14.06.1978, IV ZR 164/77; OLG Köln, Beschluss vom 07.12.2012, 4 UF 182/12; Palandt 2017).

Versöhnungsversuche unterbrechen die Trennungszeit. Bei der Berechnung werden allerdings Versöhnungsversuche (nach der Rechtsprechung) unter 3 Monaten nicht mitgerechnet: Wird also nach einer gewissen Zeit des Getrenntlebens ein Versuch gestartet, sich zu versöhnen, der dann allerdings innerhalb von 3 Monaten scheitert, wird bei der Bemessung der Zeit des Getrenntlebens auch die Zeit des Versöhnungsversuchs mit eingerechnet (Dethloff 2015). **Berücksichtigung einer Versöhnung**

> **Entscheidung „Versöhnungsversuch"** (OLG Saarbrücken, Beschluss vom 14.09.2009, Az.: 6 WF 98/09):
> *Leitsatz:* „Ein Zeitraum von drei Monaten stellt – vorbehaltlich besonderer Umstände – die Obergrenze dar, bis zu der noch ein „Zusammenleben über kürzere Zeit" im Sinne des § 1567 Abs. 2 BGB – und damit ein den Lauf des Trennungsjahres nicht beeinflussender Versöhnungsversuch – angenommen werden kann."

Eine „Trennung" gemäß § 1567 BGB ist nur bei einem entsprechenden **Trennungswillen** (mindestens bei einem der Eheleute) anzunehmen. Voraussetzung ist danach der Wille zur Trennung und Scheidung, der tatrichterlich festgestellt werden muss. **Trennungswillen**

Einer Scheidung steht nicht entgegen, dass ein erkrankter Ehegatte im familiengerichtlichen Verfahren aufgrund der fortgeschrittenen Erkrankung keinen Scheidungswillen mehr fassen kann: Die Ehe kann dennoch geschieden werden, wenn die Eheleute seit mehr als einem Jahr getrennt leben, der Erkrankte im Zusammenhang mit der Trennung einen **natürlichen Willen** zur Scheidung und Trennung gefasst hat und er die Wiederaufnahme der ehelichen Lebensgemeinschaft ablehnt. Bei Vorliegen des freien Willens ist der Mensch geschäfts- und einwilligungsfähig. Der natürliche Wille ist – in Abgrenzung zum freien Willen – der Wille, der in einem die freie Willensbestimmung ausschließenden Zustand krankhafter Störung der Geistestätigkeit gefasst wird. Das Grundrecht auf ein selbstbestimmtes Leben (Art. 2 Abs. 1 GG) gebietet es aber nach dem Maßstab der Verhältnismäßigkeit, auch den natürlichen Willen zu beachten.

Entscheidung „Demenz" (OLG Hamm, Beschluss vom 16.08.2013, 3 UF 43/13):

Anmerkung der Autorin: Der an einer Demenz vom Typ Alzheimer erkrankte 60-jährige Antragsteller hatte im Frühjahr des Jahres 2011 die 20 Jahre jüngere Antragsgegnerin geheiratet. Ende des Jahres kam es nach ca. achtmonatigem ehelichen Zusammenleben zur Trennung der Eheleute. Bei einer im Frühjahr 2012 im Rahmen des Betreuungsverfahrens durchgeführten richterlichen Anhörung hat der Antragsteller trotz seiner gesundheitlichen Einschränkungen seinen Willen zur Trennung und Scheidung geäußert. Die für den Antragsteller bestellte Betreuerin reichte daher im Jahre 2012 einen Scheidungsantrag ein, dem die Ehefrau mit der Begründung, dass der Antragsteller an der Ehe festhalten wolle, entgegengetreten ist.

Leitsätze: „Eine einseitige, dem Familiengericht den Ausspruch der Ehescheidung ermöglichende Zerrüttung der Ehe lässt sich gemäß den §§ 1565, 1566, 1567 BGB jedenfalls feststellen, wenn die Ehegatten unstreitig seit mehr als einem Jahr räumlich getrennt voneinander leben und die Anhörung des an Demenz erkrankten Antragstellers nach § 128 FamFG sowie das übrige Ergebnis der Beweisaufnahme den Rückschluss zulassen, dass dieser zum Zeitpunkt der Trennung bzw. zu einem danach liegenden Zeitpunkt noch den hinreichend sicheren natürlichen Willen zur Trennung und Ehescheidung sowie die Ablehnung der Wiederaufnahme der ehelichen Lebensgemeinschaft erklärt hat.

Darauf, dass bei dem an Demenz erkrankten Antragsteller zum Schluss der letzten mündlichen Verhandlung hingegen kein natürlicher Trennungs- und Scheidungswillen mehr festgestellt werden kann, kommt es nicht für den Ausspruch der Ehescheidung an. Ist nämlich der antragstellende Ehegatte wegen einer fortgeschrittenen Demenzerkrankung zu diesem Zeitpunkt nicht mehr in der Lage, das Wesen einer Ehe und einer Ehescheidung erfassen zu können, ist bei ihm ein Zustand äußerster Eheferne erreicht, bei dem die Ehe der mehr als ein Jahr getrennt lebenden Ehegatten scheidbar ist."

3.2.2 Scheidung wegen Zerrüttung der Ehe, § 1565 Abs. 1 S. 2 BGB

Wenn eine Einvernehmlichkeit fehlt, ist die Ehe nur dann gescheitert, wenn die Lebensgemeinschaft nicht mehr besteht und eine **tatrichterliche Prognose** ergibt, dass nicht zu erwarten ist, dass sie wieder hergestellt wird, diese **Zerrüttungslage** wird in tatsächlicher Hinsicht gerichtlich überprüft (Wellenhofer 2017).

Fehlende Einvernehmlichkeit

Indizien für die Zerrüttung (Beispiele aus der Rechtsprechung) sind:

Zerrüttung

- Anderweitige Partnerverbindung (OLG Frankfurt, FamRZ 1977, 810)
- Homosexualität (OLG Hamm, FamRZ 1978, 190)
- Endgültige Abwendung eines Ehepartners ohne Versöhnungsversuch (OLG Brandenburg, Beschluss vom 12.02.2015, 9 UF 260/14)
- Unüberbrückbare Gegensätze und Auseinandersetzungen (OLG Brandenburg, Beschluss vom 07.09.2006, 15 WF 32/06)
- Kein Geschlechtsverkehr mehr zwischen den Ehegatten (BGH, Beschluss vom 31.01.1979, IV ZR 72/78)
- Unüberwindbare Abneigung des Ehegatten gegen den anderen (BGH, Urteil vom 14.06.1978, IV ZR 164/77)
- Trunksucht und grobe Beleidigungen/Beschimpfungen (vgl. OLG Karlsruhe, FamRZ 1978, 590)
- Fehlende Kommunikation zwischen den Ehegatten (KG, FamRZ 1978, 594)

Vgl. auch **OLG Hamm, Beschluss vom 28.05.2014**, 11 U 105/13: Zu den Voraussetzungen der §§ 1565, 1566 BGB.

3.2.3 Unwiderlegliche Vermutung (§ 1566 Abs. 2 BGB)

Bei einer dreijährigen Trennungszeit wird das Scheitern **unwiderleglich** vermutet. Eine Einigung der Eheleute über die Scheidung ist nicht erforderlich (Wellenhofer 2017).

Dreijährige Trennung

> **Entscheidung „Entbehrliche Anhörung"** (OLG Hamm, Beschluss vom 21.11.2014, 6 UF 30/14).
> *Leitsatz:* „Liegen die Voraussetzungen für das Scheitern der Ehe unzweifelhaft vor, weil die Ehegatten bereits seit mehr als 3 Jahren getrennt leben, bedarf es keiner Anhörung der Ehegatten mehr."

3.2.4 Härtefallscheidung gemäß § 1565 Abs. 2 BGB

Unzumutbare Härte Auch bei der Härtefallscheidung gemäß § 1565 Abs. 2 BGB muss die Ehe gescheitert sein, § 1565 Abs. 1 BGB. Während die drei oben genannten Fälle der Scheidung (einvernehmliche bzw. streitige Scheidung nach einem Jahr Trennungszeit sowie streitige Scheidung nach dreijähriger Trennungszeit) jeweils eine Trennungsphase voraussetzen, kann die **Zerrüttung der Ehe** aufgrund eines Härtefalls **ohne Trennungsphase** geschieden werden. Nach ständiger Rechtsprechung reicht es aber nicht aus, wenn die Fortsetzung des realen ehelichen Zusammenlebens unzumutbar ist. Die Unzumutbarkeit muss sich vielmehr auf das **Eheband** als solches beziehen, das „Weiter-miteinander-verheiratet-sein". Auf das subjektive Empfinden des scheidungswilligen Ehegatten kommt es nicht an. Maßstab ist hier, ob eine objektive dritte Person bei einer Abwägung aller Umstände des Einzelfalls das Verhalten des anderen Ehegatten ebenfalls als eine unzumutbare Härte empfinden würde (Wellenhofer 2017).

Die Gründe für die Härtefallscheidung können dabei auch erst nach dem Scheitern der Ehe eingetreten sein, also während die Ehegatten bereits getrennt leben.

Voraussetzungen für eine sog. **Härtefallscheidung** nach §§ 1565 Abs. 1 S. 2, 1565 Abs. 2 BGB sind:

- Die Ehegatten leben noch nicht ein Jahr getrennt
- unzumutbare Härte
- begründet in der Person des anderen Ehegatten
- die Fortsetzung der Ehe als solche muss unzumutbar sein („das Festhalten am Eheband")

Rechtsprechung zu Härtegründen Ob in der konkreten Scheidungssituation ausreichende Härtegründe vorliegen, ist von den Gerichten zu prüfen. In der Rechtsprechung gibt es eine Vielzahl von Urteilen, die eine Orientierung bieten. Die nachfolgenden Beispiele nennen Fälle, in denen die Gerichte das Vorliegen von Härtegründen bejaht („ehefeindliche Willensrichtung") bzw. verneint haben. Es zeigt sich dabei, dass es auf den jeweiligen Einzelfall ankommt. So wird das Vorliegen eines Härtefalls bei einem Ehebruch einmal angenommen und im anderen Fall abgelehnt. Die unterschiedliche Bewertung ergibt sich hier aus den jeweiligen weiteren tatsächlichen Umständen.

Härtegründe bejaht In den folgenden Fällen hat die Rechtsprechung Härtegründe bejaht:

▪ Alkoholmissbrauch/Alkoholismus verbunden mit wiederholten Gewalttätigkeiten, Bedrohungen und Beleidigungen

Entscheidung „Alkoholkranker gewalttätiger Ehepartner" (OLG Schleswig-Holstein, Urteil vom 31.01.2007, 15 WF 22/07):
Aus den Gründen: „Gemäß § 1565 Abs. 2 BGB kann die Ehe, wenn die Ehegatten noch nicht ein Jahr getrennt leben, nur geschieden werden, wenn die Fortsetzung der Ehe für den Antragsteller aus Gründen, die in der Person des anderen Ehegatten liegen, eine unzumutbare Härte darstellen würde. Diese Voraussetzung liegt nach dem unstreitigen Vorbringen der Antragstellerin vor. Danach ist die Ehe auf Grund der erheblichen alkoholbedingten Ausfälle des Antragsgegners gescheitert. Die unzumutbare Härte muss sich auf das Eheband, d. h., das „Weiter-miteinander-verheiratet-sein", nicht auf die Fortsetzung des ehelichen Zusammenlebens beziehen. Der Antragstellerin darf insoweit nicht zuzumuten sein, mit der Scheidung bis zum Ablauf des Trennungsjahres zu warten. Deshalb ist es unerheblich, dass die Antragstellerin nicht nur von ihrem alkoholkranken Ehemann getrennt lebt, sondern diesem durch die einstweilige Anordnung sogar verboten ist, die Wohnung der Parteien zu betreten, sich in einem Umkreis von 100 m der Wohnung aufzuhalten und Verbindungen zur Antragstellerin aufzunehmen. Diese Maßnahmen vermögen die Antragstellerin zwar grundsätzlich davor zu schützen, dass sie sich erneut Bedrohungen oder gar körperlichen Übergriffen des Antragsgegners in der und um die Wohnung herum ausgesetzt sehen könnte. Sie besagen aber nichts darüber, ob der Antragstellerin zuzumuten ist, das eheliche Band und die damit verbundenen rechtlichen und gesellschaftlichen Folgen aufrechtzuerhalten.
Das ist ihr nicht zuzumuten.
Die Antragstellerin hat den Antragsgegner seit Jahren immer wieder volltrunken, aggressiv und gewalttätig erlebt. Die gravierenden Vorfälle am 03.01.06 und im August 2006 über mehrere Tage mit Drohungen des Antragsgegners gegen das Leben der Antragstellerin zeigen, dass die in der Person des Antragsgegners liegende Unzumutbarkeit ein Ausmaß erreicht hat, das eine Scheidung vor Ablauf des Trennungsjahres rechtfertigt."

▪ Ehebruch in der früheren Ehewohnung

Entscheidung „Ehebruch in der früheren Ehewohnung" (OLG Saarbrücken, Urteil vom 05.10.2004, 9 WF 111/04):

Leitsätze: „1. Für die Annahme einer Unzumutbarkeit i. S. des § 1565 II BGB muss die Fortsetzung aus den in der Person des Partners liegenden Gründen über die Erkenntnis des Scheiterns der Ehe hinaus eine besondere psychische Belastung für den Antragsteller darstellen; an die Feststellung der nach einem objektiven Maßstab zu beurteilenden Unzumutbarkeit der Härte sind nach Wortlaut und Zweck der Vorschrift strenge Anforderungen zu stellen.
2. Unterhält ein Ehegatte ein Verhältnis zu einem neuen Partner, welcher mittlerweile mit dem Ehegatten im vormals ehelichen Hausanwesen zusammenwohnt, kann dieser Treuebruch für den anderen Ehegatten eine unzumutbare Härte im Sinne von § 1565 II BGB darstellen."

▪ Ehebruch mit Schwangerschaft der Ehefrau von einem anderen Mann (vgl. auch OLG Hamm, Beschluss vom 16.06.2014, Az. 8 WF 106/14)

Entscheidung „Ehebruch mit Schwangerschaftsfolge" (OLG Karlsruhe, Urteil vom 13.04.2000, 20 WF 32/00):
Anmerkung der Autorin: Erwartet die Ehefrau aus einem ehebrecherischen Verhältnis ein Kind, ist die Unzumutbarkeit der Fortsetzung der Ehe nach Ansicht des OLG für den Ehemann gegeben, ohne dass weitere belastende Umstände vorliegen müssen. Ein anderes sei mit dem Sinn und Zweck des § 1599 Abs. 2 Satz 1 BGB nicht vereinbar. Gemäß § 1599 Abs. 2 S. 1 BGB gelte nämlich die Vaterschaftsvermutung des § 1592 Nr. 1 BGB nicht, wenn das Kind nach Anhängigkeit eines Scheidungsverfahrens geboren wird und ein Dritter spätestens ein Jahr nach Rechtskraft des Scheidungsurteils die Vaterschaft anerkennt. Dieser Vorteil, nämlich der Wegfall der Vaterschaftsvermutung, dürfe dem Ehemann nicht entzogen werden, weil die Schwangerschaft für ihn nicht mit weiteren belastenden Umständen verbunden ist.
Die Schwangere selbst kann sich hingegen nicht auf diesen Umstand berufen (vgl. OLG Naumburg, NJW 2005, 1812).

▪ Vorschlag zum Geschlechtsverkehr zu dritt durch einen Ehegatten nach Aufdeckung des Ehebruchs (vgl. OLG Köln, Urteil vom 23.06.1995, 25 WF 103/95: Die Fortsetzung der Ehe ist „angesichts der Schmach und Erniedrigung unzumutbar".)

▪ Prostitution des Ehepartners – auch nach der Trennung – (vgl. OLG Bremen, Urteil vom 26.09.1995, 5 WF 66/95)

- Dauernde Verweigerung des Geschlechtsverkehrs (vgl. OLG Hamm, FamRZ 1979, 511)
- Geschlechtsverkehr mit der Stieftochter (OLG Oldenburg, FamRZ 1992, 682)
- Ein an HIV erkrankter Ehegatte, dem seine Erkrankung bekannt ist, täuscht den anderen Ehegatten über die Erkrankung (OLG Frankfurt a. M., Beschluss vom 15.03.2006, Az. 4 UF 112/05)
- Eine über Monate oder Jahre hinweg andauernde sexuelle Beziehung zum neuen Partner, die bereits vor der Trennung aufgenommen worden war (OLG Karlsruhe, FamRZ 1978, 592).
- Verschweigen einer anstehenden Haftstrafe (AG Ludwigsburg, NJW-RR 2007, 4).
- Mehrmalige Vergewaltigungen in der Ehe, nicht aber bei einer einmaligen Vergewaltigung in der Ehe im Affekt (OLG Stuttgart, FamRZ 2002, 239)

In den folgenden Fällen hat die Rechtsprechung Härtegründe verneint: **Härtegründe verneint**

- homosexuelle Neigung des Ehemannes (vgl. auch OLG Nürnberg, Urteil vom 28.12.2006, 10 WF 1526/06)

Entscheidung „Homosexuelle Beziehung des getrenntlebenden Ehegatten" (OLG Köln, Urteil vom 13.03.1996, 27 WF 17/96):

Aus den Gründen: „An die Feststellung der unzumutbaren Härte sind strenge Anforderungen zu stellen. Es muss sich um eine Ausnahmesituation gegenüber der bloß gescheiterten Ehe handeln. Entscheidendes Kriterium für die Zumutbarkeitsprüfung ist, ob dem Antragsteller in seiner konkreten Lage angesonnen werden kann, nach dem Zweckgedanken des § 1565 Abs. 1 BGB den Ablauf des Trennungsjahres abzuwarten. Die Zuwendung zu einem anderen Partner und das Zusammenleben mit diesem lässt zwar in der Regel den Schluss zu, dass die Ehe der Ehepartner gescheitert und eine Wiederherstellung der ehelichen Lebensgemeinschaft nicht mehr zu erwarten ist. Die Zuwendung eines Ehegatten zu einem anderen Partner kann demnach Zerrüttungsgrund sein. Sie ist aber als solche nicht zugleich Ausnahmetatbestand mit der Folge der Unzumutbarkeit für den anderen Ehegatten.

Gleichgeschlechtliche Beziehungen unterliegen aus den vom Amtsgericht genannten Gründen – größere Akzeptanz in der Bevölkerung infolge der Liberalisierung der Sitten- und Moralvorstellungen seit Ende der 60er Jahre auch auf dem Gebiet sexueller Beziehungen – grundsätzlich den gleichen Regeln wie heterosexuelle Beziehungen. Dem Argument, in der Aufnahme homosexueller Beziehungen sei zusätzlich auch die Missachtung des anderen Ehepartners als Geschlechtspartner zu sehen, fehlt es an Überzeugungskraft. Selbst wenn das Argument zuträfe, wäre die Voraussetzung der unzumutbaren Härte dadurch i. Ü. nicht erfüllt."

Eine Härtefallscheidung vor Ablauf des Trennungsjahres kommt nicht allein deshalb in Betracht, weil die Ehefrau eine gleichgeschlechtliche Lebensgemeinschaft mit einer anderen Frau eingegangen ist (vgl. OLG München, Urteil vom 03.02.1995, 16 WF 534/95)

▓ Psychische Erkrankung

Entscheidung „Suiziddrohung eines psychisch Kranken" (OLG Schleswig, Beschluss vom 21.12.2005, 15 UF 85/05):
Aus den Gründen: „Nach § 1568 BGB soll die Ehe nicht geschieden werden, obwohl sie gescheitert ist, wenn und solange die Scheidung für den Antragsgegner, der sie ablehnt, auf Grund außergewöhnlicher Umstände eine so schwere Härte darstellen würde, dass die Aufrechterhaltung der Ehe auch unter Berücksichtigung der Belange des Antragstellers ausnahmsweise geboten erscheint. Die Suiziddrohung eines psychisch Kranken ist kein außergewöhnlicher Umstand, solange der Kranke seine seelischen Reaktionen noch steuern kann. Ist das Steuerungsvermögen erheblich beeinträchtigt, darf die Ehe nicht geschieden werden, bis die ausreichende medizinische Betreuung des Kranken gesichert ist. Unerheblich ist dabei, ob der suizidgefährdete Ehegatte das Scheitern der Ehe verursacht hat."

Entscheidung „Demenz" (OLG Hamm, Beschluss vom 16.08.2013, 3 UF 43/13):
Anmerkung der Autorin: Zu den Voraussetzungen einer wirksamen Bevollmächtigung der Verfahrensbevollmächtigten eines an Demenz erkrankten Ehegatten durch dessen gesetzlichen Betreuer für einen wirksamen Ehescheidungsantrag gemäß den §§ 125 Abs. 2 S. 2, 287 Abs. 1 FamFG, 1564 S. 1 BGB.
Leitsätze: „Eine einseitige, dem Familiengericht den Ausspruch der Ehescheidung ermöglichende Zerrüttung der Ehe lässt sich gemäß den §§ 1565, 1566, 1567 BGB jedenfalls feststellen, wenn die Ehegatten unstreitig seit mehr als einem Jahr räumlich getrennt voneinander leben und die Anhörung des an Demenz erkrankten Antragstellers nach

§ 128 FamFG sowie das übrige Ergebnis der Beweisaufnahme den Rückschluss zulassen, dass dieser zum Zeitpunkt der Trennung bzw. zu einem danach liegenden Zeitpunkt noch den hinreichend sicheren natürlichen Willen zur Trennung und Ehescheidung sowie die Ablehnung der Wiederaufnahme der ehelichen Lebensgemeinschaft erklärt hat.
Darauf, dass bei dem an Demenz erkrankten Antragsteller zum Schluss der letzten mündlichen Verhandlung hingegen kein natürlicher Trennungs- und Scheidungswillen mehr festgestellt werden kann, kommt es nicht für den Ausspruch der Ehescheidung an. Ist nämlich der antragstellende Ehegatte wegen einer fortgeschrittenen Demenzerkrankung zu diesem Zeitpunkt nicht mehr in der Lage, das Wesen einer Ehe und einer Ehescheidung erfassen zu können, ist bei ihm ein Zustand äußerster Eheferne erreicht, bei dem die Ehe der mehr als ein Jahr getrennt lebenden Ehegatten scheidbar ist."

- Treuebruch allein ist noch kein Härtegrund: Es müssen weitere Umstände hinzukommen (vgl. OLG München, Beschluss vom 28.07.2010, 33 WF 1104/10)

Entscheidung „Untreue zwei Tage nach der Eheschließung" (OLG München, Beschluss vom 28.07.2010, Az. 33 WF 1104/10):
Anmerkung der Autorin: Keine unzumutbare Härte nach Ansicht des Gerichts bei Ehebruch zwei Tage nach der Eheschließung mit der Freundin der Braut.
Aus den Gründen: „Nicht jede Aufnahme einer außerehelichen Lebensgemeinschaft mit einem Dritten begründet die Unzumutbarkeit für den anderen Ehegatten, das Trennungsjahr abzuwarten. Damit wird nicht der Treuebruch selbst bagatellisiert, sondern der gesetzgeberischen Wertung Rechnung getragen, die eben das Vorliegen einer unzumutbaren Härte verlangt. Deshalb müssen weitere Umstände wie etwa die Darstellung in der Öffentlichkeit oder ein ehebrecherisches Verhältnis in der früheren Ehewohnung hinzutreten, die es für den anderen Ehegatten geradezu als entwürdigendes Unrecht erscheinen lassen, wenn man ihn noch länger am Eheband festhalten wollte.
Daraus folgt, dass die Art und Weise sowie die Begleitumstände des Treubruchs die Annahme eines Härtegrundes rechtfertigen können. Als Grund für die Scheidung vor Ablauf des Trennungsjahres hat die Rechtsprechung beispielsweise anerkannt den Geschlechtsverkehr mit der vorehelichen Tochter der Frau; mit Familienangehörigen oder der Schwägerin; den Ehebruch, der auch für Dritte in einer kleinen

Gemeinde offensichtlich ist; wenn der Ehebruchspartner in die eheliche Wohnung aufgenommen wird oder zur Verletzung der Treuepflicht weitere demütigende Umstände hinzukommen, etwa die Aufforderung zum Geschlechtsverkehr zu dritt nach Entdeckung des ehebrecherischen Verhältnisses oder auch einmaliger Geschlechtsverkehr mit einem bis dahin unbekannten Mann, den die Ehefrau ebenso wie die hierdurch begründete Schwangerschaft trotz entsprechenden Aids-Risikos dem Ehemann zunächst verschweigt. Nach alldem ist festzustellen, dass hier zwar ein ehelicher Treubruch vorliegt, der sich dadurch hervorhebt, dass er bereits wenige Tage nach der Eheschließung offenkundig geworden ist und zudem mit einer engen Freundin der Antragstellerin. Es müssen vielmehr besonders erschwerende Begleitumstände hinzutreten, so dass das Verhalten des anderen Ehegatten für den verlassenen Ehegatten besonders erniedrigend oder peinlich wäre."

▪ Einmalige körperliche Misshandlung im Affekt aufgrund eines Streits rechtfertigt keine sofortige Scheidung (vgl. OLG Stuttgart, Urteil vom 27.02.2001, 17 UF 411/00)

3.3 Die Schutzklauseln des § 1568 BGB

Für **alle Scheidungstatbestände** (Fallgruppen) sind zusätzlich die **Schutzklauseln** nach § 1568 BGB zu beachten (Johannsen/Henrich 2015).

§ 1568 BGB (Härteklausel)

„Die Ehe soll nicht geschieden werden, obwohl sie gescheitert ist, wenn und solange die Aufrechterhaltung der Ehe im Interesse der aus der Ehe hervorgegangenen minderjährigen Kinder aus besonderen Gründen ausnahmsweise notwendig ist oder wenn und solange die Scheidung für den Antragsgegner, der sie ablehnt, auf Grund außergewöhnlicher Umstände eine so schwere Härte darstellen würde, dass die Aufrechterhaltung der Ehe auch unter Berücksichtigung der Belange des Antragstellers ausnahmsweise geboten erscheint."

3.3.1 Kinderschutzklausel (§ 1568 S. 1, 1. Alt. BGB)

Die Ehe ist trotz Scheiterns nur dann zu scheiden, sofern und solange die Aufrechterhaltung der Ehe im Interesse der aus der Ehe hervorgegangenen **minderjährigen Kinder** aus besonderen Gründen ausnahmsweise nicht notwendig ist. Dies kann auch der Fall sein, wenn die Scheidung für den anderen Ehegatten eine schwere Härte darstellen würde, die sich auf das Kind auswirkt (z. B. Miterleben müssen des beim Ehegatten ausgelösten ungewöhnlich starken Leidensdrucks; hier Prüfung von Amts wegen § 127 Abs. 3 FamFG).

Ehe im Interesse der Kinder

3.3.2 Ehegattenschutzklausel (§ 1568 S. 1, 2. Alt. BGB)

Die Ehe soll zudem nicht geschieden werden, wenn und solange die Scheidung aufgrund außergewöhnlicher Umstände für den Antragsgegner eine so **schwere Härte** darstellen würde, dass die Aufrechterhaltung der Ehe auch unter Berücksichtigung der Belange des Antragstellers ausnahmsweise geboten erscheint, z. B. bei einer psychischen Ausnahmesituation, Gefahr von Kurzschlussreaktionen bis hin zu der Gefahr einer Tötung oder Suizids.

Scheidung als schwere Härte

> **Entscheidung „Depression durch Trennungskonflikt"** (OLG Brandenburg, Urteil vom 06.11.2008, 9 UF 50/08):
> *Anmerkung der Autorin:* Der Antragsgegner litt „an einer schweren Depression durch Trennungskonflikt". Es wurde „eine schwere depressive Episode, ausgelöst durch die Trennung von der Ehefrau vor dem Hintergrund einer akzentuierten Persönlichkeit mit Neigung zur cholerischen, rechthaberischen Verhalten" bei ihm diagnostiziert, der sich an den Wunsch nach Rückkehr der Ehefrau geklammert habe.
> *Aus den Gründen:* „Nach § 1568 2. Alternative BGB soll die Ehe trotz ihres Scheiterns nicht geschieden werden, wenn und solange die Scheidung für den Antragsgegner, der sie ablehnt, aufgrund außergewöhnlicher Umstände eine so schwere Härte darstellen würde, dass die Aufrechterhaltung der Ehe auch unter Berücksichtigung der Belange des Antragstellers ausnahmsweise geboten erscheint. Die Vorschrift will aus Gründen der Einzelfallgerechtigkeit eine Scheidung zur Unzeit verhindern, weshalb an die Feststellung der schweren Härte ein strenger Maßstab anzulegen ist, der nur bei außergewöhnlichen Tatsachen vorliegen kann. Die Härtefallklausel bietet also schon im Ansatz nur einen zeitlich begrenzten Ehebe-

standsschutz und greift nicht ein, wenn es geeignete andere Maßnahmen zur Milderung oder Beseitigung der Härte gibt als allein den Ausschluss der Scheidung; die Verweigerung der Scheidung muss mithin das einzige Mittel sein, um den Ehegatten vor einer für ihn durch die Scheidung sonst entstehenden unerträglichen Lage zu bewahren. Härten, die mit Trennung und Scheidung üblicherweise einhergehen, können niemals die Anwendung des § 1568 BGB rechtfertigen (OLG Hamm FamRZ 1989, 1188/1189; erkennender Senat, FamRZ 2007, 1888, 1889).

Gemessen an diesen Grundsätzen ist die Annahme eines Härtefalles nach § 1568 BGB im Streitfall nicht gerechtfertigt."

Entscheidung „Suiziddrohung eines psychisch Kranken" (OLG Schleswig, Urteil vom 21.12.2005, 15 UF 85/05):

Aus den Gründen: „Bei Suiziddrohung eines psychisch Kranken, der in der Steuerung seiner seelischen Reaktionen erheblich beeinträchtigt ist, darf die Ehe nicht geschieden werden, bis die ausreichende medizinische Betreuung des Kranken gesichert ist."

4 Aufhebung einer Ehe (§§ 1313–1320 BGB)

Die Aufhebungstatbestände der Ehe sind in den §§ 1313–1320 BGB abschließend geregelt. Sie spielen in der Praxis allerdings eine absolut untergeordnete Rolle. Die Aufhebungstatbestände im Gesetz sind:

Gründe

- fehlende Ehemündigkeit nach § 1303 BGB (§ 1314 BGB): Nach dem Gesetz zur Bekämpfung von Kinderehen vom 17.07.2017 (vgl. BGBl. I S. 2429) ist das Alter der Ehemündigkeit im Eheschließungsrecht von 16 Jahren auf 18 Jahre heraufgesetzt worden. Bisher konnte das Familiengericht Minderjährige, die das 16. Lebensjahr vollendet haben, vom Alterserfordernis der Ehemündigkeit befreien.

  Eine Ehe ist durch richterliche Entscheidung aufzuheben, wenn ein Ehegatte im Zeitpunkt der Eheschließung das 16. aber noch nicht das 18. Lebensjahr vollendet hatte. Von einer Aufhebung kann nur in besonderen Härtefällen sowie dann abgesehen werden, wenn der minderjährige Ehegatte zwischenzeitlich volljährig geworden ist und die Ehe bestätigt.

  Diese Regelung soll auch für nach ausländischem Recht wirksam geschlossene Minderjährigenehen gelten. Der Bundesgerichtshof (BGH, Beschluss vom 14.11.2018, XII ZB 292/16) ist allerdings der Überzeugung, dass die gesetzliche Anordnung der Unwirksamkeit der von einem noch nicht 16-jährigen Minderjährigen nach ausländischem Recht wirksam geschlossenen Ehe in Art. 13 Abs. 3 Nr. 1 EGBGB mit Art. 1, Art. 2 Abs. 1, Art. 3 Abs. 1 und Art. 6 Abs. 1 GG insoweit unvereinbar ist, als die Wirksamkeit der Ehe nach deutschem Recht generell und ohne Rücksicht auf den konkreten Fall versagt wird. Daher hat der BGH um eine konkrete Normenkontrolle vor dem Bundesverfassungsgericht (BVerfG) ersucht.
- Geschäftsunfähigkeit (§ 1314 Abs. 1 BGB iVm § 1304 BGB)
- Eheschließung mit einem Dritten, der schon verheiratet ist (§ 1314 Abs. 1 iVm § 1316 BGB)
- Ehe zwischen Verwandten in gerader Linie (Geschwister; § 1314 Abs. 1 BGB iVm § 1307 BGB)

- Formmangel (§ 1314 Abs. 1 BGB iVm § 1311 BGB), wenn bei Eheschließung nicht beide Ehepartner persönlich und gleichzeitig anwesend waren (beachte § 1315 Abs. 2 BGB: keine Aufhebung, wenn beide 5 Jahre zusammen gelebt haben)
- wenn die Eheschließung im Zustand der Bewusstlosigkeit oder vorübergehenden Störung der Geistestätigkeit erfolgte (§ 1314 Abs. 2 Nr. 1 BGB)
- Vorliegen eines tatsächlichen oder rechtlichen Irrtums über wirksame Eheschließung (§ 1314 Abs. 2 Nr. 2 BGB)
- arglistige Täuschung (§ 1314 Abs. 2 Nr. 3 BGB; nicht über Vermögensverhältnisse)
- Eheschließung aufgrund Drohung (§ 1314 Abs. 2 Nr. 4 BGB)
- Eheschließung aus ehefremden Zwecken (§ 1314 Abs. 2 Nr. 5 BGB iVm § 1353 BGB)
- Wiederauftauchen des für Tod erklärten Ehegatten (§ 1320 BGB)

(ausführlich zu den Eheaufhebungstatbeständen: Gernhuber/Coester-Waltjen 2010).

Folgen Die **Rechtsfolgen der Eheaufhebung** sind in § 1318 Abs. 2–5 BGB geregelt.

5 Sonderthema 1: Die Lebenspartnerschaft (LPartG)

Das Lebenspartnerschaftsgesetz ist ein gutes Beispiel dafür, wie **gesellschaftlicher Wandel** auf Rechtsprechung und Gesetzgebung einwirkt. Der Blick erweitert sich auf die rechtliche Behandlung derselben Fragestellung in einem Terrorregime (NS) über die parallel stattfindende Entwicklung in den zwei verschiedenen Systemen im geteilten Deutschland bis hin zur Zusammenführung und Neuregelung nach der Wiedervereinigung bis heute. Und diese Entwicklung ist längst nicht abgeschlossen. Dies zeigt auch die letzte Abstimmung im Bundestag über die Ehe für gleichgeschlechtliche Paare am 30.06.2017.

Der nachfolgende Überblick soll zunächst den historischen Kontext und die Entwicklung der rechtlichen Regelungen im Zusammenhang mit Homosexualität beschreiben, in dem sich wiederum die heutige Rechtsanwendung bewegt.

5.1 Homosexualität in der Weimarer Republik

Der am 14.05.1868 in Kolberg (heute Kołobrzeg/Polen) geborene und am 14.05.1935 verstorbene Arzt und preußische Sanitätsrat Magnus Hirschfeld gründete 1897 das „Wissenschaftlich-humanitäre Komitee" sowie im Jahre 1918 die Nachfolgeeinrichtung, das „Institut für Sexualwissenschaft" in Berlin, um sich aktiv für die Anerkennung der Rechte von Homosexuellen in Deutschland einzusetzen. Diese beiden Organisationen waren die weltweit ersten für Bürgerrechte von Homosexuellen.

Magnus Hirschfeld

> Das Ziel Hirschfelds war es: „[...] aufgrund sichergestellter Forschungsergebnisse und der Selbsterfahrung vieler Tausender endlich Klarheit darüber zu schaffen, dass es sich bei der Liebe zu Personen gleichen Geschlechts, der sogenannten Homosexualität, um kein Laster oder Verbrechen, sondern um eine von Natur aus tief in einer Anzahl von Menschen wurzelnde Gefühlshaltung handelt."
> Hirschfeld (1914, 973)

Rechtslage Sein Hauptziel war es, neben der gesellschaftlichen Anerkennung, die Entkriminalisierung der Homosexualität in Deutschland und Abschaffung des sog. „Homosexuellenparagraphen" 175 aus dem Jahre 1872 zu erreichen, der noch aus dem Preußischen Strafgesetzbuch stammte. Diese Rechtsvorschrift verbot jede homosexuelle Handlung zwischen Männern unter Androhung einer Gefängnisstrafe oder Aberkennung der bürgerlichen Ehrenrechte.

§ 175 RStGB (1872):

„Die widernatürliche Unzucht, welche zwischen Personen männlichen Geschlechts oder von Menschen mit Tieren begangen wird, ist mit Gefängnis zu bestrafen; auch kann auf Verlust der bürgerlichen Ehrenrechte erkannt werden."

Im Jahre 1921 organisierte Hirschfelds Institut die „Erste internationale Tagung für Sexualreform auf sexualwissenschaftlicher Grundlage" und engagierte sich im Jahre 1928 auch bei der Gründung der „Weltliga für Sexualreform". Hirschfeld gelang es jedoch nicht, einen gesellschaftlichen Bewusstseinswandel herbeizuführen.

Mit seinem Einsatz zog der jüdische homosexuelle Sexualforscher Hirschfeld vielmehr massive Anfeindungen der Nationalsozialisten auf sich. Bereits 1920 wurde Hirschfeld nach einem Vortrag in München durch Rechtsradikale schwer verletzt. Kurz vor Kriegsbeginn ging er ins Exil.

5.2 Homosexuelle Männer im Dritten Reich

Rechtslage Nach der Machtübernahme verschärften die Nationalsozialisten die Verfolgung Homosexueller massiv. Homosexuelle Handlungen von Frauen blieben weiterhin straffrei. Zugleich änderten die Nationalsozialisten den Inhalt der Bestimmung des § 175.

Der am 01.09.1935 in Kraft getretene § 175 RStGB (Art. 6 des Gesetzes zur Änderung des Strafgesetzbuchs vom 28.06.1935, RGBl I Nummer 70, S. 839–843) lautete nunmehr:

§ 175 RStGB (1935):

„Ein Mann, der mit einem anderen Mann Unzucht treibt oder sich von ihm zur Unzucht missbrauchen lässt, wird mit Gefängnis bestraft. Bei einem Beteiligten, der zur Zeit der Tat noch nicht einundzwanzig Jahre alt war, kann das Gericht in besonders leichten Fällen von Strafe absehen."

5.3 Homosexualität in der DDR

Nach dem Zweiten Weltkrieg kehrte die DDR 1950 zunächst zur Formulierung aus der Weimarer Zeit zurück. Im Jahre 1968 gab sich die DDR schließlich ein eigenes Strafgesetzbuch und hob § 175 RStGB auf. In § 151 StGB-DDR wurde geschlechterneutral formuliert und einvernehmliche Handlungen zwischen Erwachsenen legalisiert:

Rechtslage

§ 151 StGB-DDR (1968) (Strafgesetzbuch der Deutschen Demokratischen Republik vom 12.01.1968, geändert durch Gesetz vom 19.12.1974 – GBl. I. S. 591, neu bekannt gemacht am 19.12.1974 – GBl. 1975 I S. 13):

„Ein Erwachsener, der mit einem Jugendlichen gleichen Geschlechts sexuelle Handlungen vornimmt, wird mit Freiheitsstrafe bis zu drei Jahren oder mit Verurteilung auf Bewährung bestraft".

Am 11.08.1987 entschied das Oberste Gericht der DDR schließlich in einem Urteil zu § 151 StGB-DDR:

Entscheidung „Homosexualität" (Oberstes Gericht der DDR, Neue Justiz 1987, 467f.):

Aus den Gründen: „Homosexualität (stellt) ebenso wie Heterosexualität eine Variante des Sexualverhaltens (dar) (…) Homosexuelle Menschen stehen somit nicht außerhalb der sozialistischen Gesellschaft, und die Bürgerrechte sind ihnen wie allen anderen Bürgern gewährleistet."

| Aufhebung | Ein Jahr später wurde § 151 StGB-DDR von der Volkskammer der DDR mit dem 5. Strafrechtsänderungsgesetz ersatzlos gestrichen.

5.4 Wandel in den 1960er Jahren in der BRD

| Rechtslage | Nach dem 2. Weltkrieg galt im Westen hingegen weiterhin die verschärfte Fassung der Strafbestimmung aus der NS-Zeit. Homosexuelle Handlungen zwischen Männern waren in der jungen Republik damit vollständig verboten und wurden auch strafrechtlich verfolgt. Im Zeitraum von 1953 bis 1969 gab es bei über 100.000 Ermittlungsverfahren insgesamt ca. 50 000 Verurteilungen (Bruns 2012).

| BVerfG und Reformen | Das **Bundesverfassungsgericht** entschied am 10.05.1957 (BVerfGE 6, 389 ff.) dass diese Strafverfolgung und damit der § 175 StGB **verfassungsgemäß** seien. Die Tatsache, dass in § 175 StGB nur schwule Männer, nicht aber auch lesbische Frauen bestraft würden, verstoße weder gegen den Gleichheitsgrundsatz (Art. 3 Abs. 1 GG), noch läge in der Verfolgung homosexueller Handlungen ein Verstoß gegen das Grundrecht auf die freie Entfaltung der Persönlichkeit (Art. 2 Abs. 1 GG), da einvernehmliche homosexuelle Handlungen zwischen erwachsenen Männern gegen das Sittengesetz verstießen und nicht eindeutig festgestellt werden könne, dass jedes öffentliche Interesse an ihrer Bestrafung fehle.

Der gesamtgesellschaftliche Wandel führte 1969 schließlich zu einer 1. **Reform** des Sexualstrafrechts. Homosexuelle Handlungen von Männern über 21 Jahre wurden straffrei.

Erstes Gesetz zur Reform des Strafrechts (1. StRG) vom 25.06.1969, BGBl I S. 645: Am 01.09.1969 trat die neue Fassung der §§ 175 und 175a StGB (vom 25.06.1969) in Kraft, die homosexuelle Handlungen von Männern über 21 Jahre straffrei stellte:

§ 175 StGB (1969):

„(1) Mit Freiheitsstrafe bis zu fünf Jahren wird bestraft
1. ein Mann über achtzehn Jahre, der mit einem anderen Mann unter einundzwanzig Jahren Unzucht treibt oder sich von ihm zur Unzucht missbrauchen lässt,
2. ein Mann, der einen anderen Mann unter Missbrauch einer durch ein Dienst-, Arbeits- oder Unterordnungsverhältnis begrün-

deten Abhängigkeit bestimmt, mit ihm Unzucht zu treiben oder sich von ihm zur Unzucht missbrauchen zu lassen,
3. ein Mann, der gewerbsmäßig mit Männern Unzucht treibt oder von Männern sich zur Unzucht missbrauchen lässt oder sich dazu anbietet.
(2) In den Fällen des Absatzes 1 Nr. 2 ist der Versuch strafbar.
(3) Bei einem Beteiligten, der zur Zeit der Tat noch nicht einundzwanzig Jahre alt war, kann das Gericht von Strafe absehen."

Der gesellschaftliche Wandel setzte sich fort. Insbesondere Rosa von Praunheims provokanter Film im Jahre 1971 „Nicht der Homosexuelle ist pervers, sondern die Situation, in der er lebt", sorgte für neue Diskussionen. Der Gesetzgeber reagierte auf diese Entwicklung. Folge war das Vierte Gesetz zur Reform des Strafrechts (4. StRG) vom 23.11.1973, das das Schutzalter für einvernehmliche sexuelle Handlungen von Männern mit jungen Männern auf 18 Jahre senkte.

gesellschaftlicher Wandel

Der entsprechende Abschnitt im StGB wurde von „Verbrechen und Vergehen wider die Sittlichkeit" in „Straftaten gegen die sexuelle Selbstbestimmung" umbenannt und der Begriff der Unzucht durch den Begriff der „sexuellen Handlung" ersetzt (vgl. BGBl I S. 1725).

In der Folgezeit wurden die gesellschaftlichen Veränderungen immer sichtbarer: Seit 1979 finden jährlich Christopher Street Days (CSD) statt. Im Jahre 1987 gaben sich in der ARD-Serie „Lindenstraße" erstmals zwei schwule Männer im Fernsehen einen Kuss, was zwar zu einer besseren „Integration von Schwulen ins bürgerliche Leben" beitrug, aber auch zu großem Aufsehen führte.

5.5 Die Regelung im wiedervereinigten Deutschland

Zur Wiedervereinigung am 03.10.1990 wurde im Einigungsvertrag vereinbart, dass die §§ 149 und 150 StGB-DDR für das Gebiet der neuen Bundesländer weiter in Kraft bleiben, während in den alten Bundesländern § 175 StGB weiterhin gültig war. Infolgedessen waren beispielsweise einvernehmliche sexuelle Handlungen von Männern mit männlichen Jugendlichen über 16 Jahren in Ostberlin straffrei, während sie in Westberlin bestraft wurden. (Art. 9 Abs. 2 des Einigungsvertrages vom 31.08.1990 i. V. m. Anlage II Kapitel III Sachgebiet C Abschnitt 1 Nr. 1 und Art. 1 des Gesetzes v. 23.09.1990, BGBl II S. 885, 1168, gültig ab 29.09.1990).

Einigungsvertrag

5.6 Rechtsangleichung zwischen Ost und West

Aufhebung Es dauerte schließlich 25 Jahre zwischen der Entkriminalisierung der Homosexualität unter Erwachsenen im Jahre 1969 und der Aufhebung des § 175 StGB im Jahr 1994. Im Zuge der Rechtsangleichung zwischen Ost und West wurde die Rechtseinheit durch das „29. Strafrechtsänderungsgesetz" vom 31.05.1994 herbeigeführt (BGBl I S. 1168, in Kraft getreten am 11.06.1994). § 149 StGB-DDR und § 175 StGB-BRD wurden aufgehoben.

Das absolute Schutzalter für sexuelle Handlungen mit Jugendlichen wurde einheitlich auf 14 Jahre festgelegt (§ 176 StGB); in besonderen Fällen gilt gemäß § 182 StGB (Antragsdelikt) ein relatives Schutzalter von 16 Jahren.

5.7 Rechtsangleichung der Lebenspartnerschaft mit der Ehe

Resolution des Deutschen Bundestags Am 07.12.2000 verabschiedete der Deutsche Bundestag sodann einstimmig folgende Resolution und machte damit den Bewusstseinswandel in der Gesellschaft deutlich.

> **Plenarprotokoll** 14/140 (TO 10, S. 13738 D bis 13775 B) und **Beschlussempfehlung des Rechtsausschusses** (BT-Drs. 14/4894, Buchst. A), S. 4.):
>
> „Der Deutsche Bundestag bedauert, dass die in der NS-Zeit verschärfte Fassung des § 175 im Strafrecht der Bundesrepublik Deutschland bis 1969 unverändert in Kraft blieb. In beiden Teilen Deutschlands wurde eine Auseinandersetzung mit dem Verfolgungsschicksal der Homosexuellen verweigert. Das gilt auch für die DDR, auch wenn dort die in der NS-Zeit vorgenommene Verschärfung des § 175 bereits 1950 zurückgenommen wurde. Unter Hinweis auf die historischen Bewertungen zum § 175 StGB, die in der Plenardebatte anlässlich seiner endgültigen Streichung aus dem Strafgesetzbuch im Jahre 1994 abgegeben wurden, bekennt der Deutsche Bundestag, dass durch die nach 1945 weiter bestehende Strafdrohung homosexuelle Bürger in ihrer Menschenwürde verletzt worden sind."

Tatsächlich lebten im Jahre 2000 mindestens 47.000 gleichgeschlechtliche Paare in der Bundesrepublik Deutschland zusammen. Diese Zahl konnte die Bundesregierung nicht ignorieren.

Am **01.08.2001** trat dann schließlich, auch unter Zugrundelegung dieser Studie, das **Lebenspartnerschaftsgesetz** in Kraft (BGBl. I S. 266.). Danach konnten die ersten homosexuellen Paare eine Lebenspartnerschaft eingehen, die sie mittlerweile rechtlich in vielen Bereichen mit heterosexuellen Ehepartnern gleichstellt.

Lebenspartnerschaft

5.8 Die Haltung des BVerfG

Das BVerfG lenkte nach Einführung des Lebenspartnerschaftsgesetzes ein. Es gab seine frühere Auffassung – wenngleich auch der Senat nicht einstimmig urteilte – auf und entschied, dass die homosexuelle Betätigung nicht mehr gegen das Sittengesetz verstoße.

Wandel der Rechtsprechung

Das Gericht hat dann in der Folgezeit in mehreren Entscheidungen zum Lebenspartnerschaftsgesetz festgestellt, dass das Recht der Lebenspartnerschaft zwar nicht durch Art. 6 Abs. 1 GG, wohl aber durch Art. 2 Abs. 1 in Verbindung mit Art. 1 Abs. 1 GG geschützt werde und die Ungleichbehandlung von Ehe und eingetragener Lebenspartnerschaft in diversen Bereichen mit Art. 3 Abs. 1 GG unvereinbar sei:

> **Entscheidung „Lebenspartnerschaftsgesetz"** (BVerfG, Urteil vom 17.07.2002, 1 BvF 1 u. 2/01, BVerfGE 105, 313):
> *Leitsätze:* „Die Einführung des Rechtsinstituts der eingetragenen Lebenspartnerschaft für gleichgeschlechtliche Paare verletzt Art. 6 Abs. 1 GG nicht. Der besondere Schutz der Ehe in Art. 6 Abs. 1 GG hindert den Gesetzgeber nicht, für die gleichgeschlechtliche Lebenspartnerschaft Rechte und Pflichten vorzusehen, die denen der Ehe gleich oder nahe kommen. Dem Institut der Ehe drohen keine Einbußen durch ein Institut, das sich an Personen wendet, die miteinander keine Ehe eingehen können.
> Es verstößt nicht gegen Art. 3 Abs. 1 GG, dass nichtehelichen Lebensgemeinschaften verschiedengeschlechtlicher Personen und verwandtschaftlichen Einstandsgemeinschaften der Zugang zur Rechtsform der eingetragenen Lebenspartnerschaft verwehrt ist."

> **Entscheidung „Betriebliche Hinterbliebenenversorgung"** (BVerfG, Beschluss vom 07.07.2009, 1 BvR 1164/07, BVerfGE 124, 199):
> *Aus den Gründen:* „Die Ungleichbehandlung von Ehe und eingetra-

gener Lebenspartnerschaft im Bereich der betrieblichen Hinterbliebenenversorgung für Arbeitnehmer des öffentlichen Dienstes, die bei der Versorgungsanstalt des Bundes und der Länder zusatzversichert sind, ist mit Art. 3 Abs. 1 GG unvereinbar. Geht die Privilegierung der Ehe mit einer Benachteiligung anderer Lebensformen einher, obgleich diese nach dem geregelten Lebenssachverhalt und den mit der Normierung verfolgten Zielen der Ehe vergleichbar sind, rechtfertigt der bloße Verweis auf das Schutzgebot der Ehe gemäß Art. 6 Abs. 1 GG eine solche Differenzierung nicht."

Entscheidung „**Erbschaft- und Schenkungssteuer**" (BVerfG, Beschluss vom 21.07.2010, 1 BvR 611 u. 2464/07; BVerfGE 126, 400):
Aus den Gründen: „Die Ungleichbehandlung von Ehe und eingetragener Lebenspartnerschaft im Erbschaftsteuer- und Schenkungsteuergesetz in der bis zum 31. Dezember 2008 geltenden Fassung ist mit Art. 3 Abs. 1 GG unvereinbar."

Entscheidung „**Beamtenrechtlicher Familienzuschlag**" (BVerfG, Beschluss vom 19.06.2012, 2 BvR 1397/09, FamRZ 2012, 1472):
Leitsätze: „1. Die Ungleichbehandlung von verheirateten und in einer eingetragenen Lebenspartnerschaft lebenden Beamten beim Familienzuschlag der Stufe 1 (§ 40 Abs. 1 Nr. 1 BBesG) stellt eine am allgemeinen Gleichheitssatz des Art. 3 Abs. 1 GG zu messende mittelbare Ungleichbehandlung wegen der sexuellen Orientierung dar.
2. Geht die Privilegierung der Ehe mit einer Benachteiligung anderer, in vergleichbarer Weise rechtlich verbindlich verfasster Lebensformen einher, obgleich diese nach dem geregelten Lebenssachverhalt und den mit der Normierung verfolgten Zwecken vergleichbar sind, rechtfertigt der bloße Verweis auf das Schutzgebot der Ehe keine Differenzierungen. Vielmehr bedarf es in solchen Fällen jenseits der bloßen Berufung auf Art. 6 Abs. 1 GG eines hinreichend gewichtigen Sachgrundes, der gemessen am jeweiligen Regelungsgegenstand und -ziel die Benachteiligung dieser anderen Lebensformen rechtfertigt (vgl. BVerfGE 124, 199 <226>)."

Entscheidung „**Grunderwerbsteuer**" (BVerfG, Beschluss vom 18.07.2012, 1 BvL 16/11, NJW 2012, 2719):
Leitsätze: „1. Es verstößt gegen den allgemeinen Gleichheitssatz, dass eingetragene Lebenspartner vor Inkrafttreten des Jahressteuergesetzes 2010 nicht wie Ehegatten von der Grunderwerbsteuer befreit sind.

2. Eine von der grundsätzlichen Rückwirkung sowohl einer Nichtigkeits- als auch einer Unvereinbarkeitserklärung abweichende Anordnung der Weitergeltung eines als verfassungswidrig erkannten Gesetzes durch das Bundesverfassungsgericht wegen zuvor nicht hinreichend geklärter Verfassungsrechtslage kommt nur im Ausnahmefall in Betracht und bedarf einer besonderen Rechtfertigung."

Entscheidung „Ehegattensplitting" (BVerfG, Beschluss vom 07.05.2013, 2 BvR 909/06, 1981/06 und 288/07; BVerfGE 133, 377):
Leitsatz: „Die Ungleichbehandlung von Verheirateten und eingetragenen Lebenspartnern in den Vorschriften der §§ 26, 26b, 32a Abs. 5 EStG zum Ehegattensplitting ist mit dem allgemeinen Gleichheitssatz des Art. 3 Abs. 1 GG nicht vereinbar."

Entscheidung „Sukzessivadoption" (BVerfG, Urteil vom 19.02.2013, 1 BvL 1/11 u. 1 BvR 3247/09, NJW 2013, 847):
Leitsätze: „1. Art. 2 Abs. 1 in Verbindung mit Art. 6 Abs. 2 Satz 1 GG verleiht dem Kind ein Recht auf staatliche Gewährleistung elterlicher Pflege und Erziehung. Eine Verpflichtung des Gesetzgebers, die Adoption des angenommenen Kindes eines eingetragenen Lebenspartners durch den anderen Lebenspartner (Sukzessivadoption) zu ermöglichen, lässt sich daraus nicht ableiten.
2. Zwei Personen gleichen Geschlechts, die gesetzlich als Elternteile eines Kindes anerkannt sind, sind auch im verfassungsrechtlichen Sinne Eltern (Art. 6 Abs. 2 Satz 1 GG). Eine Person, die bislang weder in einer biologischen noch in einer einfachrechtlichen Elternbeziehung zu einem Kind steht, ist grundsätzlich nicht allein deshalb nach Art. 6 Abs. 2 Satz 1 GG Elternteil im verfassungsrechtlichen Sinne, weil sie in sozial-familiärer Beziehung mit dem Kind lebt.
3. Leben eingetragene Lebenspartner mit dem leiblichen oder angenommenen Kind eines Lebenspartners in sozial-familiärer Gemeinschaft, bilden sie mit diesem eine durch Art. 6 Abs. 1 GG geschützte Familie im Sinne des Grundgesetzes. Bei der rechtlichen Ausgestaltung der Familie ist der Gesetzgeber verfassungsrechtlich nicht ohne weiteres verpflichtet, denjenigen, die tatsächlich soziale Elternfunktion wahrnehmen, allein deswegen eine Adoptionsmöglichkeit zu schaffen.
4. Indem § 9 Abs. 7 des Lebenspartnerschaftsgesetzes die Möglichkeit der Annahme eines adoptierten Kindes des eingetragenen Lebenspartners durch den anderen Lebenspartner (Sukzessivadoption) verwehrt, wohingegen die Möglichkeit der Annahme eines

adoptierten Kindes des Ehepartners und die Möglichkeit der Annahme eines leiblichen Kindes des eingetragenen Lebenspartners (Stiefkindadoption) eröffnet sind, werden sowohl die betroffenen Kinder als auch die betroffenen Lebenspartner in ihrem Recht auf Gleichbehandlung verletzt (Art. 3 Abs. 1 GG)."

5.9 Regelungen im LPartG

Die Regelungen über die Lebenspartnerschaft finden sich im Lebenspartnerschaftsgesetz (LPartG). Der Gesetzgeber hatte bis 2017 die „Ehe" für gleichgeschlechtliche Paare nicht zugelassen, obwohl es in den gesetzlichen Regelungen nur wenige Unterschiede gibt:

Stellung der Lebenspartner

Die Lebenspartner sind – wie Eheleute – einander zu **Fürsorge und Unterstützung** sowie zur gemeinsamen Lebensgestaltung verpflichtet. Sie tragen füreinander Verantwortung, § 2 LPartG. Die Lebenspartner schulden einander Unterhalt. Dies gilt sowohl bei Getrenntlebenden als auch nach Aufhebung der Partnerschaft, §§ 5, 12 und 16 LPartG. Die Lebenspartner können sich im Rahmen ihres Vermögensstandes zwischen der Ausgleichsgemeinschaft und einem Vertrag entscheiden, der ihre **vermögensrechtlichen** Verhältnisse regelt, §§ 6 und 7 LPartG. § 1685 Abs. 2 BGB regelt das Umgangsrecht des früheren Lebenspartners eines Elternteils, der mit dem Kind längere Zeit in häuslicher Gemeinschaft gelebt hat. Ein Lebenspartner ist Familienangehöriger des anderen und hat ein gesetzliches **Erbrecht**, §§ 10, 11 LPartG. Der Lebenspartner eines allein sorgeberechtigten Elternteils hat mit dessen Zustimmung die Befugnis zur Mitentscheidung in Angelegenheiten des täglichen Lebens des Kindes, sog. **„kleines Sorgerecht"**, § 9 LPartG. Bei Aufhebung der Lebenspartnerschaft wird der Versorgungsausgleich zwischen den Lebenspartnern durchgeführt, § 20 LPartG. Das LPartG sieht allerdings keine Regelungen über eine Versorgung im Todesfall vor. Ebenso ist eine gemeinsame Adoption Minderjähriger für Lebenspartnerschaften ausgeschlossen. Für die Aufhebung einer Lebenspartnerschaft gelten nahezu identische Voraussetzungen wie für die Scheidung (Münch 2016).

> **§ 15 LPartG (Aufhebung der Lebenspartnerschaft)**
>
> „(1) Die Lebenspartnerschaft wird auf Antrag eines oder beider Lebenspartner durch gerichtliches Urteil aufgehoben.

(2) Das Gericht hebt die Lebenspartnerschaft auf, wenn
1. die Lebenspartner seit einem Jahr getrennt leben und
a) beide Lebenspartner die Aufhebung beantragen oder der Antragsgegner der Aufhebung zustimmt oder
b) nicht erwartet werden kann, dass eine partnerschaftliche Lebensgemeinschaft wieder hergestellt werden kann,
2. ein Lebenspartner die Aufhebung beantragt und die Lebenspartner seit drei Jahren getrennt leben,
3. die Fortsetzung der Lebenspartnerschaft für den Antragsteller aus Gründen, die in der Person des anderen Lebenspartners liegen, eine unzumutbare Härte wäre.
Das Gericht hebt die Lebenspartnerschaft ferner auf, wenn bei einem Lebenspartner ein Willensmangel im Sinne des § 1314 Abs. 2 Nr. 1 bis 4 des Bürgerlichen Gesetzbuchs vorlag; § 1316 Abs. 1 Nr. 2 des Bürgerlichen Gesetzbuchs gilt entsprechend.
(3) Die Lebenspartnerschaft soll nach Absatz 2 Satz 1 nicht aufgehoben werden, obwohl die Lebenspartner seit mehr als drei Jahren getrennt leben, wenn und solange die Aufhebung der Lebenspartnerschaft für den Antragsgegner, der sie ablehnt, aufgrund außergewöhnlicher Umstände eine so schwere Härte darstellen würde, dass die Aufrechterhaltung der Lebenspartnerschaft auch unter Berücksichtigung der Belange des Antragstellers ausnahmsweise geboten erscheint."
(4) Die Aufhebung nach Absatz 2 Satz 2 ist bei einer Bestätigung der Lebenspartnerschaft ausgeschlossen; § 1315 Abs. 1 Nr. 3 und 4 und § 1317 des Bürgerlichen Gesetzbuchs gelten entsprechend.
(5) Die Lebenspartner leben getrennt, wenn zwischen ihnen keine häusliche Gemeinschaft besteht und ein Lebenspartner sie erkennbar nicht herstellen will, weil er die lebenspartnerschaftliche Gemeinschaft ablehnt. § 1567 Abs. 1 Satz 2 und Abs. 2 des Bürgerlichen Gesetzbuchs gilt entsprechend."

Entscheidung „Aufhebung der Lebenspartnerschaft bei Betreuung"
(OLG Köln, Urteil vom 11.02.2004, 16 Wx 16/04):
Leitsatz: „Ist bei einer eingetragenen Lebenspartnerschaft einer der Partner geschäftsunfähig und steht er deshalb unter Betreuung, kann die zur Aufhebung der Partnerschaft erforderliche Erklärung (*Anmerkung:* nach § 15 Abs. 2 Nr. 2 LPartG), die Partnerschaft nicht fortsetzen zu wollen, für ihn nicht wirksam allein durch den Betreu-

er (*Anmerkung:* als gesetzlicher Vertreter nach § 1902 BGB) abgegeben werden."

Entscheidung „Ehe nach Geschlechtsumwandlung" (OLG Nürnberg, Beschluss vom 21.09.2015, Az. 11 W 1334/15):
Leitsatz: „Ändert ein Beteiligter einer eingetragenen Lebenspartnerschaft seine personenstandsrechtliche Geschlechtszugehörigkeit und schließt danach mit dem anderen Beteiligten dieser Lebenspartnerschaft eine Ehe, so erlischt die Lebenspartnerschaft, ohne dass es eines besonderen Aufhebungsverfahrens bedarf (Konsumtion) (§§ 1306, 1314 BGB, §§ 1, 15 LPartG)."

Trennung Bei gleichgeschlechtlichen Lebenspartnerschaften finden im Falle einer **Trennung** dieselben Gesetze Anwendung **wie** bei einer **Scheidung verbunden mit** der Verpflichtung zum gegenseitigen Unterhalt. Auch der Versorgungsausgleich ist durchzuführen und auf Antrag der Ausgleich des Zugewinns und die Regelung für die zuletzt gemeinsam genutzte Wohnung und den Hausrat (Dethloff 2015).

Ehe gleichgeschlechtlicher Partner Der Bundestag hat mit Zustimmung des Bundesrates nunmehr in § 1353 BGB klargestellt, dass die **Ehe** eine Lebensgemeinschaft **zweier Personen verschiedenen oder gleichen Geschlechts** ist. Damit gelten alle Regelungen für Eheleute auch für gleichgeschlechtliche Paare (weitere Normen regeln u. a. die Umwandlung einer Lebensgemeinschaft in eine Ehe, die Schließung des Rechtsinstituts der Lebenspartnerschaft für Neueintragungen ab 01.10.2017, BGBl. I 2017 S. 2787).

6 Sonderthema 2: Scheidung und Trennung von Ehen mit internationalem Bezug („ROM III-Verordnung")

Am **21.06.2012 ist die Verordnung (EU) Nr. 1259/2010** zur Durchführung einer verstärkten Zusammenarbeit im Bereich des auf die Ehescheidung und Trennung ohne Auflösung des Ehebandes anzuwendenden Rechts (**„ROM III-Verordnung"**) in Deutschland, Belgien, Bulgarien, Frankreich, Italien, Lettland, Luxemburg, Malta, Österreich, Portugal, Rumänien, Slowenien, Spanien und Ungarn in Kraft getreten. Weitere EU-Länder werden folgen.

6.1 Anwendbares Recht

Nach der Verordnung ändern sich die Regeln des Internationalen Privatrechts (IPR) bei der Scheidung von Ehen mit internationalem Bezug grundlegend.

Treffen die Beteiligten keine Rechtswahl, legt Art. 8 ROM III-VO zur Bestimmung des anwendbaren Rechts die nachfolgende Reihenfolge fest: **Scheidung internationaler Ehen**

- das Recht des Staates, in dem die Ehegatten zum Zeitpunkt der Anrufung des Gerichts ihren gewöhnlichen Aufenthalt haben, anderenfalls
- das Recht des Staates, in dem die Ehegatten zuletzt ihren gewöhnlichen Aufenthalt hatten, sofern dieser nicht vor mehr als einem Jahr vor Anrufung des Gerichts endete, und einer der Ehegatten zum Zeitpunkt der Anrufung des Gerichts dort noch seinen gewöhnlichen Aufenthalt hat, oder anderenfalls
- das Recht des Staates, dessen Staatsangehörigkeit beide Ehegatten zum Zeitpunkt der Anrufung des Gerichts besitzen, oder anderenfalls
- das Recht des Staates des angerufenen Gerichts.

In erster Linie maßgebend ist also nicht (mehr) die Staatsangehörigkeit der Beteiligten, sondern ihr gewöhnlicher Aufenthalt. Die Verordnung gilt **auch** für **Nicht-EU-Ausländer**. **Aufenthalt**

Daraus ergeben sich folgende **Fallgruppen** am Beispiel eines Deutsch-Türkischen Scheidungsfalls:

- Beiderseits türkisches Paar mit gewöhnlichem Aufenthalt in Deutschland: Scheidung ist nach deutschem Recht durchzuführen (Art. 8a Rom III-VO). Widerspruchsrecht, Schadensersatzansprüche, etc. eines schuldlos geschiedenen Ehegatten, wie sie das türkische Recht kennt (vgl. Art. 166 tZGB), scheiden aus (vgl. Art. 17 Abs. 1 EGBGB n. F.).
- Beiderseits deutsches Paar mit gewöhnlichem Aufenthalt in der Türkei: Scheidung erfolgt nach türkischem Recht. Wird die Scheidung in der Türkei durchgeführt, verweist das türkische Recht auf das deutsche Recht (Art. 14 Abs. 1 Satz 1 tIPRG).
- Gemischtnationale Paare mit Aufenthalt in einem der beiden Länder: Die Scheidung richtet sich sowohl aus deutscher (Art. 8 Abs. 1a Rom III-VO) als auch aus türkischer (vgl. Art. 14 Abs. 1 Satz 2, 1. HS tIPRG) Sicht danach, in welchem Staat das Paar seinen gewöhnlichen Aufenthalt hat.
- Paare mit gemeinsamer Staatsangehörigkeit ohne gemeinsamen gewöhnlichen Aufenthalt: Es kommt auf das Recht des früheren gemeinsamen Aufenthalts an (Art. 8 Abs. 1 Nr. 2 Rom III-VO; Beachte Jahresfrist).
- Paare ohne gemeinsame Staatsangehörigkeit und ohne gemeinsamen gewöhnlichen Aufenthalt: Nach Art. 8b Rom III-VO unterliegt die Scheidung dem Recht des Staates, in dem die Ehegatten zuletzt ihren gewöhnlichen Aufenthalt hatten.

6.2 Grundlagen im türkischen Scheidungsrecht

Aufgrund der dargestellten Bestimmungen zum anwendbaren Recht kommt dem türkischen Scheidungsrecht auch in der beruflichen Praxis in Deutschland zunehmend Bedeutung zu. Es soll daher an dieser Stelle kurz dargestellt werden.

Scheidungstatbestände   Als materiell-rechtliche Grundlage kommt zunächst **Art. 166 Abs. 3 TürkZGB** in Betracht, wonach eine **einverständliche Scheidung** möglich ist. Eine Trennungszeit ist dann nicht einzuhalten, die Ehe muss lediglich ein Jahr bestanden haben.

Allerdings müssen die Eheleute in diesem Fall eine Vereinbarung über die vermögensrechtlichen Folgen sowie die Angelegenheiten der Kinder vorlegen, die vom Gericht – auch durch den deutschen Familienrichter – zu bestätigen ist (zum erforderlichen Umfang auch hinsichtlich Sorge und Umgang, vgl. Öztan, FamRZ 2007, 1517, 1521). Unter Umständen muss sogar ein Versöhnungsversuch durchgeführt werden.

Da nicht sicher ist, ob und in welchem Umfang eine Vereinbarung zustande kommt bzw. vom Familienrichter bestätigt wird (u. a. Problem der Anerkennung), kommt auch eine **Zerrüttungsscheidung** nach **Art. 166 Abs. 1 TürkZGB** in Betracht.

Über die deutsche Zerrüttungsscheidung hinausgehend verlangt hierbei das türkische Recht die im Einzelnen zu begründende Unzumutbarkeit der weiteren Fortführung der Ehe. Kleinere Streitigkeiten sollen hierfür jedenfalls ebenso wenig genügen (OLG Düsseldorf, FamRZ 1994, 1110) wie der Vorwurf der Vernachlässigung (KG, KG-Report Berlin 2005, 817).

Nach der Rechtsprechung des türkischen Kassationshofs (FamRZ 1993, 1208) hat der antragstellende Teil keine Möglichkeit, eine Zerrüttungsscheidung herbeizuführen, sofern diesen die alleinige (100 %ige) Schuld an der Zerrüttung trifft (OLG Hamm, FamRZ 2000, 1577), auch wenn der andere schuldlose Ehegatte zustimmen sollte (Odendahl, FamRZ 2000, 462, 464).

Somit ist die Ehe auch dann nicht zu scheiden, wenn aus (objektiver) Sicht des Gerichts eine grundlegende Zerrüttung eingetreten ist (vgl. eingehend OLG Stuttgart, Beschluss vom 03.04.2012, 17 UF 352/11, FamRZ 2012, 1497).

Eine teilweise Versorgung des Ehemannes mit typischen Haushaltsleistungen (Kochen, Putzen, Waschen) durch die Ehefrau lässt aufgrund der Besonderheiten der türkischen Kultur nicht zwingend den Schluss zu, dass eine Zerrüttung noch nicht eingetreten ist.

Weiterhin ist auf ein **Widerspruchsrecht** nach **Art. 166 Abs. 2 TürkZGB** hinzuweisen, wonach ein Ehegatte einer Scheidung widersprechen kann, sofern das Verschulden des antragstellenden Teils an der Ehezerrüttung überwiegt. Nach dieser Vorschrift kann der Ehegatte, den an dem Scheitern der Ehe weniger Schuld trifft, dem Scheidungsantrag widersprechen, und zwar auch dann, wenn die eheliche Gemeinschaft voraussichtlich nicht wiederhergestellt werden kann (vgl. insoweit auch OLG Köln, Beschluss vom 02.08.2011, 4 UF 110/11).

Widerspruchsrecht

Davon, dass das Verschulden des antragstellenden Teils an der Ehezerrüttung überwiegt, wird schon dann ausgegangen, wenn ein Ehepartner die Trennung herbeigeführt hat, ohne dass den anderen Ehegatten ein Verschulden bzw. ihn ggf. nur ein geringes Verschulden trifft (vgl. OLG Frankfurt, FamRZ 2005, 1681).

Die Beweislast für einen höheren Verschuldensanteil soll dagegen der Widersprechende tragen (OLG Köln, FamRZ 2000, 958).
Bei gleichmäßigem Verschulden ist ein Widerspruchsrecht nicht gegeben (OLG Hamm, FamRZ 1996, 731).
Dem widersprechenden Ehegatten steht ein Widerspruchsrecht gem. Art. 166 Abs. 2 Satz 2 TürkZGB nicht zu, wenn sein Widerspruch ohne ersichtlichen Grund eingelegt wurde, obwohl dem Widersprechenden in Wahrheit nichts am Fortbestand der Ehe liegt (OLG Hamm, FamRZ 1996, 1148; KG, FamRZ 2006, 1386). Will der Widersprechende den anderen Ehegatten nur bestrafen oder quälen, liegt ein **Rechtsmissbrauch** vor (Türkischer Kassationshof, FamRZ 2001, 99).
Es ist nicht rechtsmissbräuchlich, wenn die Ehefrau nicht das „Stigma" der geschiedenen Ehefrau auf sich nehmen will (OLG Stuttgart, Beschluss vom 03.04.2012, 17 UF 352/11, FamRZ 2012, 1497).
Sofern der Scheidungsantrag aufgrund eines bestehenden Widerspruchsrechts abzuweisen wäre, besteht nach Art. 166 Abs. 4 TürkZGB die Möglichkeit, drei Jahre nach Rechtskraft der abweisenden (materiellen) Entscheidung die Scheidung der Ehe zu erreichen, sofern beide Eheleute die Lebensgemeinschaft nicht wieder aufgenommen haben.

Untreue Sofern ein **Ehebruch** tatsächlich bewiesen werden kann, ist eine Scheidung nach Art. 161 Abs. 1 TürkZGB möglich. Dabei ist allerdings die **sechsmonatige Verjährungsfrist** des Art. 161 Abs. 2 TürkZGB ab Kenntnis, im Übrigen von fünf Jahren zu beachten. Bei Verzeihung kann die Scheidung nach Art. 161 Abs. 3 TürkZGB nicht begehrt werden.

Folgen der Scheidung Das türkische Recht kennt keinen **Versorgungsausgleich**. Ein Antrag auf Durchführung ist aber nach Art. 17 Abs. 3 Satz 2 EGBGB möglich. Bei Minderjährigkeit der Kinder besteht eine Verpflichtung zur Zahlung von **Kindesunterhalt nach deutschem Recht** gem. Art. 4 HUntP i. V. m. §§ 1601 ff. BGB.

7 Unterhaltsrecht

Unterhalt bedeutet vereinfacht die Deckung des Lebensbedarfs einer Person. **Unterhaltspflicht** ist dementsprechend die Verpflichtung, zur Deckung des Lebensbedarfs einer anderen Person beizutragen oder diese sogar sicherzustellen. Auch im Verhältnis der Familienangehörigen (z. B. Eltern gegenüber den Kindern) und der Ehegatten oder Lebenspartner miteinander bestehen derartige Unterhaltspflichten. Sie sind im Familienrecht geregelt.

Begrifflichkeiten

Das **Unterhaltsrecht** ist eine komplexe Rechtsmaterie. Die neuen Regelungen im Bürgerlichen Gesetzbuch sind am 01.01.2008 in Kraft getreten.

Gesetze

Neu definiert wurde beispielsweise die angemessene Erwerbstätigkeit, die dem unterhaltsberechtigten Ehegatten zugemutet werden kann: Hier sind im Rahmen der ehelichen Lebensverhältnisse ausdrücklich nicht nur die finanziellen Verhältnisse, sondern auch Kriterien wie die Dauer der Pflege oder Erziehung eines gemeinschaftlichen Kindes zu beachten.

Neu ins Gesetz aufgenommen wurden auch verschiedene Möglichkeiten, den Unterhaltsanspruch herabzusetzen oder zeitlich zu befristen sowie Einschränkungen für Unterhaltsansprüche nach kurzer Ehe.

7.1 Kindesunterhalt

7.1.1 Minderjährigenunterhalt

Gem. § 1602 Abs. 1 BGB haben **Kinder ohne eigene Einkünfte** ein Recht auf Kindesunterhalt durch ihre Eltern.

Unterhalt wird an minderjährige und/oder volljährige Kinder in der Regel von den leiblichen Eltern gezahlt.

Eheliche und nichteheliche Kinder werden beim Unterhalt gleich behandelt (Abb. 5).

Der Unterhalt setzt sich aus Naturalunterhalt und Barunterhalt zusammen.

Arten

66 Unterhaltsrecht

Kindesunterhalt, § 1601 BGB
- Anspruch von Kindern ohne eigene Einkünfte
- eheliche und uneheliche Kinder werden beim Unterhalt gleich behandelt
- Unterhalt setzt sich aus Naturalunterhalt und Barunterhalt zusammen
- Richtschnur für die Festsetzung des Barunterhalts sind die Düsseldorfer Tabelle und die Unterhaltsgrundsätze (z.b.) des OLG Frankfurt (für Hessen)
- in § 1612a BGB ist ein Mindestunterhalt geregelt

Minderjährige: 0-18 Jahre
- Unterhalt wird vom betreuenden Elternteil im Wege der Prozessstandschaft geltend gemacht, § 1629 Abs. 3 S. 1 BGB
- gerichtliches Verfahren nach §§ 231 ff. FamFG
- gleichgestellte privilegierte Volljährige (§ 1603 Abs. 2 S. 2 BGB)
- unterhaltsrechtlich stehen sie auf dem I. Rang
- Rangfolge richtet sich nach § 1609 BGB
- Unterhaltspflichtige haben minderjährigen Kindern gegenüber eine gesteigerte Erwerbsobliegenheit bis zur Sicherstellung des Mindestunterhalts

Privilegierte Volljährige: 18-21 Jahre
- Verpflichtung der Eltern zur Personensorge gemäß §§ 1626, 1631 BGB entfällt
- Unterhaltsanspruch, wenn das Kind ohne eigenes Verschulden nicht in der Lage ist, seinen Lebensbedarf durch eigenes Einkommen oder durch eigenes Vermögen zu sichern: z.B. das Kind geht noch zur Schule, studiert, macht eine Berufsausbildung, sein Gehalt deckt nicht seinen Lebensbedarf, Kind ist aus gesundheitlichen Gründen nicht erwerbsfähig
- Richtschnur für die Festsetzung des Barunterhalts sind die Düsseldorfer Tabelle und die Unterhaltsgrundsätze (z.B.) des OLG Frankfurt (für Hessen)
- Barunterhaltsanspruch gegenüber beiden Elternteilen
- Haftungsanteile berechnen sich im Verhältnis der Einkünfte beider Elternteile zueinander

Sonstige Volljährige: über 18 Jahre, aber nicht privilegiert
- volljährige Kinder, die einen eigenen Haushalt haben oder volljährige Kinder, die zwar noch im elterlichen Haushalt leben, aber nicht mehr in der Schulausbildung sind.
- Unterhaltsanspruch nur, soweit die berufliche Ausbildung noch nicht abgeschlossen ist.
- Barunterhaltsanspruch gegenüber beiden Elternteilen
- Haftungsanteile berechnen sich im Verhältnis der Einkünfte beider Elternteile zueinander
- keine gesteigerte Erwerbsobliegenheit

Abb. 5: Grundzüge der Kindesunterhalts

- **Naturalunterhalt** leistet der Elternteil, bei dem das Kind lebt, durch Kochen, Betreuung usw.; die Regelung ändert sich mit der Volljährigkeit.
- **Barunterhalt** wird berechnet nach dem Einkommen des Unterhaltspflichtigen und orientiert sich am Bedarf des Kindes.

Als **Richtschnur** für die Festsetzung des Unterhalts in den verschiedenen Einkommensstufen dient die **Düsseldorfer Tabelle**, die sich an den Mindestunterhaltsbeträgen nach § 1612a Abs. 1 bzw. § 36 EGZPO Nr. 4 ausrichtet (siehe „Düsseldorfer Tabelle 2019"). Die Unterhaltspflicht für Kinder erstreckt sich im besonderen Maße auf Minderjährige, daher ist nach § 1612a BGB ein Mindestunterhalt für minderjährige Kinder vorgesehen. **Düsseldorfer Tabelle**

Sie berücksichtigt nur den notwendigen allgemeinen Lebensbedarf, d. h. Aufwendungen für Ernährung, Unterkunft, Kleidung, Körperpflege, Hausrat, Heizung und persönliche Bedürfnisse des täglichen Lebens (vgl. dazu BGH, NJW 2009, 1816).

Durch das Gesetz zur Änderung des Unterhaltsrechts und des Unterhaltsverfahrensrechts wurde der gesetzliche Mindestunterhalt von den Kinderfreibeträgen entkoppelt (Änderung des § 1612a BGB zum 01.01.2016). Die Koppelung des Mindestunterhalts an die Freibeträge für das sächliche Existenzminimum eines Kindes (Kinderfreibetrag) gemäß § 32 Abs. 6 EStG führte häufig dazu, dass der Mindestunterhalt unter dem kindlichen Existenzminimum lag. **Grundlage der Berechnung**

Der Mindestunterhalt ist nun nicht mehr an den steuerrechtlichen Kinderfreibetrag angeknüpft, sondern orientiert sich direkt am **kindlichen Existenzminimum**.

Das Bundesministerium der Justiz und für Verbraucherschutz ist künftig dazu ermächtigt, den Mindestunterhalt alle zwei Jahre durch Rechtsverordnung festzulegen. Die Rechtsverordnung bedarf nicht der Zustimmung des Bundesrats (§ 1612a Abs. 4 BGB).

Nach dem **Unterhaltsvorschussgesetz (UnterhVG)** können alleinerziehende Eltern, die keinen oder nicht regelmäßig Unterhalt von dem anderen Elternteil erhalten, einen Unterhaltsvorschuss beim örtlichen Jugendamt beantragen. Das neue Unterhaltsvorschussgesetz ist am 18.08.2017 rückwirkend zum 01.07.2017 in Kraft getreten (vgl. BGBl. 2017, S. 3122). Zum 01.01.2019 wurde die Höhe des Unterhaltsvorschusses ausgeweitet. Kinder im Alter von bis zu 5 Jahren erhalten 160 €, von 6 bis 11 Jahren 221 € und von 12 bis 17 Jahren 282 € im Monat. Damit sichert der Staat die wirtschaftliche Stabilität des Elternteils, der für die Betreuung und Erziehung der Kinder sorgen und **Vorschuss** für den ausfallenden Barunterhalt aufkommen muss. Soweit Unterhaltsvorschussleistungen gewährt werden, geht der Unterhaltsanspruch des Kindes gegen den Elternteil, bei dem es nicht lebt, nach § 7 Abs. 1 S. 1 UVG in Höhe der geleisteten Zahlungen auf das jeweilige Bundesland als Träger dieser Leistungen über.

Unterhaltsgrundsätze der OLG Beim Unterhalt sind zusätzlich auch immer die **Unterhaltsgrundsätze der Oberlandesgerichte** zu berücksichtigen (z. B. Unterhaltsgrundsätze des OLG Frankfurt, Stand 01.01.2019: Von Richtern der Familiensenate des für ganz Hessen zuständigen OLG Frankfurt am Main erarbeitete Grundsätze, die auf der Rechtsprechung des Bundesgerichtshofs beruhen). Sie sollen im Interesse der Einheitlichkeit und Überschaubarkeit **Orientierungslinien** für die Praxis geben. Sie entbinden den Richter aber nicht von der Verpflichtung, in eigener Verantwortung die Lösungen des Einzelfalls zu finden.

Berechnung Für die **Unterhaltsberechnung bei Minderjährigen** müssen folgende Fragen zunächst beantwortet werden:

- Ist das Kind minderjährig oder volljährig?
- Wie hoch ist zurzeit das Kindergeld und wer erhält es?
- Über welches Einkommen verfügt der Unterhaltspflichtige?
- Befindet sich das volljährige Kind in Ausbildung und wie lange muss Unterhalt gewährt werden?
- Ist der Unterhaltsschuldner leistungsfähig?
- Ist der Selbstbehalt des Unterhaltsschuldners gewahrt?
- Hat das Kind eigene Einkünfte?

> **Berechnungsbeispiele zum Kindesunterhalt bei Minderjährigen:**
> Kind, 7 Jahre (2. Altersstufe gemäß § 1612a Abs. 1 BGB) lebt bei der Mutter; Bemessungseinkommen des Vaters 2.400 € netto (Einstufung in Gruppe 4, Düsseldorfer Tabelle, Stand 01.01.2019, weil nur ein Unterhaltsberechtigter), Kindergeld (194 €, Stand 01.01.2019): Das Kind erhält vom Vater folgenden Kindesunterhalt:
> Tabellenbetrag: 467 €
> Anrechnung Kindergeld (½): 97 €
> Unterhaltsanspruch: 370 €

Mehrbedarf **Mehrbedarf (§ 1610 Abs. 2 BGB):** Mehrbedarf ist der Teil des Lebensbedarfs, der regelmäßig während eines längeren Zeitraums anfällt und das Übliche derart übersteigt, dass er mit den Regelsätzen nicht zu erfassen ist und deshalb bei der Bemessung des laufenden Unterhalts berücksichtigt werden kann. Der Mehrbedarf ist also der zusätzliche Aufwand bei sachlicher Notwendigkeit. **Beide Eltern** haben gem. § 1606 Abs. 3 S. 1 BGB anteilig nach ihren Einkommensverhältnissen den Mehrbedarf sicherzustellen (BGH, NJW 2008, 1816). Vor der Anteilsbestimmung ist bei jedem Elternteil grundsätzlich jeweils ein Sockelbetrag in Höhe des angemessenen Selbstbehalts abzuziehen.

Beispiele für einen Mehrbedarf sind:

- Krankenversicherungskosten/Pflegeversicherungskosten bei Krankheitsfall oder Heimunterbringung, z. B. länger andauernde psychotherapeutische Behandlung
- Kosten des Kindergartenbesuchs oder für Aufwendungen der Betreuung eines Kindes in einer anderen kindgerechten Einrichtung unabhängig davon, ob er halb- oder ganztags stattfindet, da Besuch in erster Linie erzieherischen Zwecken dient (BGH, NJW 2009, 1816)
- sachlich begründete Kosten des Besuchs eines Kinderhorts (aber kein Mehrbedarf: anfallende Verpflegungskosten des Kinderhorts; BGH, NJW 2008, 1816)
- Studiengebühren (Mehrbedarf des volljährigen Kindes)
- Aufwendungen für das auswärtige Wohnen, wenn sie den in dem pauschalen Bedarfssatz enthaltenen Anteil übersteigen und in der angefallenen Höhe nicht zu vermeiden waren (OLG Brandenburg, BeckRS 2006, 1038)

Heimfahrten zu den Eltern wiederum stellen **keinen Mehrbedarf** dar.

Sonderbedarf (§ 1613 BGB): Die Unterhaltsverpflichtung kann sich unter bestimmten Voraussetzungen auch auf einen Sonderbedarf erstrecken. Darunter fällt ein unregelmäßiger außergewöhnlich hoher Bedarf i. S. des § 1613 Abs. 2 Nr. 1 BGB, nämlich ein überraschender, nicht mit Wahrscheinlichkeit voraussehbarer und der Höhe nach nicht abschätzbarer Bedarf, der deshalb beim laufenden Unterhalt noch nicht angesetzt werden konnte und deshalb eine zusätzliche Unterhaltsleistung rechtfertigt.

   Beispiele, in denen die Rechtsprechung Sonderbedarf bejaht hat, sind:

Sonderbedarf

- unvorhergesehene Krankheitskosten (BGH, NJW 1983, 224)
- Erstausstattung eines Säuglings (OLG Koblenz, NJW-RR 2009, 1305: pauschal 1000 €)
- Kosten einer Klassenfahrt (OLG Hamm, FamRZ 2003, 1585), jedenfalls dann, wenn diese nicht aus dem Barunterhalt bestritten oder angespart werden können
- Kosten für den wegen vorübergehender Schwierigkeiten erforderlichen Nachhilfeunterricht (OLG Koblenz, OLG-Report 2003, 32)
- Kosten eines Computers bei Lernschwierigkeiten eines Kindes (OLG Hamm, NJW 2004, 858)

Die Darlegungs- und Beweislast für die **Anerkennungsfähigkeit** des Sonderbedarfs liegt beim Unterhaltsberechtigten. Von Bedeutung ist zum Beispiel, ob die Kosten aus der Sicht des objektiven Beobachters notwendig sind und ob nach den wirtschaftlichen Verhältnissen des barunterhaltspflichtigen Elternteils dessen volle Inanspruchnahme zu rechtfertigen ist. Verfügt der betreuende Elternteil über Einkünfte, kann es zumutbar sein, dass dieser sich auch an den Kosten beteiligt (BGH, NJW 2006, 1509).

Sonderbedarf kann für die Vergangenheit nur **zeitlich beschränkt** nach Maßgabe des § 1613 Abs. 2 Nr. 1 BGB ohne die Beschränkungen des § 1613 Abs. 1 BGB verlangt werden, nach Ablauf eines Jahres seit seiner Entstehung nur bei vorheriger Anmahnung oder Eintritt der Rechtshängigkeit der Klage.

Wechselmodell Kindesunterhalt beim Wechselmodell: Nach einer aktuellen Entscheidung des Bundesgerichtshofs (Beschluss vom 11.01.2017, XII ZB 565/15) haben im Fall des Wechselmodells (abwechselnde Betreuung des Kindes zu etwa gleichen Verhältnissen durch die getrennt lebenden Elternteile; zum Wechselmodell: Beck'sches Formularbuch Familienrecht 2017) grundsätzlich beide Elternteile für den Barunterhalt des Kindes einzustehen. Der Unterhaltsbedarf bemisst sich nach dem beiderseitigen Einkommen der Eltern und umfasst außerdem die infolge des Wechselmodells entstehenden Mehrkosten (im Anschluss an den Senatsbeschluss vom 05.11.2014 – XII ZB 599). Der dem Kind von einem Elternteil während dessen Betreuungszeiten im Wechselmodell geleistete Naturalunterhalt führt nicht dazu, dass ein Barunterhaltsanspruch nicht geltend gemacht werden kann. Der geleistete Naturalunterhalt ist vielmehr nur als (teilweise) Erfüllung des Unterhaltsanspruchs zu berücksichtigen. Der Unterhaltsanspruch kann in zulässiger Weise vom Kind gegen den besser verdienenden Elternteil geltend gemacht werden (vgl. BGH, Beschluss vom 11.01.2017, XII ZB 565/15).

7.1.2 Volljährigenunterhalt

Beim Unterhalt für Volljährige ist zwischen privilegierten und nicht privilegierten Kindern zu unterscheiden. Denn dies wirkt sich sowohl auf den **Rang des Unterhaltsanspruchs** als auch auf die Höhe des Unterhalts aus (Abb. 5).

Privilegierte und nicht privilegierte Kinder

- **Privilegierte volljährige Kinder** sind den minderjährigen unverheirateten Kindern unterhaltsrechtlich gleichgestellt, § 1609 BGB (Johannsen/Henrich 2015). Privilegiert sind volljährige Kinder nach § 1603 Abs. 2 BGB, wenn sie das 21. Lebensjahr noch nicht vollendet haben (hierzu ausführlich Gerhardt et al. 2015), im Haushalt der Eltern oder eines Elternteils leben (hierzu ausführlich Gerhardt et al. 2015) und sich in der allgemeinen Schulausbildung befinden (etwa Fachoberschule, Gymnasium, nicht jedoch Berufsschule).
- **Nicht privilegierte volljährige Kinder** befinden sich dagegen unterhaltsrechtlich auf dem vierten Rang. Diese Rangfolge ergibt sich aus dem Gesetz, nämlich aus § 1609 BGB (s. 7.2.2).

Je nach Zuordnung berechnet sich die Höhe des Unterhaltsanspruchs unterschiedlich:

Folgen für die Berechnung

- Handelt es sich um ein **privilegiertes volljähriges Kind**, richtet sich die Höhe seines (Bar)Unterhalts nach der Bedarfsgruppe für volljährige Kinder der Düsseldorfer Tabelle (dort „Altersstufen in Jahren" und dann „ab 18"). Der Selbstbehalt eines jeden Elternteils beträgt in diesem Fall 1.080 € monatlich, sofern der Elternteil erwerbstätig ist (ausführlich zum Selbstbehalt Gerhardt et al. 2015).
- Wohnt ein **nicht privilegiertes volljähriges Kind** noch bei den Eltern oder einem Elternteil, richtet sich die Höhe seines (Bar)Unterhalts ebenfalls nach der Bedarfsgruppe für volljährige Kinder der Düsseldorfer Tabelle (vgl. Gerhardt et al. 2015).

Verlangt das volljährige **Kind** erstmalig Ausbildungsunterhalt von einem seiner beiden Elternteile, hat es nach allgemeiner Ansicht grundsätzlich auch die Haftungsanteile gemäß § 1606 Abs. 3 Satz 1 BGB –

und damit das beiderseitige Elterneinkommen – darzulegen und zu beweisen (Wendl/Dose 2015; Büte et al. 2015).

> **Berechnungsbeispiel: Volljähriger Schüler besucht das Gymnasium, lebt bei der Mutter**
> Ein 18-jähriges Kind besucht das Gymnasium, erhält das Kindergeld und lebt bei der Mutter. Der Vater erzielt ein monatliches bereinigtes Nettoeinkommen in Höhe von 3.000 €, die Mutter von 1.500 €. Das monatliche bereinigte Nettoeinkommen beider Elternteile beträgt 4.500 € (3.000 € + 1.500 €), sodass das Kind an sich in die Einkommensgruppe 8 der Düsseldorfer Tabelle (Stand: 01.01.2019) einzustufen wäre. Da die Düsseldorfer Tabelle jedoch für zwei Unterhaltsberechtigte ausgelegt ist, hat eine Höhergruppierung in die Einkommensgruppe 9 zu erfolgen. Der Unterhaltsanspruch des privilegierten volljährigen Kindes beträgt daher 802 € monatlich. Hiervon ist das Kindergeld abzuziehen, sodass ein Unterhaltsanspruch in Höhe von 608 € monatlich verbleibt.
> Bei beiden Elternteilen ist jeweils vom bereinigten monatlichen Nettoeinkommen der Selbstbehalt in Höhe von 1.080 € monatlich abzuziehen. Dem Vater verbleiben 1.920 € (3.000 €-1.080 €), der Mutter verbleiben 420 € (1.500 €-1.080 €), womit für den Kindesunterhalt insgesamt 2.340 € an monatlichem Gesamteinkommen zur Verfügung stehen (1.920 € + 420 €).
> Der Haftungsanteil der Eltern errechnet sich wie folgt:
>
> Vater: $\dfrac{608 \text{ € Unterhaltsanspruch} \times 1.920 \text{ € Einkommen}}{2.340 \text{ € Gesamteinkommen}} = 498{,}87 \text{ €}$
>
> Mutter: $\dfrac{608 \text{ € Unterhaltsanspruch} \times 420 \text{ € Einkommen}}{2.340 \text{ € Gesamteinkommen}} = 109{,}12 \text{ €}$
>
> Der Vater hat also aufgerundet 499 € und die Mutter abgerundet 109 € monatlichen Unterhalt für das Kind zu zahlen.

> **Berechnungsbeispiel: Volljähriger Student, lebt bei der Mutter**
> Da das Kind weiterhin bei der Mutter lebt, bleibt sein Unterhaltsanspruch (nach Abzug des Kindergeldes) in Höhe von 608 € monatlich bestehen. Allerdings ist das Kind wegen der Aufnahme des Studiums nicht mehr privilegiert. Dadurch erhöht sich für beide Elternteile der Selbstbehalt auf jeweils 1.300 € monatlich. Daher ist bei beiden Elternteilen jeweils vom bereinigten monat-

lichen Nettoeinkommen der Selbstbehalt in Höhe von 1.300 € monatlich abzuziehen. Dem Vater verbleiben 1.700 € (3.000 €-1.300 €), der Mutter verbleiben 200 € (1.500 €-1.300 €), womit für den Kindesunterhalt insgesamt 1.900 € an monatlichem Gesamteinkommen zur Verfügung stehen (1.700 €+200 €).
Der Haftungsanteil der Eltern errechnet sich wie folgt:

Vater: $\dfrac{608\,\text{€ Unterhaltsanspruch} \times 1.700\,\text{€ Einkommen}}{1.900\,\text{€ Gesamteinkommen}} = 544\,\text{€}$

Mutter: $\dfrac{608\,\text{€ Unterhaltsanspruch} \times 200\,\text{€ Einkommen}}{1.900\,\text{€ Gesamteinkommen}} = 64\,\text{€}$

Der Vater hat daher 544 € und die Mutter 64 € monatlichen Unterhalt zu zahlen.

Hat das **nicht privilegierte volljährige Kind** dagegen einen **eigenen Hausstand**, beträgt sein Unterhaltsanspruch generell (analog des BAföG-Höchstsatzes WS 2016/2017) 735 € monatlich. Hierin sind bis 300 € für Unterkunft einschließlich umlagefähiger Nebenkosten und Heizkosten (Warmmiete) sowie bis zu 90 € monatlich für ausbildungs- bzw. berufsbedingte Aufwendungen enthalten (Gerhardt et al. 2015).

Auch hier beläuft sich der Selbstbehalt für jedes Elternteil auf 1.300 € pro Monat.

Eigener Hausstand

Berechnungsbeispiel: Volljähriger Student mit eigenem Hausstand

Aufgrund des eigenen Hausstandes steht dem Kind ein genereller Unterhaltsanspruch in Höhe von 735 € zu. Nach Abzug des Kindergeldes in Höhe von 194 € beträgt der Kindesunterhalt für Volljährige 541 € monatlich. Da das Kind nicht privilegiert ist, beträgt für beide Elternteile der Selbstbehalt jeweils 1.300 € monatlich. Von beiden Elternteilen ist jeweils vom bereinigten monatlichen Nettoeinkommen der Selbstbehalt in Höhe von 1.300 € monatlich abzuziehen. Dem Vater verbleiben 1.700 € (3.000 €-1.300 €), der Mutter verbleiben 200 € (1.500 €-1.300 €), womit für den Kindesunterhalt insgesamt 1.900 € an monatlichem Gesamteinkommen zur Verfügung stehen (1.700 €+200 €).
Der Haftungsanteil der Eltern errechnet sich wie folgt:

Vater: $\dfrac{541\,\text{€ Unterhaltsanspruch} \times 1.700\,\text{€ Einkommen}}{1.900\,\text{€ Gesamteinkommen}} = 484{,}05\,\text{€}$

> Mutter: $\dfrac{541\ \text{€ Unterhaltsanspruch} \times 200\ \text{€ Einkommen}}{1.900\ \text{€ Gesamteinkommen}} = 56{,}95\ \text{€}$
>
> Der Vater hat daher abgerundet 484 € und die Mutter aufgerundet 57 € monatlichen Unterhalt für das Kind zu zahlen.

Einzelfälle Im Folgenden werden einige **Einzelfälle zum Volljährigenunterhalt** dargestellt:

- **Masterstudiengang:** Eltern sind weiterhin zum **Unterhalt verpflichtet**, wenn sich nach Erwerb des Bachelor-Abschlusses ein Master-Studiengang anschließen soll, sofern ein fachlicher und zeitlicher Zusammenhang zwischen beiden besteht. Die Rechtsprechung zu den sogenannten Abitur-Lehre-Studium-Fällen kann auf diesen Studienverlauf übertragen werden (AG Frankfurt, Urteil vom 16.11.2011, 454 F 3056/11).
- **Ausbildungsweg „Schule-Lehre-Fachabitur-Studium": Keinen Unterhaltsanspruch** gibt es dagegen in den Fällen Schule-Lehre-Fachabitur-Studium. Hier ist die Berufsausbildung mit der Lehre abgeschlossen. Der Besuch der Fachhochschule und das anschließende Studium stellen keine Fortführung der Ausbildung dar, sondern werden als neue Ausbildung betrachtet (BGH, Urteil vom 17.05.2006, XII ZR 54/04, RdNr. 20).
- **Praktikum zur Berufsorientierung:** Auch vorgeschaltete Berufsorientierungspraktika können für Bewerber sinnvoll sein, wenn sie die Chancen auf einen Ausbildungsplatz erhöhen. Die Eltern sind während eines solchen Praktikums laut Bundesgerichtshof weiterhin **zum Unterhalt verpflichtet** (BGH, Beschluss vom 03.07.2013, XII ZB 220/12).
- **Studium abgebrochen und eine Ausbildung begonnen: Unterhaltspflicht** besteht unter **Umständen** auch, wenn das Kind das Studium abgebrochen und eine Ausbildung begonnen hat (OLG Naumburg, Beschluss vom 12.01.2010, 8 WF 274/09). Eine Zweitausbildung aus persönlichen Gründen müssen die Eltern nur dann finanzieren, wenn der erlernte Erstberuf aus gesundheitlichen Gründen nicht mehr ausgeübt werden kann oder aus sonstigen, bei Ausbildungsbeginn nicht vorhersehbaren Gründen keine Lebensgrundlage mehr bietet (BGH, Urteil vom 17.05.2006, XII ZR 54/04, RdNr. 20).
- **Ausbildungsweg „Abitur-Lehre-Studium":** Wenn das Kind zunächst Abitur macht, dann eine Lehre absolviert und anschließend

ein Studium aufnehmen will, dann müssen die Eltern in der Regel auch das Studium finanzieren, wenn sich die **praktische Ausbildung und das Studium sinnvoll ergänzen** (vgl. BGH, Beschluss vom 03.05.2017, XII ZB 415/16). Obwohl bereits eine Berufsausbildung beendet ist, bejaht der Bundesgerichtshof in diesen Fällen einen weiteren Unterhaltsanspruch, wenn das Studium in einem inhaltlichen Zusammenhang mit der Lehre steht und kurz nach Ende der Ausbildung aufgenommen wird.

- **Freiwilliges soziales Jahr:** Während eines freiwilligen sozialen oder ökologischen Jahres hat das Kind auf jeden Fall **Anspruch auf Unterhalt**, sofern es sich dabei um die **notwendige Voraussetzung für ein Studium oder eine Ausbildung** handelt, die es anstrebt (BGH, Urteil vom 29.06.2011, XII ZR 127/09). Auch falls die Eltern mit dem freiwilligen sozialen Jahr des Kindes einverstanden sind, sind sie weiter unterhaltspflichtig. Dagegen sind volljährige Kinder, die ein freiwilliges soziales Jahr durchlaufen, das für den beabsichtigten Beruf nicht erforderlich ist, nach Ansicht des Oberlandesgerichts Karlsruhe nicht unterhaltsberechtigt (Beschluss vom 08.03.2012, 2 WF 174/11). Das Oberlandesgericht Hamm sieht das allerdings anders und hält das Jahr auch für eine Orientierungsphase. Der Vater, der in diesem Fall geklagt hatte, müsse auch während des freiwilligen sozialen Jahrs Unterhalt zahlen, obwohl es für einen späteren Beruf nicht notwendig war (Beschluss vom 08.01.2015, 1 WF 296/14).
- **Unterhalt während der Weltreise oder Au-Pair-Zeit im Ausland:** Generell besteht **keine Unterhaltsverpflichtung**, wenn das Kind auf **Weltreise** geht oder als Au-pair im Ausland arbeitet. Denn dabei handelt es sich nicht um eine Ausbildung. Durch eine solche Reise verliert das Kind allerdings nicht ohne Weiteres seinen zukünftigen Unterhaltsanspruch, falls die Eltern unter Abwägung aller Umstände noch damit rechnen müssen, dass das Kind nach der Reise eine Ausbildung oder ein Studium beginnt. Dann lebt die Unterhaltspflicht wieder auf.

  Auch als **Au-pair** befindet sich das Kind nicht in einer Ausbildung, sodass die Eltern nicht unterhaltspflichtig sind. Ist das Kind allerdings während der Au-pair-Zeit an einer ausländischen **Universität** eingeschrieben, **kann** eventuell ein **Unterhaltsanspruch** bestehen, falls das Auslandsstudium einen engen sachlichen Zusammenhang mit nachfolgender Ausbildung oder Studium aufweist.
- **Grenzen des Unterhaltes bei der Ausbildung der Volljährigen: Keine Unterhaltspflicht** besteht, wenn das Kind die **Ausbildung**

abbricht und sich keine Mühe macht, eine neue Ausbildung anzufangen (die Unterhaltspflicht gilt nur 3 Monate nach Abbruch der Ausbildung). Aber auch, wenn das Kind mehrere Ausbildungen abbricht, um die Unterhaltspflicht vorsätzlich in die Länge zu ziehen, besteht keine weitere Unterhaltspflicht. Dabei reicht schon die Überschreitung einer drei-Monats-Frist zwischen Abschluss und Beschäftigungsverhältnis (Münder et al. 2013).

Es besteht auch keine Unterhaltspflicht, wenn das Kind **mehrere Ausbildungen** abschließen möchte. Dabei gibt es aber eine Ausnahme: Handelt es sich bei der weiteren Ausbildung um eine zusätzliche Qualifikationsausbildung, so bleibt die Unterhaltspflicht bestehen, wie zum Beispiel ein Studium, welches auf eine Lehre aufbaut.

Die Pflicht der Eltern zur Ermöglichung einer Berufsausbildung endet jedenfalls dann, wenn das Kind im Studium die **Regelstudienzeit** „wesentlich" und vorsätzlich überschreitet (vgl. BGH, Beschluss vom 08.03.2017, XII ZB 192/16). Wurde die Regelstudienzeit erheblich überschritten, kann das Kind jedoch nachweisen, dass dies nicht selbstverschuldet (Krankheit etc.) war, so entfällt die Unterhaltspflicht nicht.

7.2 Unterhalt bei Getrenntlebenden und nach der Scheidung

Maßstab Leben die Ehegatten getrennt, so kann ein Ehegatte von dem anderen den nach den **Lebensverhältnissen** und den **Erwerbs- und Vermögensverhältnissen der Ehegatten** angemessenen Unterhalt verlangen. Dies folgt aus der nachehelichen Solidarität. Der Ex-Partner soll vor sozialem Abstieg geschützt werden (ausführlich Gernhuber/Coester-Waltjen 2010).

Bedürftigkeit Eine Grundvoraussetzung für den Anspruch auf Ehegattenunterhalt ist die **Bedürftigkeit**. Bedürftig ist, wer sich von seinem Einkommen und Vermögen nicht selbst unterhalten kann (§ 1577 BGB) und unter Umständen auch, wer seine in einer langen Ehe so gelebten Ansprüche nicht halten kann (§ 1574 BGB).

Unterhaltsansprüche (Unterhaltsberechtigung gemäß §§ 1570–1580 BGB) des Ex-Partners können bestehen:

- wegen Betreuung eines gemeinsamen Kindes § 1570 BGB (3 Jahre)
- wegen Alters (§ 1571 BGB)
- wegen Krankheit oder Gebrechen (§ 1572 BGB)
- wegen Arbeitslosigkeit (§ 1573 Abs. 1 BGB)
- für Ausbildung, Fortbildung oder Umschulung (§ 1575 BGB)
- aus Billigkeitsgründen (§ 1576 BGB)
- Aufstockungsunterhalt (§ 1578b BGB) bei Erwerbslosigkeit oder bei Ausbildung
- Unterhalt aus Billigkeitsgründen, § 1576 BGB

Entscheidung „Betreuung eines weiteren nichtgemeinschaftlichen Kindes" (OLG Koblenz, Beschluss vom 16.03.2010, 11 UF 532/09): *Leitsätze:* „1. Betreut der Unterhalt wegen Betreuung eines gemeinschaftlichen Kindes beanspruchende Ehegatte neben dem gemeinschaftlichen Kind ein weiteres nichtgemeinschaftliches Kind, so sind bei der Bemessung der Erwerbsobliegenheit des betreuenden Ehegatten grundsätzlich nur die Belange des gemeinschaftlichen Kindes zu berücksichtigen. Im Rahmen des Unterhaltsanspruchs nach § 1570 BGB ist nicht relevant, inwieweit der betreuende Ehegatte wegen der Betreuung eines weiteren nichtgemeinschaftlichen Kindes an der Ausweitung oder Aufnahme einer Erwerbstätigkeit gehindert ist.
2. Etwas anderes ergibt sich auch nicht daraus, dass das nichtgemeinschaftliche Kind bereits während des ehelichen Zusammenlebens von dem betreuenden Ehegatten im Einverständnis des anderen Ehegatten betreut worden ist. Allein aus diesem Grund kann auch eine grobe Unbilligkeit im Sinne des § 1576 BGB nicht angenommen werden."

7.2.1 Erwerbsobliegenheit (§ 1574 BGB)

Dem Unterhaltsfordernden kann eine **angemessene Erwerbstätigkeit** zugemutet werden. Eine angemessene Erwerbstätigkeit ist zuzumuten, sofern sie der Ausbildung, den vorhandenen Fähigkeiten, der früheren Erwerbstätigkeit, dem Lebensalter und dem Gesundheitszustand entspricht. Auch ausbildungsverwandte Berufe, die dem Status des erlernten Berufes entsprechen können als angemessen gelten.

Zumutbare Erwerbstätigkeit

Die Erwerbstätigkeit ist **unangemessen**, sofern diese den Lebensverhältnissen der Ehezeit grob widersprechen. Es besteht in der heutigen Zeit keine Notwendigkeit der Privilegierung der Erstehefrau. Ferner muss eine reale Beschäftigungschance bestehen. Der Unterhaltspflichtige ist beweispflichtig (vgl. BGH, FamRZ 1991, 416).

Entscheidung „Mindestlohn" (OLG Brandenburg, Beschluss vom 07.08.2014, 9 UF 159/13, DRsp-Nr. 2014/12058):
Aus den Gründen: „Ein Ehepartner kann sich nicht darauf berufen, ‚mangels realer Beschäftigungschance habe er von Bewerbungen abgesehen'. Ein Ehegatte verstößt damit gegen seine sich aus § 1574 BGB ergebende Erwerbsobliegenheit. Für Arbeitnehmer im mittleren Erwerbsalter kann sogar in Zeiten hoher Arbeitslosigkeit regelmäßig kein Erfahrungssatz dahin gebildet werden, dass sie nicht vermittelbar sind (vgl. BGH, FamRZ 2014, 637; OLG Karlsruhe, NZFam 2014, 574).
Eine zwar ungelernte, aber erfahrene Bürokraft kann mindestens ein Entgelt in Höhe des künftigen Mindestlohns von 8,50 € erzielen. Ausgehend von einem künftigen Mindestlohn von 8,50 €, ist davon auszugehen, dass die Ehefrau jedenfalls monatlich brutto 1.470 € = netto 1.076 € (Steuerklasse I, 0,5 Kinderfreibetrag) verdienen könnte, wobei davon noch pauschale berufsbedingte Aufwendungen und der Erwerbstätigenbonus abzusetzen sind."

7.2.2 Rangfolge (§§ 1582 i. V. m 1609 BGB)

Mehrere Berechtigte Bei mehreren Unterhaltsberechtigten richtet sich der Unterhalt nach der Rangfolge des § 1609 BGB (Johannsen/Henrich 2015).

Zur Wahrung des Kindeswohls belegen betreuende **Elternteile**, unerheblich ob verheiratet oder nicht, den II. Rang, ebenso **Ehegatten** bei langer Ehedauer im Hinblick auf das Vertrauen auf die in der Ehe gelebten Ansprüche (Johannsen/Henrich 2015).

§ 1609 BGB (Rangfolge mehrerer Unterhaltsberechtigter)

„Sind mehrere Unterhaltsberechtigte vorhanden und ist der Unterhaltspflichtige außerstande, allen Unterhalt zu gewähren, gilt folgende Rangfolge:
1. minderjährige unverheiratete Kinder und Kinder im Sinne des § 1603 Abs. 2 Satz 2,
2. Elternteile, die wegen der Betreuung eines Kindes unterhaltsberechtigt sind oder im Fall einer Scheidung wären, sowie Ehegatten und geschiedene Ehegatten bei einer Ehe von langer Dauer; bei der Feststellung einer Ehe von langer Dauer sind auch Nachteile im Sinne des § 1578b Abs. 1 Satz 2 und 3 zu berücksichtigen,

3. Ehegatten und geschiedene Ehegatten, die nicht unter Nummer 2 fallen,
4. Kinder, die nicht unter Nummer 1 fallen,
5. Enkelkinder und weitere Abkömmlinge,
6. Eltern,
7. weitere Verwandte der aufsteigenden Linie; unter ihnen gehen die Näheren den Entfernteren vor."

Bei der sog. **Mangelfallberechnung** werden zuerst alle Unterhaltsansprüche minderjähriger und privilegierter volljähriger Kinder (§ 1603 Abs. 2 S. 2 BGB) befriedigt unerheblich, ob sie ehelich sind oder außerhalb einer Ehe geboren wurden, dann Ehegatten. **Kinder vor Ehegatten**

7.2.3 Prinzip der Eigenverantwortung (§§ 1574, 1578b, 1579 BGB)

Dauerhafte nacheheliche Unterhaltsansprüche sind nicht die Regel, sondern die **Ausnahme**. Die Eigenverantwortung wird gefordert.

> **§ 1574 BGB (Angemessene Erwerbstätigkeit)**
>
> „(1) Dem geschiedenen Ehegatten obliegt es, eine angemessene Erwerbstätigkeit auszuüben.
> (2) Angemessen ist eine Erwerbstätigkeit, die der Ausbildung, den Fähigkeiten, einer früheren Erwerbstätigkeit, dem Lebensalter und dem Gesundheitszustand des geschiedenen Ehegatten entspricht, soweit eine solche Tätigkeit nicht nach den ehelichen Lebensverhältnissen unbillig wäre. Bei den ehelichen Lebensverhältnissen sind insbesondere die Dauer der Ehe sowie die Dauer der Pflege oder Erziehung eines gemeinschaftlichen Kindes zu berücksichtigen.
> (3) Soweit es zur Aufnahme einer angemessenen Erwerbstätigkeit erforderlich ist, obliegt es dem geschiedenen Ehegatten, sich ausbilden, fortbilden oder umschulen zu lassen, wenn ein erfolgreicher Abschluss der Ausbildung zu erwarten ist."

Unterhaltsansprüche der Getrenntlebenden sind ggf. herabzusetzen und zeitlich zu begrenzen (**§ 1578b BGB**). § 1578b BGB enthält eine **Billigkeit**

Billigkeitsregelung, nach der zu prüfen ist, ob ehebedingte Nachteile bezogen auf die Möglichkeit, für den eigenen Unterhalt selbst zu sorgen, eingetreten sind. Allerdings existiert bislang keine einheitliche Rechtsprechung, die den Praktikern und auch den Gerichten einen allgemein gültigen Maßstab vorgibt, mit dem von vorneherein Unterhaltsansprüche für die Zeit nach der Scheidung begrenzt oder befristet werden können. Der Tatrichter muss im Einzelfall nach den persönlichen Lebensumständen der Parteien entscheiden.

Der **BGH** hat allerdings einige wesentliche Aspekte im Rahmen der Billigkeitsprüfung näher erläutert (BGH, Beschluss vom 19.06.2013, XII ZB 309/11, DRsp-Nr. 2013/17016): Wesentliche Aspekte im Rahmen der Billigkeitsabwägung seien neben der **Dauer der Ehe**, wobei eine lange Ehedauer von rund 20 Jahren allein nicht ausreiche, auch die in der Ehe **gelebte Rollenverteilung** sowie die während der Ehe erbrachte **Lebensleistung**. Eine **Erkrankung** sei dabei kein ehebedingter Nachteil, wenn das „Krankheitsbild nicht im Zusammenhang mit der Rollenverteilung in der Ehe oder sonstigen mit der Ehe verbundenen Umständen steht". Darüber hinaus müsse das Gericht aber auch beachten, inwieweit der unterhaltspflichtige Ehegatte seinen beruflichen Aufstieg und sein heute erzieltes Einkommen in einem besonderen Maße der geschiedenen Ehe mit dem Unterhaltsberechtigten **zu verdanken** habe („Nacheheliche Solidarität wegen ehebedingter Karrierechancen,[…]").

Wegfall von Unterhalt

Eine Beschränkung oder Versagung des Unterhalts wegen **grober Unbilligkeit** (§ 1579 BGB) erfolgt im Gesetz in folgenden Fällen:

§ 1579 BGB (Beschränkung oder Versagung des Unterhalts wegen grober Unbilligkeit)

„Ein Unterhaltsanspruch ist zu versagen, herabzusetzen oder zeitlich zu begrenzen, soweit die Inanspruchnahme des Verpflichteten auch unter Wahrung der Belange eines dem Berechtigten zur Pflege oder Erziehung anvertrauten gemeinschaftlichen Kindes grob unbillig wäre, weil
1. die Ehe von kurzer Dauer war; dabei ist die Zeit zu berücksichtigen, in welcher der Berechtigte wegen der Pflege oder Erziehung eines gemeinschaftlichen Kindes nach § 1570 Unterhalt verlangen kann,
2. der Berechtigte in einer verfestigten Lebensgemeinschaft lebt,
3. der Berechtigte sich eines Verbrechens oder eines schweren vor-

sätzlichen Vergehens gegen den Verpflichteten oder einen nahen Angehörigen des Verpflichteten schuldig gemacht hat,
4. der Berechtigte seine Bedürftigkeit mutwillig herbeigeführt hat,
5. der Berechtigte sich über schwerwiegende Vermögensinteressen des Verpflichteten mutwillig hinweggesetzt hat,
6. der Berechtigte vor der Trennung längere Zeit hindurch seine Pflicht, zum Familienunterhalt beizutragen, gröblich verletzt hat,
7. dem Berechtigten ein offensichtlich schwerwiegendes, eindeutig bei ihm liegendes Fehlverhalten gegen den Verpflichteten zur Last fällt oder
8. ein anderer Grund vorliegt, der ebenso schwer wiegt wie die in den Nummern 1 bis 7 aufgeführten Gründe."

7.2.4 Unterhaltsbedarf

Der Unterhaltsbedarf des Ehegatten wird durch die Einkommens- und Vermögensverhältnisse im Unterhaltszeitraum bestimmt (§ 1578 BGB). Veränderungen des Einkommens während des Getrenntlebens der Ehegatten sind grundsätzlich zu berücksichtigen. **Maßstab und Formel**

Zum **Lebensbedarf** gehören auch die Kosten einer angemessenen Versicherung für den Fall der Krankheit, Alter und Erwerbsunfähigkeit und die Kosten einer Aus- oder Fortbildung im Rahmen von §§ 1574, 1575 BGB

> Die **Berechnung** erfolgt nach der **Formel**:
> **Einkommen des Unterhaltsverpflichteten abzüglich des Kindesunterhalts abzüglich des Gehalts des Unterhaltsberechtigten, davon $^3/_7$ = Ehegattenunterhalt.**

Eine gesetzliche Begrenzung der Unterhaltshöhe gibt es nicht. Die Oberlandesgerichte haben daher den Begriff „**relative Sättigungsgrenze**" geprägt und können diese „relativ frei" bestimmen. Einige wenige Oberlandesgerichte haben eine einheitliche relative Sättigungsgrenze bestimmt, so liegt diese beim OLG Frankfurt bei 4.000 €. Das bedeutet, dass der Unterhalt nicht pauschal aus der Einkommensdifferenz der Eheleute mit der Quote von 3/7tel errechnet wird. Wenn die 3/7tel Quotenberechnung zu einem höheren Gesamteinkommen des Berechtigten aus Eigeneinkommen und Unterhalt führen würde als 2.500 €, muss der Unterhaltsberechtigte seinen höheren Bedarf (beweisbelastet) darlegen.

Gem. § 1579 BGB wird der **Unterhalt verwirkt**, wenn die Bedürftigkeit **mutwillig** (zum Beispiel durch Kündigung des Jobs) herbeigeführt wurde und/oder eine **Straftat** gegen den Unterhaltspflichtigen begangen wurde oder der Unterhaltsberechtigte wieder in einer **neuen und verfestigten Lebensgemeinschaft** lebt (Münchener Kommentar zum BGB 2017; OLG Oldenburg, Beschluss vom 16.11.2016, 4 UF 78/16: Verfestigte Lebensgemeinschaft kann bei einer eheähnlichen Lebensgemeinschaft bereits vor Ablauf eines Jahres angenommen werden).

7.2.5 Unterhaltsvergleiche

Begriff Unterhaltsvergleiche sind vertragliche Regelungen der Ehegatten über die Unterhaltsansprüche. Sie können bei Veränderungen der Lebensverhältnisse u. U. gerichtlich angefochten werden. Hier wird insbesondere die Frage erörtert, inwieweit die Grundlagen für den Vergleich bei späterer **Änderung der Verhältnisse** zu berücksichtigen sind.

Unwirksamkeit Sittenwidrigkeit und damit Nichtigkeit (§ 138 BGB) eines Unterhaltsvergleichs ist grundsätzlich nur anzunehmen, wenn die Vereinbarung schon bei Vertragsschluss zu einer einseitigen Lastenverteilung für den Scheidungsfall führt. In diesem Fall treten an die Stelle der Vereinbarung die gesetzlichen Regeln. Sittenwidrigkeit kommt regelmäßig nur in Betracht, wenn Regelungen des Kernbereichs des gesetzlichen Scheidungsfolgenrechts ganz oder erheblich abbedungen werden, ohne dass der Nachteil für den anderen Ehegatten durch Vorteile gemildert oder durch gewichtige Belange des Begünstigten gerechtfertigt wird (ausführlich Gernhuber/Coester-Waltjen 2010).

7.3 Unterhalt nichtverheirateter betreuender Eltern

Maßstab Gemäß § 1615 Abs. 3 S. 1 i. V. m. § 1610 Abs. 1 BGB richtet sich der durch den Unterhalt zu deckende Bedarf nach der Lebensstellung des nichtverheirateten betreuenden Elternteils.

War der betreuende Elternteil **vor der Geburt** des Kindes **erwerbstätig**, ist seine Lebensstellung durch das seinerzeit erzielte Einkommen geprägt, sofern es nachhaltig und nicht nur vorübergehend erzielt worden ist. Entscheidend ist das Nettoeinkommen abzüglich berufsbedingter Aufwendungen.

Der BGH hatte bisher (entsprechend der Senatsurteile BGHZ 184, 13 = FamRZ 2010, 357 und vom 13.01.2010, XII ZR 123/08, FamRZ 2010, 444) den Bedarf einer nicht verheirateten Mutter auf den Zeitpunkt der Geburt des Kindes festgeschrieben. Hiernach erhielten Mütter, die ihr Kind während der Ausbildung oder des Studiums zur Welt gebracht haben, in der gesamten Betreuungszeit nur den Mindestbedarf, der ihre Lebensstellung vor der Geburt geprägt hat. Dabei spielte es keine Rolle, dass sie ohne die Geburt des Kindes voraussichtlich ihre Ausbildung beendet und ein deutlich höheres Einkommen bezogen hätten.

Zeitpunkt

Im Jahr 2015 hat der BGH diese restriktive Auffassung aufgegeben. Jetzt richtet sich die Lebensstellung der Unterhaltsberechtigten zwar weiter danach, welche Einkünfte sie ohne die Geburt und die Betreuung des Kindes hätte. Diese sind aber nicht auf den Zeitpunkt der Geburt des Kindes festgeschrieben, sodass im Laufe der Betreuungszeit sich ein höherer Bedarf ergeben kann, z.B. wenn die Mutter ohne Kind im erlernten Beruf hätte tätig sein können.

Entscheidung „Bedarf während der Betreuungszeit" (BGH, Urteil vom 10.06.2015 – XII ZB 251/14):
Leitsatz: „[...] Die Lebensstellung des nach den §§ 1615 l Abs. 2, 1610 Abs. 1 BGB Unterhaltsberechtigten richtet sich danach, welche Einkünfte er ohne die Geburt und die Betreuung des gemeinsamen Kindes hätte. Sie ist deshalb nicht auf den Zeitpunkt der Geburt des Kindes festgeschrieben, sodass sich später ein höherer Bedarf ergeben kann (teilweise Aufgabe der Senatsurteile BGHZ 184, 13 = FamRZ 2010, 357 und vom 13. Januar 2010 – XII ZR 123/08 – FamRZ 2010, 444)."

7.4 Elternunterhalt

Gem. § 1601 BGB sind Kinder den Eltern zum Unterhalt verpflichtet (ausführlich Münchener Anwaltshandbuch Familienrecht 2014). Gem. § 1606 Abs. 3 S. 1 BGB haften mehrere Kinder für den Elternunterhalt anteilig und zwar entsprechend ihren Einkommens- und Vermögensverhältnissen.

Unterhaltsverpflichtete Kinder können vorab vom bereinigten Nettoeinkommen einen Selbstbehalt von mindestens 1.800 € abziehen. Der erhöhte Selbstbehalt für eine Familie liegt bei 3.240 €.

Selbstbehalt

84 Unterhaltsrecht

Bedürftigkeit der Eltern

Gem. § 1602 BGB ist nur **unterhaltsberechtigt**, wer außerstande ist, sich selbst zu unterhalten (Münchener Anwaltshandbuch Familienrecht 2014).

Schonvermögen

Der Berechtigte muss eigenes Einkommen ohne spürbare und dauerhafte Senkung seines Lebensstandards (BGH, Beschluss vom 28.07.2010, XII ZR 140/07) für seinen Unterhalt verwenden. Er muss daher grundsätzlich gem. § 1602 Abs. 2 BGB den Stamm seines Vermögens für seinen Unterhalt verwenden. Grundsätzlich ist aber dem Berechtigten ein angemessenes Schonvermögen zu belassen. Als angemessen wird ein Betrag in Höhe des sozialhilferechtlichen Schonbetrags gem. § 90 Abs. 2 SGB XII in Verbindung mit § 1 der dazu ergangenen DVO, zurzeit in Höhe von 2.600 € angesehen.

Der **BGH** hat **Kriterien** zur Bewertung der **Leistungsfähigkeit** des unterhaltspflichtigen Kindes und für die Zulässigkeit von Abzügen entwickelt (Beschluss vom 07.08.2013, XII ZB 269/12; Beschluss vom 28.07.2010, XII ZR 140/07):

- Kindesunterhalt ist vom Einkommen vorweg abzuziehen.
- Ist das unterhaltspflichtige Kind verheiratet, ist der Ehegatte mit seinem Selbstbehalt und seinem Einkommen in die Verhältnisberechnung einzubeziehen (Münchener Anwaltshandbuch Familienrecht 2014).
- Ist das unterhaltspflichtige Kind verheiratet, ist zudem ein sog. Familienselbstbehalt zu ermitteln (Münchener Anwaltshandbuch Familienrecht 2014). Dieser beträgt nach der Düsseldorfer Tabelle (Stand 01.01.2017) derzeit für den Unterhaltspflichtigen monatlich 1.800 € und für den Ehegatten monatlich 1.440 €. Der Familienselbstbehalt beträgt also derzeit monatlich insgesamt 3240 €.
- Der Wohnvorteil ist mit der unter den gegebenen Verhältnissen ersparten Miete anzusetzen.
- Für eine zusätzliche Altersvorsorge darf der Verpflichtete vom Jahresbruttoeinkommen bis zur Regelaltersgrenze grundsätzlich 5 % in Abzug bringen.

Grenzen der Inanspruchnahme

Gem. § 43 Abs. 1 SBG XII darf der **Leistungsträger** den Antragsteller nicht auf Verwandtenunterhalt verweisen, solange das Einkommen des Verwandten gem. § 16 SGB IV unter einem Betrag von 100.000 € jährlich liegt (sog. **privilegierte Unterhaltsansprüche**).

Wird Sozialhilfe gewährt, ist gem. § 94 Abs. 2 S. 3 SGB XII die Inanspruchnahme durch Forderungsübergang bei Verwandten zweiten oder entfernteren Grades ausgeschlossen (Münchener Anwaltshandbuch Familienrecht 2014). Gem. § 94 Abs. 1 S. 4 SGB XII gilt dies in bestimmten Fällen auch bei Verwandten ersten Grades.

Eine **Billigkeitsregelung** findet sich in § 1611 BGB (zu den Fallgruppen: Münchener Anwaltshandbuch Familienrecht 2014).

§ 1611 BGB (Beschränkung oder Wegfall der Verpflichtung)

„(1) Ist der Unterhaltsberechtigte durch sein sittliches Verschulden bedürftig geworden, hat er seine eigene Unterhaltspflicht gegenüber dem Unterhaltspflichtigen gröblich vernachlässigt oder sich vorsätzlich einer schweren Verfehlung gegen den Unterhaltspflichtigen oder einen nahen Angehörigen des Unterhaltspflichtigen schuldig gemacht, so braucht der Verpflichtete nur einen Beitrag zum Unterhalt in der Höhe zu leisten, die der Billigkeit entspricht. Die Verpflichtung fällt ganz weg, wenn die Inanspruchnahme des Verpflichteten grob unbillig wäre.
(2) Die Vorschriften des Absatzes 1 sind auf die Unterhaltspflicht von Eltern gegenüber ihren minderjährigen unverheirateten Kindern nicht anzuwenden.
(3) Der Bedürftige kann wegen einer nach diesen Vorschriften eintretenden Beschränkung seines Anspruchs nicht andere Unterhaltspflichtige in Anspruch nehmen."

8 Scheidungsfolgen

8.1 Güterrecht (Zugewinnausgleich)

Durch die Zustellung des Scheidungsantrags wird der Güterstand der Parteien beendet (§ 1384 BGB): Wird die Ehe geschieden, so tritt für die **Berechnung des Zugewinns** an die Stelle der Beendigung des Güterstands der Zeitpunkt der **Rechtshängigkeit des Scheidungsantrags.**

Berechnung des Zugewinns Wenn der **Zugewinn** des einen Ehegatten denjenigen des anderen übersteigt, so steht die **Hälfte des Überschusses** dem anderen Ehegatten als Ausgleichsforderung zu (§ 1378 Abs. 1 BGB). Zugewinn ist also derjenige Betrag, um den das Endvermögen eines Ehegatten das Anfangsvermögen übersteigt (§ 1373 BGB). **Endvermögen** ist das Vermögen, das einem Ehegatten nach Abzug der Verbindlichkeiten bei Beendigung des Güterstands gehört (§ 1375 Abs. 1 Satz 1 BGB). **Anfangsvermögen** ist das Vermögen, das einem Ehegatten nach Abzug der Verbindlichkeiten beim Eintritt des Güterstandes gehört (§ 1374 Abs. 1 BGB).

Dem Endvermögen ist das Anfangsvermögen gegenüberzustellen. Eingetreten ist der Güterstand der Parteien mit der Eheschließung. Nach diesen Grundsätzen ist der jeweilige Zugewinn der Eheleute zu ermitteln (zu den Berechnungsmethoden Schwab 2013).

Bei der Berechnung des Zugewinnausgleichs gelten **höchstpersönliche Schenkungen** und **Erbschaften**, die während der Ehezeit das Vermögen des einen oder anderen erhöht haben, als Anfangsvermögen, sie mindern also den Zugewinn.

Verjährung Die **Verjährung** von Zugewinnansprüchen tritt drei Jahre nach Rechtskraft der Scheidung gemäß § 195 BGB ein, und zwar ab Kenntnis vom Anspruch und Kenntnis vom Anspruchsverpflichteten. Der Verjährungsanlauf erfolgt am Jahresschluss nach Kenntnis des Anspruchsstellers (Münchener Anwaltshandbuch Familienrecht 2014). Die Forderung verjährt unabhängig von der Kenntnis jedenfalls nach 10 Jahren (§ 199 Abs. 4 BGB).

8.2 Versorgungsausgleich

Der Versorgungsausgleich (VA) dient vorrangig dazu, dem in der Ehe nicht arbeitenden Partner, der während der Ehe folglich auch keine eigenen **Rentenansprüche** erwerben konnte, die Rentenansprüche des Ehepartners anteilig anzurechnen (Münch 2016). Er erwirbt dadurch einen originären Anspruch gegenüber der Rentenversicherung, um später nicht auf die Zahlungsbereitschaft des Ex-Ehepartners angewiesen zu sein. Aber auch, wenn beide Ehepartner während der Ehe berufstätig sind, erfolgt im Fall einer Scheidung ein Versorgungsausgleich, bei dem die verschieden hohen Rentenansprüche, die sie während der Ehe erworben haben, ausgeglichen werden (Johannsen/ Henrich 2015). Das Nähere regelt das Versorgungsausgleichsgesetz (VersAusglG). **Zweck**

Der Versorgungsausgleich wird im Falle der Scheidung durch das zuständige Familiengericht **von Amts wegen** durchgeführt (zum Verfahren: Münchener Kommentar FamFG 2013). Der Versorgungsausgleich kann nur durch eine zuvor geschlossene Scheidungsfolgevereinbarung ausgeschlossen werden (Münch 2016; Schlüter 2012). **Verfahren**

8.3 Güterrecht mit internationalem Bezug

Zum 29.01.2019 sind zwei EU-Verordnungen in Kraft getreten. Sie gelten nun unmittelbar und ersetzen nationale Bestimmungen der folgende Mitgliedsstaaten: Belgien, Bulgaren, Deutschland, Finnland, Frankreich, Griechenland, Italien, Kroatien, Luxemburg, Malta, Niederlande, Österreich, Portugal, Schweden, Slowenien, Spanien, Tschechien und Zypern. Dies sind **Zweck**

- die Verordnung (EU) 2016/1103 zur Durchführung einer verstärkten Zusammenarbeit im Bereich der Zuständigkeit, des anzuwendenden Rechts und der Anerkennung und Vollstreckung von Entscheidungen in Fragen des ehelichen Güterstandes (EuGüVO) und
- die Verordnung (EU) 2016/1104 über die güterrechtlichen Wirkungen eingetragener Partnerschaften (EuPartVO).

Die nicht teilnehmenden Mitgliedsstaaten sind wie Drittstaaten zu behandeln. Durch diese Verordnungen wurden bei den Ehepaaren mit internationalem Bezug im Scheidungsfall zur Erleichterung der Vermögensverwaltung und Auseinandersetzung die internationale Zuständigkeit von Gerichten und das anwendbare Recht sowie die Anerkennung und Vollstreckung von Entscheidungen unter den Mitgliedstaaten der Europäischen Union geregelt. Die Verordnungen sind in zeitlicher Hinsicht sowie im Hinblick auf das anzuwendende materielle Recht gem. Art. 69 EuGüVO/EuPartVO allerdings nur auf solche Verfahren, öffentliche Urkunden und gerichtliche Vergleiche anwendbar, die ab dem 29.01.2019 eingeleitet, förmlich errichtet oder eingetragen bzw. gebilligt oder geschlossen worden sind.

Die gerichtliche Zuständigkeit ergibt sich aus Art. 4, 5 EuGüVO/EuPartVO. Den Verordnungen unterfallen alle vermögensbezogenen Regelungen in den §§ 1353 ff. BGB. Gemäß Art. 27 EuGüVO/EuPartVO umfasst dies u. a. Haftungsfragen zwischen Ehegatten/Partnern, die Ausgestaltung des Güterstandes, Fragen der Vermögensverwaltung sowie die güterrechtliche Auseinandersetzung, insbesondere infolge der Trennung oder des Todes.

Die Ehegatten können nach Art. 22 EuGüVO/EuPartVO das Recht des Staates, in dem zum Zeitpunkt der Rechtswahl einer der Ehegatten seinen gewöhnlichen Aufenthalt hat, oder das Recht des Staates, dem zum Zeitpunkt der Rechtswahl einer von ihnen angehört, formbedürftig wählen. Haben die Ehegatten keine bzw. keine wirksame Rechtswahl getroffen, bestimmt sich das anwendbare Recht gem. Art. 26 EuGüVO in folgender Reihenfolge:

- das Recht des Staates, in dem die Ehegatten nach der Eheschließung ihren ersten gemeinsamen Aufenthalt haben oder andernfalls
- das Recht des Staates, dessen Staatsangehörigkeit beide Ehegatten zum Zeitpunkt der Eheschließung besitzen oder andernfalls
- das Recht des Staates, mit dem die Ehegatten unter Berücksichtigung aller Umstände zum Zeitpunkt der Eheschließung gemeinsam am engsten verbunden sind.

9 Sorgerecht (§§ 1626–1698b BGB)

Das Sorgerecht regelt Inhalt und Umfang der **elterlichen Fürsorge** für das Kind.

9.1 Gerichtliche Zuständigkeit

Ist bereits eine Ehesache anhängig oder wird die Kindschaftssache im **Scheidungsverbund** geführt, so ist das Familiengericht der anhängigen Ehesache örtlich zuständig, § 152 Abs. 1 FamFG. Ist keine Ehesache anhängig, richtet sich die örtliche Zuständigkeit nach dem gewöhnlichen Aufenthalt der Kinder, § 152 Abs. 2 FamFG.

Verbindung mit Ehesache

Ein Sorgerechtsverfahren kann auch als selbständiges Verfahren **isoliert** von einem bereits anhängigen Scheidungsverfahren geführt oder auf Antrag als sogenannte **Folgesache** in den Verbund des Scheidungsverfahrens einbezogen werden, § 137 Abs. 3 FamFG. Gemäß § 137 Abs. 3 FamFG darf die Einbeziehung einer Kindschaftssache in den Verbund des Scheidungsverfahrens bis zum Schluss der mündlichen Verhandlung im ersten Rechtszug beantragt werden.

Selbständiges Verfahren

Die Zweiwochenfrist nach § 137 Abs. 2 FamFG gilt für Kindschaftssachen nicht.

9.2 Berechtigung der Eltern

Eltern „sorgen" für ihre Kinder, d. h. sie trifft die **Sorge für die sittliche, geistige und körperliche Entwicklung** (Münder et al. 2013). Gemäß Art. 6 Abs. 2 Satz 1 GG haben Eltern das Recht auf Pflege und Erziehung ihrer Kinder. Die Erziehung des Kindes ist damit in die Verantwortung der Eltern gelegt. Die Eltern können grundsätzlich frei von staatlichen Einflüssen und Eingriffen nach eigenen Vorstellungen darüber entscheiden, wie sie die Pflege und Erziehung ihrer Kinder gestalten und damit ihrer Elternverantwortung gerecht werden wollen (Münder et al. 2013).

Recht zu Pflege und Erziehung

Diese primäre Entscheidungszuständigkeit der Eltern beruht auf der Erwägung, dass die Interessen des Kindes am besten von den Eltern wahrgenommen werden. Dabei wird sogar die Möglichkeit in Kauf genommen, dass das Kind durch einen Entschluss der Eltern Nachteile erleidet. In der Beziehung zum Kind ist das **Kindeswohl** die oberste Richtschnur der elterlichen Pflege und Erziehung (Münch 2016).

Regelfall Das Gesetz sieht im Regelfall ein **gemeinsames Sorgerecht** (§ 1626 BGB) der Eltern vor, d. h. das Gesetz verpflichtet Mutter (§ 1591 BGB) und Vater (§ 1592 BGB), die gemeinsame Sorge in gegenseitigem Einvernehmen zum Wohl des Kindes auszuüben (Jauernig 2015). Über Angelegenheiten des täglichen Lebens kann hingegen der Elternteil alleine entscheiden, bei dem sich das Kind gewöhnlich aufhält. Die elterliche Sorge besteht also aus der tatsächlichen Personen- und Vermögenssorge und dem dazugehörigen Vertretungsrecht (Dethloff 2015).

Nach Ansicht des BGH (Beschluss vom 10.10.2018, XII ZB 231/18) bildet die Vaterschaft kraft Ehe nach § 1592 BGB regelmäßig die tatsächliche Abstammung eines Kindes ab. Bei zwei Frauen sei dies hingegen nicht gegeben, da hier rein biologisch nur einer der Ehepartner Elternteil sein könne. Diese Rechtsauffassung stelle daher keine Ungleichbehandlung im Sinne des Grundgesetzes dar. Bis zu einer gesetzlichen Neuregelung im Abstammungsrecht bleibe der Ehefrau nur die Möglichkeit einer Adoption. Der Gesetzgeber habe bewusst das Abstammungsrecht nicht reformiert. Daher liege auch keine planwidrige Regelungslücke vor.

Vertretung des Kindes Die rechtliche **Vertretung** des Kindes (gegenüber Dritten) obliegt Mutter und Vater gemeinschaftlich, § 1629 BGB (Vollmacht kraft Gesetzes; Johannsen/Henrich 2015).

In Angelegenheiten von erheblicher Bedeutung kann ein Elternteil also nur dann alleine für das Kind rechtswirksam auftreten, wenn der andere Elternteil damit einverstanden ist. Die Einzelvertretungsmacht eines Elternteils alleine trotz gemeinsamer Sorge besteht bei Empfang von Erklärungen (§ 1629 Abs. 1 S. 1 BGB), bei Gefahr in Verzug (§ 1629 Abs. 1 S. 4 BGB) und bei Getrenntleben in Angelegenheiten des täglichen Lebens (§ 1687 Abs. 1 S. 5 BGB).

Rechtliche **Folge** dieser Vertretungsbefugnis der Eltern ist, dass von den Eltern vorgenommene Rechtshandlungen unmittelbar für und gegen das Kind wirken, das Kind also beispielsweise selbst Vertragspartei wird.

Vertretungsverbote ergeben sich aus §§ 1629 Abs. 2, 1795 sowie aus § 1641 und § 1643 BGB (Schlüter 2012).

Das Rechtsgeschäft muss aber nicht zwingend von den Eltern im Namen des Kindes abgeschlossen werden; denkbar ist auch, dass das beschränkt geschäftsfähige Kind selbst, jedoch mit Zustimmung seiner Eltern handelt (§§ 107 ff. BGB). Im Einzelfall kann hier sogar eine gerichtliche Genehmigung nach § 1643 BGB erforderlich sein (Schlüter 2012).

9.3 Umfang (Regelfall): Personensorge, Vermögenssorge und Vertretung

Entscheidung „Kindeswohl und Wächteramt" (BVerfG, Beschluss vom 23.8.2006, BvR 476/04).
Aus den Gründen: „Eine gerichtliche Entscheidung, nach der die Trennung des Kindes von seinen Eltern fortdauern kann, ist mit dem in Art. 6 Abs. 2 und Abs. 3 GG gewährleisteten Elternrecht nur dann vereinbar, wenn ein schwerwiegendes – auch unverschuldetes – Fehlverhalten und entsprechend eine erhebliche Gefährdung des Kindeswohls vorliegen. Nicht jedes Versagen oder jede Nachlässigkeit der Eltern berechtigt den Staat auf der Grundlage seines ihm nach Art. 6 Abs. 2 Satz 2 GG zukommenden Wächteramtes, jene von der Pflege und Erziehung ihres Kindes auszuschalten oder gar selbst diese Aufgabe zu übernehmen. Das elterliche Fehlverhalten muss daher ein solches Ausmaß erreichen, dass das Kind bei einem Verbleiben in der Familie in seinem körperlichen, geistigen oder seelischen Wohl nachhaltig gefährdet ist."

Die **Personensorge** umfasst gemäß § 1631 Abs. 1 BGB insbesondere die Pflicht und das Recht, das Kind zu pflegen, zu erziehen, zu beaufsichtigen und seinen Aufenthalt zu bestimmen (Gernhuber/Coester-Waltjen 2010). Dazu zählen insbesondere:

Recht und Pflicht zur Sorge

- prinzipielle Erziehungsfragen
- die Bestimmung des Familiennamens und des Vornamens
- der Antrag auf Namensänderung
- Behördenangelegenheiten (z. B. Personalausweis)
- die Geburtsanzeige beim Standesamt
- die Pflege, Erziehung und Beaufsichtigung des Kindes
- die ärztliche Betreuung (Sorge für Impfungen oder die Entscheidung über medizinische Eingriffe, sofern erhebliche Komplikationen oder Nebenwirkungen drohen)

- Angelegenheiten der schulischen Ausbildung (die Auswahl einer Kindereinrichtung oder Schule, der Abbruch oder Wechsel einer gewählten Schulausbildung oder der Abschluss eines Ausbildungsvertrages)
- die Bestimmung über die religiöse Erziehung
- der Umgang mit dem Kind
- Urlaubsreisen
- Vermögensfürsorge
- Aufenthaltsbestimmung

Entscheidung „Aufhebung der gemeinsamen Sorge und Kindeswohl" (OLG Köln, Beschluss vom 31.07.2012, II-4 UF 262/11): *Aus den Gründen:* „Nach § 1671 Abs. 1, Abs. 2 Nr. 2 BGB ist dem Antrag eines Elternteils auf Übertragung der elterlichen Sorge oder eines Teiles der elterlichen Sorge stattzugeben, wenn zu erwarten ist, dass die Aufhebung der gemeinsamen Sorge bzw. eines Teilbereichs von dieser und die Übertragung auf den antragstellenden Elternteil dem Wohl des Kindes am besten entspricht. Maßstab für die Entscheidung nach § 1671 Abs. 2 Nr.2 BGB ist stets das Kindeswohl. Gewichtige Gesichtspunkte des Kindeswohls sind die Bindungen des Kindes, die Prinzipien der Förderung (Erziehungseignung) und der Kontinuität sowie die Beachtung des Kindeswillens (so BGH FamRZ 2011, 796–801; FamRZ 1990, 392 m. w. N.). Die einzelnen Kriterien stehen aber letztlich nicht wie Tatbestandsmerkmale kumulativ nebeneinander. Jedes von ihnen kann im Einzelfall mehr oder weniger bedeutsam für die Beurteilung sein, was dem Wohl des Kindes am besten entspricht (FamRZ 1990, 392, 393 m. w. N.; FamRZ 2010, 1060). Erforderlich ist eine alle Umstände des Einzelfalls abwägende Entscheidung. Hierbei sind alle von den Verfahrensbeteiligten vorgebrachten Gesichtspunkte in tatsächlicher Hinsicht soweit wie möglich aufzuklären und unter Kindeswohlgesichtspunkten gegeneinander abzuwägen, um eine möglichst zuverlässige Grundlage für eine am Kindeswohl orientierte Entscheidung zu erlangen (vgl. BVerfG FamRZ 2009, 1897; BGH FamRZ 2010, 1060)."

9.4 Sorgerecht bei dauerhaft getrennt lebenden Eltern

9.4.1 Grundsatz

Bei dauerhaft getrennt lebenden Eltern ist bei Angelegenheiten von erheblicher Bedeutung **Einvernehmen** zwischen den Elternteilen erforderlich. Dies setzt ein Mindestmaß an Übereinstimmung in wesentlichen Bereichen der elterlichen Sorge und insgesamt eine tragfähige soziale Beziehung zwischen den Eltern voraus. Die gemeinsame elterliche Sorge ist daher nicht anzuordnen, wenn eine schwerwiegende und nachhaltige Störung auf der Kommunikationsebene der Eltern vorliegt, die befürchten lässt, dass den Eltern eine gemeinsame Entscheidungsfindung nicht möglich sein wird und das Kind folglich erheblich belastet würde, würde man die Eltern zwingen, die Sorge gemeinsam zu tragen (vgl. BGH, Beschluss vom 15.06.2016, XII ZB 419/15). Die elterliche Sorge kann nach § 1671 BGB ganz oder teilweise auf einen Elternteil übertragen werden (Jauernig 2015).

Elternteile gemeinsam

Gemäß § 1628 Satz 1 BGB kann das Familiengericht für den Fall, dass sich die Eltern in einer einzelnen Angelegenheit oder in einer bestimmten Art von Angelegenheiten der elterlichen Sorge, deren Regelung für das Kind von erheblicher Bedeutung ist (z. B. Impfentscheidung, Therapie, Schulbesuch), nicht einigen können, auf Antrag eines Elternteils die konkrete Entscheidung **einem Elternteil übertragen**. So handelt es sich z. B. bei der Entscheidung über den Schulbesuch eines Kindes grundsätzlich um eine Angelegenheit von erheblicher Bedeutung für das Kind, die dem Anwendungsbereich des § 1628 BGB unterfällt. Gibt es zwischen den Eltern des Kindes Streit, welche Schule das Kind besuchen soll, kann das Familiengericht einem der Elternteile die Entscheidungskompetenz übertragen.

ein Elternteil alleine

Maßstab für die Entscheidung, welchem der beiden Elternteile die alleinige Entscheidungsbefugnis gemäß § 1628 BGB übertragen wird, ist das **Kindeswohl**, § 1697a BGB. Es ist in der Sache diejenige Entscheidung zu treffen, die dem Wohl des Kindes am besten entspricht.

Die Gerichte haben insoweit die Pflicht, in jedem Einzelfall zu prüfen, was für das Wohl des Kindes am besten ist. Das Wohl des Kindes ist in §§ 1666, 1666a BGB definiert (Johannsen/Henrich 2015).

Die Gerichte müssen zudem vorrangige Maßnahmen nach § 1666 BGB prüfen (Johannsen/Henrich 2015), d. h., es wird geklärt, ob öffentliche Hilfen nach den §§ 11 bis 40 SGB VIII denkbar sind. Es gilt:

Hilfe vor Eingriff

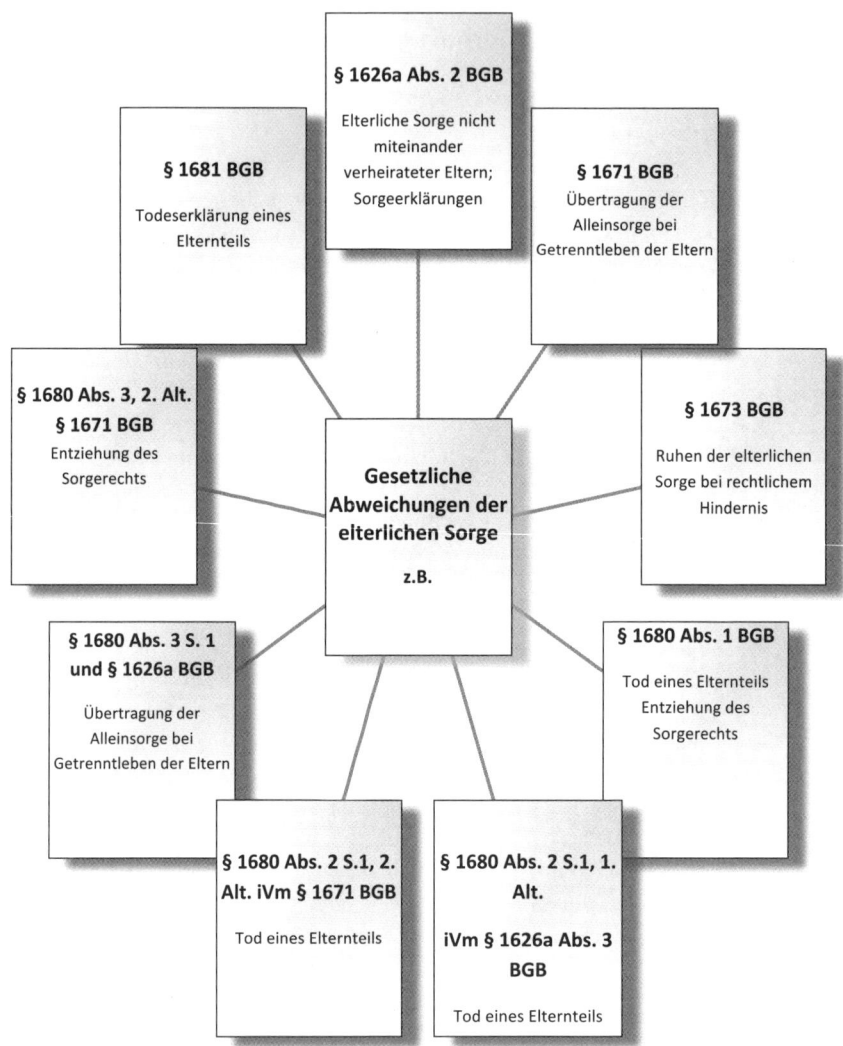

Abb. 6: Beispiele für gesetzliche Abweichungen von der elterlichen Sorge

das Prinzip **„Hilfe vor Eingriff"**. Das Gericht kann gegenüber den Eltern anordnen, solche Hilfen in Anspruch zu nehmen, wenn sie sich im Hinblick auf den Verhältnismäßigkeitsgrundsatz als milderes Mittel darstellen.

Eine **Anweisung an das Jugendamt** durch das Gericht ist möglich, da das Jugendamt gemäß § 36a SGB VIII die Kompetenz der fachlich-inhaltlichen Steuerung des Hilfeprozesses für das betroffene Kind hat.

9.4.2 Kindeswohl

Damit das Gericht die elterliche Sorge ganz oder teilweise auf einen Elternteil überträgt, müssen also gewichtige Gesichtspunkte des Kindeswohls dafür sprechen. Maßstab und zentraler Begriff der Entscheidung der Gerichte gerade auch nach § 1671 Abs. 2 Nr. 2 BGB ist somit stets das **Kindeswohl**.

Begriff und Maßstab

> **Entscheidung „Kindeswohl als oberste Richtschnur"** (BVerfG, Beschluss vom 23.08.2006, 1 BvR 476/04 vom 23.08.2006):
> *Aus den Gründen:* „Art. 6 Abs. 2 Satz 1 GG garantiert den Eltern das Recht auf Pflege und Erziehung ihrer Kinder. Die Erziehung des Kindes ist damit primär in die Verantwortung der Eltern gelegt, wobei dieses „natürliche Recht" den Eltern nicht vom Staate verliehen worden ist, sondern von diesem als vorgegebenes Recht anerkannt wird.
> Die Eltern können grundsätzlich frei von staatlichen Einflüssen und Eingriffen nach eigenen Vorstellungen darüber entscheiden, wie sie die Pflege und Erziehung ihrer Kinder gestalten und damit ihrer Elternverantwortung gerecht werden wollen.
> Dabei wird sogar die Möglichkeit in Kauf genommen, dass das Kind durch einen Entschluss der Eltern Nachteile erleidet. In der Beziehung zum Kind muss das Kindeswohl die oberste Richtschnur der elterlichen Pflege und Erziehung sein."

Bei der Deutung und Anwendung des **Kindeswohlbegriffs** müssen auch interdisziplinäre Bezüge, insbesondere **soziale, pädagogische** und **psychologische Aspekte** bezogen auf die Betroffenen, mit einfließen, was im Gesetzeswerk jedoch nicht berücksichtigt wird. Daher wird der Begriff zu recht kritisiert, als ein Begriff ohne normativen Gehalt:

- „leere Schachtel" (Steindorff 1994, 66)
- „Mogelpackung" (Goldstein et al. 1991, 107ff.)
- „definitorische Katastrophe" (Dettenborn 2017, 48ff.)

Kindeswohlgefährdung
Der Begriff der Kindeswohlgefährdung ist also ein **unbestimmter Rechtsbegriff**, der in § 1666 BGB für gerichtliche Maßnahmen definiert ist: Hiernach ist das Kindeswohl gefährdet, wenn das **körperliche, geistige oder seelische Wohl** des Kindes oder sein Vermögen gefährdet ist und die **Eltern nicht gewillt oder in der Lage** sind, die **Gefahr abzuwehren**.

Entscheidung „Kindeswohlgefährdung" (BGH, Urteil vom 25.11.2011, XII ZB 247/11):
Aus den Gründen: „Kindeswohlgefährdung nach § 1666 BGB liegt vor, wenn eine gegenwärtige Gefahr existiert oder unmittelbar bevorsteht, die bei der weiteren Entwicklung der Dinge eine erhebliche Schädigung des körperlichen, geistigen oder seelischen Wohls des Kindes mit ziemlicher Sicherheit voraussehen lässt (vgl. BGH, Entscheidung vom 25.11.2011, XII ZB 247/11, Palandt-Götz, BGB, 75. Aufl. (2016), § 1666 Rn. 8)"

Abwägungskriterien
Bei der Prüfung des Kindeswohls muss das Gericht in Anlehnung an die Regelung in § 1671 BGB eine **Risikoabwägung** vornehmen. Es muss hierzu zunächst den Sachverhalt so detailliert wie möglich aufklären und anschließend die einzelnen Argumente nach Kindeswohlaspekten gegeneinander abwägen. Ob das Gericht die elterliche Sorge ganz oder teilweise auf einen Elternteil übertragen soll, ob also das alleinige Sorgerecht gerade des Antragsstellers die beste Lösung ist und die Aufhebung der gemeinsamen elterlichen Sorge dem Wohl des Kindes am besten entspricht, hängt im Wesentlichen von der Beantwortung folgender Fragen zur Überprüfung relevanter Kriterien ab.

Fragen im Zusammenhang mit kindsbezogene Kriterien sind:

- Besteht bei dem Kind entwicklungs- und gesundheitsbedingt eine Ausgangssituation, die einen besonders hohen Betreuungs- und Versorgungsaufwand erfordert?
- Welche Anforderungen stellt diese Ausgangssituation auf der Seite des Kindes an die Eltern?
- Über welche Potenziale verfügt das Kind, welche Ressourcen stehen ihm zur Verfügung?

- Welche familiären/außerfamiliären Beziehungen hat das Kind?
- Welche Auswirkungen sind für das Kontinuitäts- und Stabilitätserleben des Kindes zu erwarten?
- Hat das Kind entsprechende Bewältigungs- und Regulationsstrategien?
- Zu welchem Elternteil möchte das Kind?

Fragen im Zusammenhang mit elternbezogenen Kriterien sind:

- Welcher Elternteil hat eine Erziehungskompetenz und eine Bindungstoleranz hinsichtlich der Umgangskontakte?
- Sind die Eltern in der Lage, das Kind adäquat zu betreuen sowie erzieherisch und positiv auf das Kind einzuwirken? Wie hoch ist die Arbeitsbelastung des jeweiligen Elternteils?
- Wie ist das elterliche Konfliktniveau? Welcher Art sind die aktuellen Konflikte zwischen den Eltern? Besteht eine Gefährdung des Kindeswohls?
- Welcher Elternteil zeigt Kooperationsbereitschaft und Kooperationsfähigkeit? Kommt ein Wechselmodell in Frage?
- Besteht bei den Eltern eine Bereitschaft und Stabilität zur Zusammenarbeit mit einem Helfersystem?

Relevant ist aber auch die Frage, ob sich die **Betreuungssituation** des Kindes erheblich ändern würde, wenn der aktuelle Zustand geändert wird. Eine unnötige Veränderung in der Betreuungssituation spricht eher gegen die Änderung des Aufenthalts des Kindes.

Dem Gericht stehen bei der Kindeswohlprüfung zudem **weitere Kriterien** zur Verfügung, wobei die nachfolgend gewählte Reihenfolge nicht zwingend ist (hierzu Johannsen/Henrich 2015). Die einzelnen Kriterien stehen auch nicht wie Tatbestandsmerkmale kumulativ nebeneinander. Jedes von ihnen kann im Einzelfall mehr oder weniger bedeutsam für die Beurteilung sein, was dem Wohl des Kindes am besten entspricht (vgl. hierzu BGH, FamRZ 2011, 796; FamRZ 2010, 1060):

> weitere Kriterien

Die **Erziehungseignung/Förderkompetenz** beschreibt die Eignung, Bereitschaft und Möglichkeit der Eltern zur Übernahme der für das Kindeswohl maßgeblichen Erziehung und Betreuung.

Wie eignet sich der Elternteil zur Erziehungs- und Betreuungsaufgabe? Hierfür sind von Bedeutung die Erziehungsfähigkeit der Eltern, Persönlichkeit sowie äußere Lebensumstände. Es ist also zu ermitteln, welcher Elternteil nach seiner Persönlichkeit, seiner Beziehung zum

Kind, seiner pädagogischen Kompetenz und nach den äußeren Verhältnissen eher in der Lage erscheint, dem Kind auf seinem weiteren Lebensweg die notwendige Sicherheit und Orientierung zu geben (Förderungsprinzip).

Die **Bindungstoleranz** bedeutet die Bereitschaft, den persönlichen Umgang des Kindes mit dem anderen Elternteil zuzulassen und zu fördern. Gemäß § 1626 Abs. 3 S. 1 BGB ist davon auszugehen, dass zum Wohl des Kindes in der Regel der Umgang mit beiden Elternteilen gehört. Von einem verantwortungsvollen Sorgeberechtigten wird erwartet, dass er die Kontakte des Kindes zum anderen Elternteil nicht nur zulässt, sondern auch positiv fördert (vgl. OLG München, Urteil vom 26.07.2003, 26 UF 868/02). Bei fehlender Bindungstoleranz des sorgeberechtigten Elternteils und Manipulation des kindlichen Willens kann zur Durchsetzung des Umgangsrechts das Aufenthaltsbestimmungsrecht teilweise entzogen und eine Ergänzungspflegschaft angeordnet werden.

Die **Bindung** bedeutet eine gefühlsbestimmte Beziehung des Kindes zu beiden Elternteilen und vorhandenen Geschwistern und sonstigen Bezugspersonen wie z. B. Großeltern (Nestprinzip). Wie ist die Elternbindung, d. h., zu welchem Elternteil hat das Kind eine bessere tragfähige emotionale Bindung? Für die Geschwisterbindung gilt, dass eine Trennung der Geschwister eine absolute Ausnahme ist und stets einer besonderen Rechtfertigung bedarf, denn es ist auch den Bindungen der Geschwister Rechnung zu tragen. Darüber hinaus ist es anerkannt, dass es für Geschwister besonders wichtig ist, gemeinsam aufzuwachsen und erzogen zu werden. Geschwisterrivalitäten können sogar eine Chance zu wichtigen sozialen Lernprozessen bieten. Wer sind die sonstigen Bezugspersonen bzw. das lokale Umfeld (Nestprinzip)?

Der **Kontinuitätsgrundsatz** zielt auf das grundlegende Bedürfnis des Kindes nach gleichbleibenden und stabilen Lebensverhältnissen ab. Welcher Elternteil wahrt die Einheitlichkeit, Gleichmäßigkeit und Stabilität der Erziehungsverhältnisse oder stört sie am wenigsten (vgl. dazu BVerfG FamRZ 1982, 1179; BGH FamRZ 1985, 169)? Dabei kommt dem Kontinuitätsgrundsatz dann ausschlaggebende Bedeutung zu, wenn die künftigen Erziehungs- und Betreuungsmöglichkeiten einschließlich der erzieherischen Eignung bei beiden Elternteilen annähernd gleich sind, die Bindungen des Kindes zu den Elternteilen nahezu gleich gut und intensiv sind, und auch sonst kein deutlicher Vorrang des Lebenskreises und der Umgebung eines Elternteils besteht (Johannsen/Henrich, Familienrecht: Scheidung, Unterhalt, Verfahren, 6. Auflage 2015, § 1671, Rn. 67). In einem solchen Fall kann die Umgebungskontinuität den Ausschlag geben (dazu etwa OLG Hamm, FamRZ 2001, 185; Palandt 2017).

Der **Wille des Kindes** ist zu berücksichtigen, soweit er mit seinem Wohl vereinbar ist, und das Kind nach Alter und Reife zu einer autonomen und stabilen Willensbildung im natürlichen Sinne in der Lage ist (BGH FamRZ 2011, 796–801; FamRZ 1990, 392, 393 m. w. N.).

Der Richter hat das Kind immer persönlich anzuhören (§ 159 FamFG), wenn es das 14. Lebensjahr vollendet hat. Betrifft das Verfahren ausschließlich das Vermögen des Kindes, kann von einer persönlichen Anhörung abgesehen werden, wenn eine solche nach der Art der Angelegenheit nicht angezeigt ist.

Nach einer Entscheidung des BVerfG vom 05.06.2019, 1 BvR 675/19 ist die persönliche Anhörung des Kindes (§ 159 FamFG) in Abwesenheit der Eltern im familiengerichtlichen Verfahren nach § 1666 BGB verfassungsrechtlich unbedenklich und verletzt nicht den Anspruch der Eltern auf rechtliches Gehör (Art. 103 Abs. 1 GG). Aus Art. 6 Abs. 2 Satz 1 GG resultieren keine über den Anspruch der Eltern auf rechtliches Gehör hinausgehenden Beteiligungsrechte an der Kindesanhörung. Auch haben die Eltern keinen Anspruch darauf, die Kindesanhörung im Wege der Videoübertragung zu verfolgen. Es ist ausreichend, wie bisher, das wesentliche Ergebnis der Kindesanhörung zu dokumentieren und den Eltern mit der Gelegenheit zur Stellungnahme bekanntzugeben.

Hat das Kind das 14. Lebensjahr noch nicht vollendet, ist es persönlich nur anzuhören, wenn die Neigungen, Bindungen oder der Wille des Kindes für die Entscheidung von Bedeutung sind oder wenn eine persönliche Anhörung aus sonstigen Gründen angezeigt ist (§ 159 Abs. 2 FamFG).

Von einer persönlichen Anhörung darf das Gericht nur aus schwerwiegenden Gründen absehen. Wenn eine Anhörung allein wegen Gefahr im Verzug unterbleibt, ist sie unverzüglich nachzuholen (§ 159 Abs. 3 FamFG)

Unterstellt, dass sich die Kinder weder für noch gegen einen Elternteil aussprechen, hat dieser Gesichtspunkt keine bestimmende Funktion in der Abwägung. Bei geäußertem Willen des Kindes ist indes zu prüfen, ob es ein autonomer oder ein fremdbestimmter Wille des Kindes ist (vgl. zur Bedeutung des Willens eines zehnjährigen Kindes KG, FamRZ 2010, 135, 137 ff.).

Insbesondere bei jungen Kindern ist zu berücksichtigen, dass die befragten Kinder die Tragweite der zu treffenden Entscheidung häufig nicht überschauen. In der Praxis hat sich folgendes herausgebildet:

Sorgerecht (§§ 1626–1698b BGB)

- Kinder ab dem dritten Lebensjahr bzw. wenn sie sprechen können, werden angehört. Ab diesem Lebensalter ist das Kind i. d. R. in der Lage, entsprechende Wünsche, Tendenzen, Präferenzen oder auch Aversionen gegen einen Elternteil zu bilden und diese nach außen erkennbar werden zu lassen (BVerfG, FamRZ 2007, 1078; BVerfG, FamRZ 2007, 105; BVerfG, FamRZ 2005, 1057).
- Hat das Kind das 14. Lebensjahr vollendet, und widerspricht es den Vorschlägen der Eltern, hat sich die Entscheidung des Gerichts am Willen des Jugendlichen zu orientieren, soweit dieser Wille nicht selbstschädigend ist.

Verhältnis der Kriterien zueinander Jedes Kriterium kann im Einzelfall mehr oder weniger bedeutsam sein. Was dem Kindeswohl im einen Fall am besten entspricht, muss im nächsten Fall noch lange nicht entscheidend sein. Es kommt auf eine Einzelfallabwägung an.

Entscheidung „Schutz vor der Trennung des Kindes" (BVerfG, Beschluss vom 19.11.2014, 1 BvR 1178/14):
Leitsatz: „Um eine Trennung des Kindes von den Eltern zu rechtfertigen, muss das elterliche Fehlverhalten ein solches Ausmaß erreichen, dass das Kind bei den Eltern in seinem körperlichen, geistigen oder seelischen Wohl nachhaltig gefährdet wäre. Für die Fachgerichte ergibt sich aus Art. 6 Abs. 2 und 3 GG das Gebot, die dem Kind drohenden Schäden ihrer Art. Schwere und Eintrittswahrscheinlichkeit nach konkret zu benennen und vor dem Hintergrund des grundrechtlichen Schutzes vor der Trennung des Kindes von seinen Eltern zu bewerten. Die Fachgerichte werden dem i. d. R. nicht gerecht, wenn sie ihren Blick nur auf die Verhaltensweisen der Eltern lenken, ohne die sich daraus ergebenden schwerwiegenden Konsequenzen für die Kinder darzulegen."

Aktuelle Entscheidungen des BVerfG in Kinderschutzfällen:
Anmerkung der Autorin: Das Gericht nahm in folgenden Fällen an, dass in verfassungswidriger Weise in das Elternrecht aus Artikel 6 Abs. 2 S. 1 GG eingegriffen wurde: BVerfG, Beschluss vom 17.03.2014, 1 BvR 2695/13; BVerfG, Beschluss vom 22.05.2014, 1 BvR 2882/13; BVerfG, Beschluss vom 22.05.2014, 1 BvR 3190/13; BVerfG, Beschluss vom 14.06.2014, 1 BvR 725/14
Aus den Gründen: „Voraussetzung der Entziehung der elterlichen Sorge gemäß § 1666 BGB ist eine Gefährdung des Kindeswohls, also ein bereits eingetretener Schaden des Kindes oder eine gegen-

wärtige in einem solchen Maße vorhandene Gefahr, dass sich bei seiner weiteren Entwicklung eine erhebliche Schädigung mit ziemlicher Sicherheit voraussehen lässt."

9.4.3 Familienpsychologisches Gutachten

Oft wird für die Entscheidung des Sorgerechts und die Ausgestaltung des Umgangs ein familienpsychologisches Gutachten eingeholt, um eine **Prognose** für das künftige **Eltern- und Kindesverhalten** treffen zu können. Dabei werden von den Gutachtern das Aktenmaterial ausgewertet, ausführliche psychologisch-diagnostische Gespräche mit den Beteiligten geführt, Daten zur Biografie und Familienanamnese der Eltern erhoben, testdiagnostische Fragebogenverfahren angewendet und mit dem Kind Explorationsgespräche geführt sowie Interaktionsbeobachtungen zwischen Eltern und Kind durch Beobachtung durchgeführt (Münchener Anwaltshandbuch Familienrecht 2014).

Vorgehensweise

> **Entscheidung „Schädigungsprognose"** (OLG Dresden, Beschluss vom 30.04.2013, Az. 1 U 1306/10):
> *Aus den Gründen:* „Voraussetzung der Entziehung der elterlichen Sorge gemäß § 1666 BGB ist eine Gefährdung des Kindeswohls, also ein bereits eingetretener Schaden des Kindes oder eine gegenwärtige in einem solchen Maße vorhandene Gefahr, dass sich bei seiner weiteren Entwicklung eine erhebliche Schädigung mit ziemlicher Sicherheit voraussehen lässt (BVerfG, Beschl. v. 29.01.2010 – 1 BVR 374/09, NJW 2010, 2333)."

> **Entscheidung „Zweifel reichen nicht"** (OLG Brandenburg, Beschluss vom 03.07.2013, 9 UF 25/12, DRsp-Nr. 2013/16879):
> *Aus den Gründen:* „Zweifel an der Erziehungsfähigkeit des Sorgeberechtigten und an einer an den Bedürfnissen des Kindes orientierten Erziehung reichen als gegenwärtige, erhebliche Gefahr für das Kindeswohl und somit als Voraussetzung für einen Entzug des Sorgerechts nicht aus. Vielmehr muss mehr als nur eine bloße Befürchtung dargelegt werden, um weiterhin einen Sorgerechtsentzug zu rechtfertigen."

Gemäß § 163 Abs. 2 FamFG kann das Gericht in Kindschaftsverfahren anordnen, dass der **Sachverständige** im Rahmen der Begutachtung auf die **Herstellung des Einvernehmens hinwirken** soll.

Verfahren

Sorgerecht (§§ 1626–1698b BGB)

Verwendung des Gutachtens

Zur Vermeidung von Verzögerungen setzt das Gericht dem Gutachter eine **Frist**, innerhalb derer er das Gutachten einzureichen hat (§ 163 Abs. 1 FamFG). Das Gericht hat den Beteiligten Gelegenheit zu geben, dem Sachverständigen Fragen zu stellen. Er ist daher grundsätzlich zur mündlichen Erläuterung seines Gutachtens zu laden (vgl. dazu die BGH, Urteil vom 14.07.2009, VIII ZR 295/08).

Gerade in den Fällen eines Sorgerechtsentzugs und einer Trennung des Kindes von den Eltern müssen die Fachgerichte ihrer **Verpflichtung zu sorgfältiger und sensibler Prüfung** und zur Abwägung des Einzelfalls gerecht werden. Auch bei Hinzuziehung eines Gutachters und dessen Fachkompetenz kommt den Fachgerichten die Aufgabe zu, den Fall abschließend zu bewerten.

Regelungen über Mindestanforderungen an die Qualifizierung von Sachverständigen in Kindschaftssachen sind in § 163 Abs. 1 FamFG geregelt (BGBl. I S. 2222, in Kraft getreten am 15.10.2016). Sachverständige müssen

> „zumindest über eine psychologische, psychotherapeutische, kinder- und jugendpsychiatrische, psychiatrische, ärztliche, pädagogische oder sozialpädagogische Berufsqualifikation verfügen [...].
> Verfügt der Sachverständige über eine pädagogische oder sozialpädagogische Berufsqualifikation, ist der Erwerb ausreichender diagnostischer und analytischer Kenntnisse durch eine anerkannte Zusatzqualifikation nachzuweisen."

Auf die schriftlichen und mündlichen Ausführungen des Gutachters müssen die Fachgerichte – ggf. auch kritisch und differenziert – eingehen. Die abschließende Bewertung ist von den Fachgerichten auf der Basis der rechtlichen Rahmenbedingungen sorgfältig und diszipliniert vorzunehmen.

Rolle der Eltern

Es gibt **keine Pflicht der Eltern zur Mitwirkung an einem familienrechtlichen Gutachten**. Die Eltern müssen daher an einem familienpsychologischen Gutachten niemals mitwirken. Es gibt weder eine gesetzliche Grundlage hierfür, noch kann ein Gericht über das Persönlichkeitsrecht der Eltern insoweit disponieren. Die fehlende Mitwirkung darf auch nicht negativ als Beweisvereitelung ausgelegt werden. Erst recht dürfen daraus keine Rückschlüsse auf eine fehlende Erziehungsfähigkeit gezogen werden (vgl. BVerfG, Beschluss vom 02.04.2009, 1 BvR 683/09).

Entscheidung „Keine Mitwirkungspflicht für Eltern an Gutachten"
(BVerfG, Beschluss vom 02.04.2009, 1 BvR 683/09, FamRZ 2009, S. 944f.):
Aus den Gründen: „Denn die Mitteilung lässt befürchten, dass das Amtsgericht von einer Verpflichtung der Kindesmutter zur Mitwirkung bei der Begutachtung ausgeht. Dies stünde nicht in Einklang mit der Rechtsprechung des Bundesverfassungsgerichts.
Danach fehlt es an einer den mit der Exploration verbundenen Eingriff in den Schutzbereich des allgemeinen Persönlichkeitsrechts (Art. 2 Abs. 1 in Verbindung mit Art. 1 Abs. 1 GG) rechtfertigenden verfassungsrechtlich gebotenen klaren und unmissverständlichen gesetzlichen Grundlage. Das Gericht hat daher keine Befugnis, die Untersuchung der Beschwerdeführerin zu 1) [die die Untersuchung verweigernde Kindesmutter] zu erzwingen.
Bedenken begegnet auch der Hinweis, das Gericht könne bei mangelnder Mitwirkung an der Begutachtung nach den Grundsätzen der Beweisvereitelung davon ausgehen, dass die Kindesmutter erziehungsungeeignet und -unfähig sei. Denn dies deutet darauf hin, dass das Amtsgericht den Charakter des vorliegenden Sorgerechtsverfahrens als ein Verfahren der freiwilligen Gerichtsbarkeit mit Amtsermittlungsgrundsatz übersehen hat. Infolge der damit verbundenen Ermittlungspflicht des Gerichts ist den Beteiligten keine subjektive Beweislast (Beweisführungslast) auferlegt (vgl. Briesemeister, in: Jansen, FGG, 3. Aufl. 2006, § Rn. 13). Zudem geht das Amtsgericht offenbar davon aus, der Kindesmutter obliege die Feststellungslast für ihre Erziehungseignung und -fähigkeit. Dies entspricht jedoch nicht der Rechtslage. Zwar richten sich die Folgen der Nichtfeststellbarkeit einer Tatsache im Amtsermittlungsverfahren nach den Grundsätzen der materiellen Beweislast (Feststellungslast) (vgl. Briesemeister, in: Jansen, FGG, 3. Aufl. 2006, § 12 Rn. 13). Kann in einem Verfahren nach § 1666 BGB aber der gesetzliche Tatbestand für den Grundrechtseingriff, nämlich die Gefährdung des Kindeswohls und das Fehlen von Gefahrabwendungswille und -fähigkeit der Eltern, nicht festgestellt werden, so müssen entsprechende Maßnahmen unterbleiben (vgl. Briesemeister, in: Jansen, FGG, 3. Aufl. 2006, § 12 Rn. 15)."

In Betracht kommt allerdings, den die Begutachtung verweigernden Elternteil in Anwesenheit eines Sachverständigen gerichtlich anzuhören und zu diesem Zweck das persönliche Erscheinen des Elternteils anzuordnen, vgl. § 35 FamFG (BGH, Beschluss 17.02.10, XII ZB 68/09, FamRZ 10, 720).

9.4.4 Sorgerecht beim Wechselmodell

Begriff Im Rahmen eines Wechselmodells pendeln die Kinder zwischen den Wohnungen der getrennten Eltern. Das **Wechselmodell ist der genaue Gegensatz zum Residenzmodell**, bei dem ein Elternteil zum überwiegenden Teil die Versorgung und Erziehung des Kindes übernommen hat.

Der Bundesgerichtshof definiert den Begriff Wechselmodell dahingehend, dass sich die Eltern „in der Betreuung eines Kindes abwechseln, sodass jeder von ihnen **etwa die Hälfte** der Versorgungs- und Erziehungsaufgaben wahrnimmt" (BGH, Beschluss vom 12.03.2014, XII ZB 234/13, FamRZ 2014, 917 Rn. 29). Nach ständiger Rechtsprechung kann ein Wechselmodell jedoch ernsthaft nur in Betracht gezogen werden, „wenn die **Eltern in der Lage** sind, sich weitgehend **konfliktfrei** über die täglichen Belange der Kinder auszutauschen" (OLG Koblenz, Beschluss vom 12.01.2010, 11 UF 251/09, FamRZ 2010, 739; KG, Beschluss vom 21.02.2006, 13 UF 115/05, FamRZ 2006, 1626; OLG München, Urteil vom 27.09.2006, FamRZ 2007, 753; OLG Celle, Urteil vom 04.01.2008, 15 WF 241/07, FamRZ 2008, 2053).

Ein Wechselmodell kann nach der aktuellen Entscheidung des Bundesgerichtshofs (BGH) auch **gerichtlich angeordnet** werden. Grundvoraussetzung ist aber immer, dass die geteilte Betreuung dem Wohl des Kindes am besten entspricht (BGH, Beschluss vom 01.02.2017, XII ZB 601/15).

9.5 „Kleines Sorgerecht" des Lebenspartners, der nicht Elternteil ist

Begriff Die Regelungen der § 1687b und § 9 LPartG gewähren ein **„kleines Sorgerecht"** für den **Lebenspartner bzw. den neuen Ehegatten, der nicht Elternteil** des Kindes ist. Dieser übernimmt regelmäßig auch die Aufgaben der Pflege und Erziehung und soll rechtlich abgesichert werden (Johannsen/Henrich 2015).

Voraussetzungen Der sorgeberechtigte Elternteil hat allerdings lediglich die tatsächliche Entscheidungsbefugnis in Angelegenheiten der tatsächlichen Betreuung, wenn sich das Kind im Rahmen von Umgangskontakten bei ihm aufhält; ansonsten hat er keine Befugnisse. Daher setzt die Mitentscheidungsbefugnis des Lebenspartners oder des neuen Ehegatten voraus, dass der Elternteil, bei dem das Kind lebt, die **alleinige elterliche Sorge** hat. Dies dient der Vermeidung von Abgrenzungsproblemen bezüglich der Einordnung einzelner Sachverhalte und von Angelegenheiten von erheblicher Bedeutung. Der Lebenspartner bzw. der neue Ehegatte soll nicht ohne weiteres über das elterliche Sorgerecht bei Entscheidungen mitbestimmen können, deren Bedeutung über Angelegenheiten des täglichen Lebens hinausgehen.

Der sorgeberechtigte Elternteil und der Lebenspartner bzw. neue Ehegatte dürfen auch **nicht (auf Dauer) getrennt** leben (Johannsen/Henrich 2015). Bei einem Getrenntleben entfällt die für den ehemaligen Lebenspartner bzw. neuen Ehegatten bis dahin bestehende Aufgabe der Pflege und Erziehung des Kindes, so dass es der rechtlichen Absicherung nicht mehr bedarf.

Die Befugnis zur Mitentscheidung in den Angelegenheiten des täglichen Lebens und das Vertretungsrecht für das Außenverhältnis stehen zudem unter dem Vorbehalt des **Einvernehmens** mit dem sorgeberechtigten Elternteil (dies ist allerdings umstritten, da der Gesetzeswortlaut § 9 Abs. 3 LPartG, § 1687 Abs. 3 BGB von gleichstufiger Entscheidungsbefugnis ausgeht, obwohl der sorgeberechtigte Elternteil das Vertretungsrecht jederzeit beschränken kann). **Grenzen**

Zudem besteht (z. B. im Falle eines Unfalls oder einer erforderlichen Notoperation) ein **Notvertretungsrecht** des Lebenspartners und des neuen Ehegatten und zwar ohne den Vorbehalt, dass die Partner zustimmen oder zusammenleben müssen (§ 9 Abs. 3 LPartG, § 1687b Abs. 3 BGB). **Notlage**

9.6 Beispiele für mögliche Entscheidungen im Gerichtstermin

Die Familiengerichte haben verschiedene weitere Entscheidungsalternativen, auf die hier nur hingewiesen werden soll, Einzelheiten ergeben sich aus den zitierten Normen:

- Bestellung eines Verfahrensbeistands (§ 158 FamFG); „ersetzt" Verfahrenspfleger, vom Gericht konkret festzulegen, keine Überschneidung mit Jugendamt. Verschärfung der Bestellungsvoraussetzungen (§ 158 Abs. 1 FamFG), nur „geeignete" Personen
- Auftrag an Sachverständigen (§ 163 Abs. 2 FamFG), auf Einvernehmen der Eltern hinzuwirken
- Auftrag zur Umgangsvermittlung durch Jugendamt (§ 165 Abs. 2 FamFG)

- Erörterung einstweiliger Anordnungen mit dem Jugendamt in Kindschaftssachen (§ 156 Abs. 3 FamFG)
- Einsetzung eines Umgangspflegers (§ 1684 Abs. 3 S. 3-5 BGB)
- Sanktionen durch Zwangsmittel gegenüber den Kindeseltern
- Herabsetzung der Sanktionsschwelle, weil Zwangsmittel untauglich sind.

9.7 Sonderthemen (Sorgerecht)

9.7.1 Sonderthema 3: Sorgerecht bei unverheirateten Ehepaaren

Entwicklung der Rechtslage

Nach **altem Recht** erhielten Eltern, die nicht miteinander verheiratet waren, das gemeinsame Sorgerecht nur, wenn sie heirateten oder sich übereinstimmend für die gemeinsame Sorge durch eine Sorgeerklärung entschieden (Münchener Anwaltshandbuch Familienrecht 2014). Im Übrigen hatte die Mutter das alleinige Sorgerecht.

Der **Europäische Gerichtshof für Menschenrechte** in Straßburg entschied dann am 03.12.2009, es verstoße gegen die Europäische Menschenrechtskonvention, dass Väter bei Anwendung der deutschen Vorschriften bisher nicht die Möglichkeit hätten, eine Zustimmungsverweigerung der Mutter zur gemeinsamen Sorge gerichtlich überprüfen zu lassen. Der grundsätzliche Ausschluss einer gerichtlichen Überprüfung sei nicht verhältnismäßig (vgl. EGMR, Nr. 22028/04).

Das **Bundesverfassungsgericht** erklärte am 21.07.2010 die bisherige Regelung für verfassungswidrig, da die §§ 1626a Abs. 1 Nr. 1 und 1672 Abs. 1 BGB mit Art. 6 Abs. 2 GG unvereinbar seien. „Diese Regelungen stellen einen tiefgreifenden Eingriff in das Elternrecht des Vaters aus Art. 6 Abs. 2 GG dar" (vgl. Bundesverfassungsgericht, Beschluss vom 21.07.2010, 1 BvR 420/09). Es ordnete bis zum Inkrafttreten einer gesetzlichen Neuregelung in Ergänzung der §§ 1626a Abs. 1 Nr. 1, 1672 Abs. 1 BGB vorläufig an, dass „... das Familiengericht den Eltern auf Antrag eines Elternteils die elterliche Sorge oder einen Teil davon gemeinsam überträgt, soweit zu erwarten ist, dass dies dem Kindeswohl entspricht; dem Vater ist auf Antrag eines Elternteils die elterliche Sorge oder ein Teil davon allein zu übertragen, soweit eine gemeinsame elterliche Sorge nicht in Betracht kommt und zu erwarten ist, dass dies dem Kindeswohl am besten entspricht."

Eine **Neuregelung** erfolgte durch das Gesetz zur Reform der elterlichen Sorge nicht miteinander verheirateter Eltern und trat am 19.05.2013 in Kraft (BGBl. I S. 795).

aktuelle Rechtslage

§ 1626a BGB (Elterliche Sorge nicht miteinander verheirateter Eltern; Sorgeerklärungen)

„(1) Sind die Eltern bei der Geburt des Kindes nicht miteinander verheiratet, so steht ihnen die elterliche Sorge gemeinsam zu,
1. wenn sie erklären, dass sie die Sorge gemeinsam übernehmen wollen (Sorgeerklärungen),
2. wenn sie einander heiraten oder
3. soweit ihnen das Familiengericht die elterliche Sorge gemeinsam überträgt.

(2) Das Familiengericht überträgt gemäß Absatz 1 Nummer 3 auf Antrag eines Elternteils die elterliche Sorge oder einen Teil der elterlichen Sorge beiden Eltern gemeinsam, wenn die Übertragung dem Kindeswohl nicht widerspricht. Trägt der andere Elternteil keine Gründe vor, die der Übertragung der gemeinsamen elterlichen Sorge entgegenstehen können, und sind solche Gründe auch sonst nicht ersichtlich, wird vermutet, dass die gemeinsame elterliche Sorge dem Kindeswohl nicht widerspricht.

(3) Im Übrigen hat die Mutter die elterliche Sorge."

Das neue Sorgerecht gemäß § 1626a BGB geht wie das Bundesverfassungsgericht davon aus, dass die **gemeinsame elterliche Sorge** grundsätzlich den Bedürfnissen des Kindes nach Beziehungen zu beiden Elternteilen entspricht (amtl. Begründung, BT-Drucks. 17/11048 unter Hinweis auf BVerfGE 107, 150, 155). Immer dann, wenn das **Wohl des Kindes** nicht entgegensteht, soll eine gemeinsame Sorge zugesprochen werden (Johannsen/Henrich 2015).

Grundsatz der gemeinsamen Sorge

Der Gesetzgeber hat ein abgestuftes Verfahren vorgesehen. Erklärt die Mutter nicht von selbst ihr Einverständnis mit der gemeinsamen Sorge, hat der Vater die Möglichkeit, zunächst zum **Jugendamt** zu gehen, um doch noch eine Einigung mit der Mutter zu erreichen. Der Vater kann aber auch jederzeit das **Familiengericht** anrufen, entweder direkt oder dann, wenn sich herausstellt, dass die Mutter sich beim Jugendamt nicht mit einer gemeinsamen Sorge einverstanden erklärt oder sich nicht äußert.

Verfahren

Sorgerecht (§§ 1626–1698b BGB)

Kindeswohl-prüfung

Das Verfahren um die elterliche Sorge nicht miteinander verheirateter Eltern ist in § 155a FamFG geregelt. Die Entscheidung soll beschleunigt und in der Regel nach § 155a Abs. 3 FamFG im **schriftlichen Verfahren** ergehen.

Stellt der Vater einen Antrag auf Begründung der gemeinsamen elterlichen Sorge, so stellt das Familiengericht den Antrag der Mutter zur Stellungnahme zu; die Stellungnahmefrist endet gem. § 155a Abs. 2 Satz 2 FamFG frühestens sechs Wochen nach der Geburt des Kindes.

Das Familiengericht entscheidet in einem **beschleunigten** und im schriftlichen Verfahren – ohne persönliche Anhörung der Eltern –, wenn die Mutter entweder gar nicht Stellung nimmt oder sich zwar äußert, aber keine potenziell kindeswohlrelevanten Gründe vorträgt und wenn derartige Gründe dem Gericht auch sonst nicht bekannt geworden sind. Das Familiengericht spricht dem Vater das Sorgerecht zu, wenn die Übertragung dem Kindeswohl nicht widerspricht (**negative Kindeswohlprüfung**).

§ 155a FamFG (Verfahren zur Übertragung der gemeinsamen elterlichen Sorge)

„(1) Die nachfolgenden Bestimmungen dieses Paragrafen gelten für das Verfahren nach § 1626a Absatz 2 des Bürgerlichen Gesetzbuchs. Im Antrag auf Übertragung der gemeinsamen Sorge sind Geburtsdatum und Geburtsort des Kindes anzugeben.
(2) § 155 Absatz 1 ist entsprechend anwendbar. Das Gericht stellt dem anderen Elternteil den Antrag auf Übertragung der gemeinsamen Sorge nach den §§ 166 bis 195 der Zivilprozessordnung zu und setzt ihm eine Frist zur Stellungnahme, die für die Mutter frühestens sechs Wochen nach der Geburt des Kindes endet.
(3) In den Fällen des § 1626a Absatz 2 Satz 2 des Bürgerlichen Gesetzbuchs soll das Gericht im schriftlichen Verfahren ohne Anhörung des Jugendamts und ohne persönliche Anhörung der Eltern entscheiden. § 162 ist nicht anzuwenden. Das Gericht teilt dem nach § 87c Absatz 6 Satz 2 des Achten Buches Sozialgesetzbuch zuständigen Jugendamt seine Entscheidung unter Angabe des Geburtsdatums und des Geburtsorts des Kindes sowie des Namens, den das Kind zur Zeit der Beurkundung seiner Geburt geführt hat, zu den in § 58a des Achten Buches Sozialgesetzbuch genannten Zwecken formlos mit.
(4) Werden dem Gericht durch den Vortrag der Beteiligten oder auf

sonstige Weise Gründe bekannt, die der gemeinsamen elterlichen Sorge entgegenstehen können, gilt § 155 Absatz 2 mit der Maßgabe entsprechend, dass der Termin nach Satz 2 spätestens einen Monat nach Bekanntwerden der Gründe stattfinden soll, jedoch nicht vor Ablauf der Stellungnahmefrist der Mutter nach Absatz 2 Satz 2. § 155 Absatz 3 und § 156 Absatz 1 gelten entsprechend.
(5) Sorgeerklärungen und Zustimmungen des gesetzlichen Vertreters eines beschränkt geschäftsfähigen Elternteils können auch im Erörterungstermin zur Niederschrift des Gerichts erklärt werden. § 1626d Absatz 2 des Bürgerlichen Gesetzbuchs gilt entsprechend."
(Vorschrift eingefügt durch das Gesetz zur Reform der elterlichen Sorge nicht miteinander verheirateter Eltern vom 16.04.2013 (BGBl. I S. 795) m.W.v. 19.05.2013.)"

Die **Rechtsprechung** wendet diese gesetzliche Regelung allerdings **nicht wörtlich** an. Nach überwiegender Rechtsprechung soll vielmehr von Amts wegen überprüft werden, ob es Anhaltspunkte gibt, die gegen eine gemeinsame Sorgerechtsausübung oder gar für den Fortbestand der mütterlichen Alleinsorge sprechen könnten (OLG Frankfurt, Beschluss vom 07.10.2013, 5 UF 88/13).

Entscheidung „Grenzen des vereinfachten Verfahrens" (OLG Karlsruhe, Beschluss vom 13.06.2014, Az. 18 UF 103/14):
Leitsätze: „1. Das Familiengericht darf nur dann im vereinfachten Verfahren nach § 155a Abs. 3 FamFG entscheiden, wenn die Mutter in ihrer Stellungnahme zum Antrag auf Einrichtung der gemeinsamen elterlichen Sorge keinerlei konkrete kindbezogenen Argumente vorträgt.
2. Das vereinfachte Verfahren kommt nicht in Betracht, wenn – jedenfalls im Ansatz – Gründe vorgetragen werden, die im Bezug zum gemeinsamen Kind, zum Eltern-Kind-Verhältnis und/oder konkret zum Verhältnis der beteiligten Eltern und somit im Zusammenhang mit der Einrichtung des Sorgerechts stehen können. Ob diese genannten Gründe die gesetzliche Vermutung nach § 1626a Abs. 2 Satz 2 BGB letztlich erschüttern können, ist für die Frage der Verfahrensart unerheblich und muss der materiell-rechtlichen Prüfung vorbehalten bleiben."
Aus den Gründen: „Nach der Gesetzesbegründung liegen die Voraussetzungen für die Vermutung nach § 1626a Abs. 2 Satz 2 BGB und damit auch für das vereinfachte Verfahren nach § 155a Abs. 3

FamFG vor, wenn sich der andere Elternteil zum Antrag auf Einrichtung der gemeinsamen Sorge gar nicht äußert oder in seiner Stellungnahme keine Gründe vorträgt, die der gemeinsamen Sorge entgegenstehen können, etwa weil der Vortrag ohne jede Relevanz im Hinblick auf das Kindeswohl ist (BT-Drucksache 17/11048, S. 18 l. Sp.). Unbeachtlich sind danach beispielsweise Einwände der Mutter, sie wolle auch in Zukunft lieber allein entscheiden, sie habe mit dem Vater eines früher geborenen Kindes schlechte Erfahrungen mit dem gemeinsamen Sorgerecht gemacht oder es bestehe keine Notwendigkeit für ein gemeinsames Sorgerecht, weil der Vater von ihr mit Vollmachten ausgestattet sei und in naher Zukunft ohnehin keine wichtigen Entscheidungen anstünden (BT-Drucksache 17/11048, S. 18 l. Sp.). Diese – vom Gesetzgeber exemplarisch genannten – Gründe haben die Gemeinsamkeit, dass sie keinerlei konkreten kindbezogenen Argumente enthalten, sondern abstrakt und allgemein gehaltene Befindlichkeiten zum Ausdruck bringen. Solche Gründe, die einen Bezug zum konkreten Fall oder zum Wohl des gemeinsamen Kindes vermissen lassen, sind danach unbeachtlich."

Bei der Prüfung, ob die Errichtung der gemeinsamen elterlichen Sorge dem Kindeswohl nicht widerspricht, soll dann auch nach der Rechtsprechung des Bundesverfassungsgerichts auf die Rechtsprechung zu § 1671 BGB zurückgegriffen werden. Zwar ist gem. § 1671 BGB die elterliche Sorge einem Elternteil allein zu übertragen, wenn dies dem Kindeswohl am besten dient (**positive Kindeswohlprüfung**). In beiden Fallkonstellationen ist aber besonders darauf abzustellen, welche Auswirkung die Entscheidung für das betroffene Kind hat.

Nur wenn dem Gericht durch den Vortrag des Kindesvaters, die schriftliche Stellungnahme der Mutter oder auf sonstige Weise Gründe bekannt werden, die dem Kindeswohl entgegenstehen, setzt das Gericht binnen eines Monats einen Erörterungstermin an.

Sofern das Gericht einen Erörterungstermin ansetzt, wird außer den Eltern auch das Jugendamt angehört.

Nach § 155 FamFG gilt in Kindschaftssachen der **Beschleunigungsgrundsatz**. Es soll spätestens einen Monat nach Beginn des Verfahrens terminiert werden, eine Terminsverlegung ist auf den Antrag eines Beteiligten oder seines Bevollmächtigten nur aus zwingenden Gründen zulässig.

§ 155 FamFG (Vorrang- und Beschleunigungsgebot)

„(1) Kindschaftssachen, die den Aufenthalt des Kindes, das Umgangsrecht oder die Herausgabe des Kindes betreffen, sowie Verfahren wegen Gefährdung des Kindeswohls sind vorrangig und beschleunigt durchzuführen.
(2) Das Gericht erörtert in Verfahren nach Absatz 1 die Sache mit den Beteiligten in einem Termin. Der Termin soll spätestens einen Monat nach Beginn des Verfahrens stattfinden. Das Gericht hört in diesem Termin das Jugendamt an. Eine Verlegung des Termins ist nur aus zwingenden Gründen zulässig. Der Verlegungsgrund ist mit dem Verlegungsgesuch glaubhaft zu machen.
(3) Das Gericht soll das persönliche Erscheinen der verfahrensfähigen Beteiligten zu dem Termin anordnen.
(4) Hat das Gericht ein Verfahren nach Absatz 1 zur Durchführung einer Mediation oder eines anderen Verfahrens der außergerichtlichen Konfliktbeilegung ausgesetzt, nimmt es das Verfahren in der Regel nach drei Monaten wieder auf, wenn die Beteiligten keine einvernehmliche Regelung erzielen."

In § 155 Abs. 1 FamFG genannten Kindschaftssachen könne sich während des Verfahrens die Bindungs- und Beziehungsverhältnisse – einschließlich eines etwaigen Kontaktabbruchs – verfestigen oder verändern und eine zu späte gerichtliche Entscheidung dem Kindeswohl widersprechen (BT-Drs. 18/9092). Daher gibt es seit dem 15.10.2016 neue Rechtsbehelfe gegen überlange Verfahren (BT-Dr. 18/6985; BT-Drs. 18/9092).

Die Beteiligten können zunächst eine Beschleunigungsrüge nach § 155b FamFG einlegen. Über die Beschleunigungsrüge entscheidet das Amtsgericht innerhalb eines Monats nach deren Eingang durch Beschluss. Sollte auch diese Frist nicht eigehalten werden, können die Beteiligten Beschleunigungsbeschwerde gemäß § 155 c FamFG einlegen.

Eine generelle Festlegung, ab wann ein Verfahren nicht beschleunigt durchgeführt wurde, ist dabei nach Auffassung des Gesetzgebers nicht möglich (BT-Drs. 18/9092, S. 19). Ein Maßstab für diese Frage ist die Orientierung am Kindeswohl, welches das Beschleunigungsgebot sowohl prägt als auch begrenzt, denn Beschleunigung ist kein Selbstzweck, sondern dient dazu, dass die Entscheidung in der Sache nicht durch bloßen Zeitablauf faktisch präjudiziert wird (vgl. BT-Drs. 18/9092; OLG Stuttgart, Beschluss vom 17.03.2017, 17 WF 31/17; OLG Bremen, Beschluss vom 12.07.2017, 4 UF 72/17).

9.7.2 Sonderthema 4: Beschneidung des männlichen Kindes (§ 1631d BGB)

Beschneidung als Straftat Mit (rechtskräftigem) Urteil vom 07.05.2012 hat das Landgericht Köln (151 Ns 169/11, NJW 2012, 2128) erstmals die Auffassung vertreten, dass auch eine religiös motivierte Beschneidung eine rechtswidrige **Körperverletzung** im Sinne von § 223 Absatz 1 des Strafgesetzbuchs (StGB) darstellt.

Die **Einwilligung der Eltern** sei **unbeachtlich**, weil die Beschneidung entgegen den Vorgaben des Kindschaftsrechts nicht dem Kindeswohl diene. Jedenfalls ziehe Artikel 2 Abs. 2 Satz 1 GG selbst den Grundrechten der Eltern eine verfassungsimmanente Grenze. Bei der Abstimmung der betroffenen Grundrechte sei der Verhältnismäßigkeitsgrundsatz zu beachten. Die in der Beschneidung zur religiösen Erziehung liegende Verletzung der körperlichen Unversehrtheit sei, wenn sie denn erforderlich sein sollte, jedenfalls unangemessen. Das folge aus der Wertung des § 1631 Abs. 2 Satz 1 BGB. Zudem werde der Körper des Kindes durch die Beschneidung dauerhaft und irreparabel verändert. Diese Veränderung laufe dem Interesse des Kindes, später selbst über seine Religionszugehörigkeit entscheiden zu können, zuwider. Umgekehrt werde das Erziehungsrecht der Eltern nicht unzumutbar beeinträchtigt, wenn sie gehalten seien, abzuwarten, ob sich der Knabe später, wenn er mündig ist, selbst für die Beschneidung als sichtbares Zeichen der Zugehörigkeit zum Islam entscheidet.

Reaktion des Gesetzgebers Zur Beseitigung der durch diese Entscheidung entstandenen Rechtsunsicherheit ist nach heftigen Protesten von Juden und Muslimen folgender Gesetzestext als **§ 1631d** in das Bürgerliche Gesetzbuch **(BGB)** eingefügt worden und seit 28.12.2012 in Kraft getreten. Die rechtssystematische Einordnung in das Personensorgerecht des BGB stellt klar, dass eine Beschneidung des nicht einsichts- und urteilsfähigen Jungen im Rahmen des elterlichen Sorgerechts (zur religiösen Erziehung: Beck'sches Formularbuch Familienrecht 2017) unter bestimmten Voraussetzungen möglich ist. Die Regelung lautet wie folgt:

§ 1631d BGB (Beschneidung des männlichen Kindes)

„(1) Die Personensorge umfasst auch das Recht, in eine medizinisch nicht erforderliche Beschneidung des nicht einsichts- und urteilsfähigen männlichen Kindes einzuwilligen, wenn diese nach den Regeln der ärztlichen Kunst durchgeführt werden soll. Dies gilt nicht, wenn durch die Beschneidung auch unter Berücksichtigung ihres Zwecks das Kindeswohl gefährdet wird.
(2) In den ersten sechs Monaten nach der Geburt des Kindes dürfen auch von einer Religionsgesellschaft dazu vorgesehene Personen Beschneidungen gemäß Absatz 1 durchführen, wenn sie dafür besonders ausgebildet und, ohne Arzt zu sein, für die Durchführung der Beschneidung vergleichbar befähigt sind."

Kritik und Bedenken

Die gefundene Regelung ist bedenklich. In § 1631d BGB erfolgt eine undifferenzierte Gleichsetzung der religiös motivierten Beschneidung mit einer solchen aus beliebigen anderen Motiven, deren Ermittlung und Bewertung letztlich der Verwaltung und den Gerichten überlassen wird.

Die Gerichte haben die Pflicht, in jedem Einzelfall zu prüfen, was für das Wohl des Kindes am besten ist. Dabei müssen sie nach § 1666a BGB die Verhältnismäßigkeit der Maßnahme gegenüber dem Elternrecht prüfen (Münchener Kommentar BGB 2017).

Der Begriff der Kindeswohlgefährdung wurde weiter oben bereits ausgeführt. Er ist als unbestimmter Rechtsbegriff in § 1666 BGB für gerichtliche Maßnahmen definiert. Hiernach ist das Kindeswohl gefährdet, wenn das körperliche, geistige oder seelische Wohl des Kindes oder sein Vermögen gefährdet und die Eltern nicht gewillt oder in der Lage sind, die Gefahr abzuwehren. Bei der Prüfung der Kindeswohlgefährdung nach § 1666 BGB ist somit zu prüfen, ob eine gegenwärtige Gefahr vorliegt oder unmittelbar bevorsteht, die bei der weiteren Entwicklung der Dinge eine erhebliche Schädigung des körperlichen, geistigen oder seelischen Wohls des Kindes mit ziemlicher Sicherheit voraussehen lässt (vgl. BGH, Urteil vom 25.11.2011, XII ZB 247/11).

Das neue Beschneidungsgesetz verletzt das Recht der Kinder auf **gewaltfreie Erziehung und körperliche Unversehrtheit** (§ 1631 Abs. 2 BGB). Die Gerichte bemühen sich, diese Schwächen im Rahmen der Anwendung zum Schutz der Kinder zu korrigieren.

Entscheidung "Beschneidung des Kindes" (OLG Hamm, Beschluss vom 30.08.2013, II-3 UF 133/13):
Anmerkung der Autorin: Das Gericht versucht, Lücken im Gesetz zu korrigieren und die Position des Kindes zu stärken. Es untersagt einer aus Kenia stammenden und in Deutschland lebenden Mutter, ihren sechsjährigen Sohn beschneiden zu lassen, und konkretisiert die Voraussetzungen des § 1631d BGB.
Leitsätze: „1. Zu den Voraussetzungen der summarischen Prüfung nach den §§ 49 ff., 26, 51 Abs. 1 S. 2, 31 FamFG im einstweiligen Sorgerechtsverfahren.
2. Grundsätzlich erlaubt der am 28.12.2012 in Kraft getretene § 1631d Abs. 1 BGB es den sorgeberechtigten Eltern bzw. dem allein sorgeberechtigten Elternteil, für ein noch nicht selbst urteils- und einwilligungsfähiges, mehr als sechs Monate altes Kind die Entscheidung zugunsten einer nicht medizinisch indizierten, aber nach den Regeln der ärztlichen Kunst durchzuführenden Beschneidung aus autonomen kulturell-rituellen Gründen zu treffen. Auch ein deutlich unter 14 Jahre altes Kind ist bzgl. seiner möglichen eigenen Einwilligungs- und Urteilsfähigkeit durch das Familiengericht jedoch gemäß § 159 Abs. 2 FamFG persönlich anzuhören, denn selbst im Falle dabei nicht feststellbarer eigener Einwilligungsfähigkeit sind die geäußerten Wünsche und Neigungen des Kindes im Rahmen des § 1631d Abs. 1 BGB unter Berücksichtigung der §§ 1626 Abs. 2 S. 2, 1631 Abs. 2 BGB maßgeblich zu beachten. Der oder die sorgeberechtigten Elternteil(e) haben in einer dem Alter und dem Entwicklungsstand des Kindes entsprechenden Art und Weise den beabsichtigten Eingriff mit ihm zu besprechen und in kindgerechter Weise zu versuchen, mit ihm Einvernehmen herzustellen.
3. Die Entscheidung nach § 1631d Abs. 1 BGB ist nur dann nicht wirksam von den oder dem sorgeberechtigten Elternteil(en) zu treffen, sondern im Streitfall zwischen Eltern zumindest im einstweiligen Anordnungsverfahren auf einen neutralen Ergänzungspfleger zu übertragen, wenn zwischen den Eltern in Streit steht, ob die Beschneidung zu einer Gefährdung des Kindeswohls führen würde und sich im Rahmen einer Folgenabwägung kein gänzlich eindeutiges Ergebnis zugunsten der Beschneidung und gegen eine Kindeswohlgefährdung ergibt.
4. Die Frage der Kindeswohlgefährdung ist grundsätzlich auch im Rahmen des § 1631d Abs. 1 BGB am Maßstab des § 1666 BGB zu beantworten. Rein medizinisch-gesundheitliche Bedenken können insoweit nicht maßgeblich sein, da § 1631d Abs. 1 BGB (in Kenntnis

des Gesetzgebers von den geringen medizinischen Restrisiken einer ordnungsgemäß durchgeführten Beschneidung) gerade eine medizinisch nicht indizierte Beschneidung unter bestimmten Voraussetzungen erlaubt.

5. Je nach der hohen oder weniger hohen Schutzwürdigkeit des im Vordergrund stehenden Motivs des sorgeberechtigten Elternteils zugunsten der beabsichtigten Beschneidung kann die Schwelle der entgegenstehenden Kindeswohlgefährdung niedriger als nach dem allgemeinen Maßstab des § 1666 BGB anzusetzen sein.

6. Unabhängig von der Frage einer etwa entgegenstehenden Kindeswohlgefährdung setzt § 1631d Abs. 1 BGB die Erfüllung einer ungeschriebenen Tatbestandsvoraussetzung voraus: Die Wirksamkeit der Einwilligung der oder des Personensorgeberechtigten in die Beschneidung hängt von einer von ihnen bzw. ihm darzulegenden und nachzuweisenden ordnungsgemäßen und umfassenden Aufklärung über die Chancen und Risiken des Eingriffs durch die mit der Durchführung der Beschneidung beauftragten Person, regelmäßig einen Arzt, ab."

9.7.3 Sonderthema 5: Die nächtliche Fixierung des Kindes

Nach § 1631b BGB bedarf die Unterbringung eines Kindes, die mit Freiheitsentziehung verbunden ist, der Genehmigung des Familiengerichts. Das Verfahren richtet sich hierbei gemäß § 167 Abs. 1 Satz 1 FamFG nach den für die Unterbringung geltenden §§ 312 ff. FamFG. Dabei geht das Gesetz, wie sich auch aus entsprechenden Vorschriften im Betreuungsrecht und im Verfahrensrecht ergibt, von einem engen Unterbringungsbegriff aus. In der zeitweiligen oder regelmäßigen **Fixierung** eines in einer offenen Einrichtung lebenden Kindes liegt **keine Unterbringung** im Sinne des Gesetzes.   *Fixierung ist keine Unterbringung*

Das Gesetz verlangt im Betreuungsrecht für psychisch kranke oder körperlich, geistig oder seelisch behinderte **Volljährige** sowohl bei einer geschlossenen Unterbringung (§ 1906 Abs. 1, 2 BGB) als auch bei einer unterbringungsähnlichen Maßnahme (§ 1906 Abs. 4 BGB) die Genehmigung durch das Betreuungsgericht (vgl. BGH, Beschluss vom 27.06.2013, XII ZB 24/12, FamRZ 2012, 1372). Die Vorschrift des § 1906 Abs. 4 BGB ist aber nicht entsprechend auf unterbringungsähnliche Maßnahmen gegenüber Minderjährigen anwendbar.   *Betreuungsgericht nicht zuständig*

116 Sorgerecht (§§ 1626–1698b BGB)

Entscheidung „Nächtliche Fixierung des Kindes" (BGH, Beschluss vom 07.08.2013, XII ZB 559/11):
Leitsätze: „Die nächtliche Fixierung eines Kindes in einer offenen heilpädagogischen Einrichtung ist keine genehmigungsbedürftige Unterbringungsmaßnahme im Sinne des § 1631b BGB.
Die Vorschrift des § 1906 Abs. 4 BGB gilt nur für volljährige Betreute und kann im Kindschaftsrecht nicht analog angewendet werden."

Es fehle bei Minderjährigen an der für eine analoge Anwendung erforderlichen Regelungslücke, weil die Rechtsfragen im Zusammenhang mit der Fixierung Minderjähriger dem Gesetzgeber bekannt sind und er die Vorschrift des § 1906 Abs. 4 BGB gleichwohl ausdrücklich auf unterbringungsähnliche Maßnahmen gegenüber Volljährigen begrenzt hat (BT-Drucks. 11/4528 S. 82 f.).

Zustimmungsrecht der Eltern
Eine entsprechende Vorschrift ist daher durch die Erweiterung des § 1631b BGB um einen Absatz 2 am 01.10.2017 in Kraft getreten (BGBl. I S. 2424). Nunmehr ist auch bei Minderjährigen eine familiengerichtliche Genehmigung für freiheitsentziehende Maßnahmen erforderlich. Auf diese Weise wird auch die elterliche Entscheidung für ein Kind, das sich in einem Krankenhaus, einem Heim oder einer sonstigen Einrichtung aufhält und dem durch mechanische Vorrichtungen, Medikamente oder auf andere Weise über einen längeren Zeitraum oder regelmäßig in nicht altersgerechter Weise die Freiheit entzogen werden soll, unter den Vorbehalt der Genehmigung durch das Familiengericht gestellt. Die Entscheidungsbefugnis der Eltern in Bezug auf die grundsätzliche Anwendung und die Art und Weise von freiheitsentziehenden Maßnahmen bleibt dabei in vollem Umfang erhalten.

9.7.4 Sonderthema 6: Abbruch der künstlichen Ernährung eines Kindes

Entscheidung „Künstliche Ernährung im Wachkoma" (OLG Hamm, Urteil vom 24.05.2007, 1 UF 78/07):
Aus den Gründen: „Den Eltern steht es gemäß Artikel 6 II 1 GG als natürliches Recht und als die zuvörderst ihnen obliegende Pflicht zu, für ihr Kind Entscheidungen über die Zuführung zu ärztlicher Behandlung zu treffen. So wie das Grundgesetz diese Aufgabe allein den Eltern überträgt und diesem eigenen Entscheidungsrecht der Eltern Verfassungsrang einräumt, so richtet das Grundgesetz in Artikel 6 II 2 aber auch das Wächtertum der staatlichen Gemein-

schaft ein (vgl. Dethloff, Familienrecht, 31. Aufl. 2015 , S. 443). Dieses Wächteramt übt die Familiengerichtsbarkeit aus, indem sie die Wohlschranke des § 1666 BGB zu prüfen hat.
Nun zeigt alle Rechtsprechung zu Behandlungsabbruch, Zulassen des Sterbens und Beachtung einer Patientenverfügung, dass längst nicht mehr gilt, dass das Zulassen des Sterbens per se dem Wohl eines Menschen widerspricht. Diese gewandelte allgemeine Wertvorstellung ist Folge der heutigen Möglichkeiten der Medizin, menschliches Leben in früher ebenso unbekanntem wie ungeahntem Ausmaß künstlich zu verlängern und damit das Sterben auch bei an sich unumkehrbar tödlichen Krankheitsverläufen beliebig hinauszuschieben."

Die aktuelle Rechtslage ist nur schwer erträglich, da Eltern allein entscheidungsbefugt sind und damit ohne jegliche gerichtliche Kontrolle **lebenserhaltende Maßnahmen** beenden können.

Alleinentscheidungsrecht der Eltern

Zwar ist diese Rechtslage aus ethischer, medizinischer, klinisch-psychologischer und auch aus verfassungs- und familienrechtlicher Sicht erklärbar. Eltern haben rechtlich nach Art. 6 Abs. 1 GG die alleinige Verantwortung, wann die künstliche Ernährung eines im Koma liegenden Kindes abgebrochen werden soll. Allerdings ist in Art. 6 Abs. 2 S. 2 GG eine Grundrechtsschranke enthalten, die vorgibt, dass das Familiengericht im Zweifel gemäß § 1666 Abs. 1 BGB zu prüfen hat, ob das Kindeswohl durch die rechtsmissbräuchliche Ausübung der elterlichen Sorge nach § 1666 BGB gefährdet ist.

Wenn aber das Zulassen des **symptomfreien Sterbens** nicht dem Wohl eines Kindes widerspricht, weil die Perspektive einer Besserung der gesundheitlichen Situation fehlt und nach medizinischem Ermessen eine greifbare Wahrscheinlichkeit der Wiedererlangung irgendeiner Bewusstseinsfunktion nicht gegeben ist, muss es einen Kontrollmechanismus geben, um das Wächteramt des Staates Art. 6 Abs. 2 S. 2 GG zu erfüllen und dies im Einzelfall zu überprüfen. In Zweifelsfällen sollten daher nicht die Eltern allein über Leben und Tod des Kindes entscheiden. Das menschliche Leben ist in jeder Entwicklungs- und Altersstufe unverfügbar.

Rolle des Staates als Wächter

Eine **Abstufung des Lebens** nach der sozialen Wertigkeit, Nützlichkeit, dem körperlichen oder dem geistigen Zustand ist sittenwidrig und verstößt gegen Art. 1 GG. Damit besteht die Pflicht des Staates, wenn es um Leben und Tod eines Kindes geht, den Eltern nicht die alleinige ethische, dem Kindeswohl verpflichtete Entscheidungsverantwortung zu übertragen. Der Gesetzgeber sollte daher – entsprechend der gesetzlichen Regelung bei volljährigen Patienten – die Entscheidung über die Durchführung der Sterbehilfe bei einem Kind nicht mehr allein der Verantwortung der sorgeberechtigten Eltern überlassen, sondern in jedem Fall eine obligatorische Einholung der Einwilligung des Familiengerichts zur Sterbehilfe gesetzlich verankern (vgl. auch Anmerkung von Baloff, NJW 2007, 2705).

9.7.5 Sonderthema 7: Das geltende Vaterschaftsanfechtungsrecht

Begriff Gemäß § 1592 BGB ist **Vater** eines Kindes der Mann, der zum Zeitpunkt der Geburt mit der Mutter des Kindes verheiratet ist (§§ 1592 Nr. 1, 1593 BGB), die Vaterschaft anerkannt hat (§§ 1592 Nr. 2, 1594–1598 BGB) und/oder dessen Vaterschaft gerichtlich festgestellt wurde (§§ 1592 Nr. 3, 1600d–1600e BGB).

Vaterschaftsanerkennung Die **Anerkennung** begründet die Vaterschaft mit Rückwirkung auf den Zeitpunkt der Geburt. Materiell-rechtliche Voraussetzung der Vaterschaftsanerkennung ist gemäß § 1594 Abs. 2 BGB lediglich, dass nicht die Vaterschaft eines anderen Mannes besteht, da in diesen Fällen nach § 1594 Abs. 2 eine Anerkennung unwirksam wäre (§ 1594 Abs. 2 sog. „**Sperrwirkung**"). Die Wirksamkeit der Vaterschaftsanerkennung hängt daher auch nicht von der biologischen Abstammung des Kindes ab. Auch eine im Wissen um die fehlende biologische Vaterschaft erfolgte Anerkennung ist daher wirksam (Münch 2016). Gemäß § 1595 Abs. 1 BGB ist zudem die **Zustimmung** der Mutter erforderlich. Nach § 1596 Abs. 2 BGB muss das Kind nur zustimmen, wenn es älter als 14 Jahre alt ist. Die Anerkennung und die Zustimmung müssen nach § 1597 BGB öffentlich beurkundet werden. Das kann vor dem Notar oder beim Jugendamt geschehen (§ 59 Abs. 1 Nr. 1 SGB VIII).

Vaterschaftsanfechtung Die **Anfechtung** der Vaterschaft ist **ein höchstpersönliches Rechtsgeschäft** (§ 1600a BGB) und kann daher nicht durch einen Stellvertreter erklärt werden. **Voraussetzung** für eine Anfechtung sind sog. „**Verdachtsgründe**", die Zweifel an der Vaterschaft begründen: Eine vage Vermutung reicht nicht. Erforderlich sind daher konkrete Anhaltspunkte für einen Mehrverkehr der Mutter sowie andere Umstände, die eine Abstammung ausschließen (z. B. Hautfarbe des Kindes, anormale Tragezeit der Mutter). **Anfechtungsberechtigt** ist gemäß § 1600 BGB der Mann, dessen Vaterschaft im Zeitpunkt der Anfechtung besteht (rechtlicher Vater des Kindes) (§ 1600 Abs. 1 Nr. 1 BGB). Weiterhin sind der Mann, der an

Eides statt versichert, der Mutter des Kindes während der Empfängniszeit beigewohnt zu haben (biologischer Vater) (§ 1600 Abs. 1 Nr. 2 BGB), die Mutter des Kindes (§ 1600 Abs. 1 Nr. 3 BGB), das Kind selbst (§ 1600 Abs. 1 Nr. 4 BGB) anfechtungsberechtigt. Der rechtliche Vater hat nach § 1600 Abs. 2 BGB jedoch kein Anfechtungsrecht, wenn das Kind zum rechtlichen Vater keine sozial-familiäre Beziehung (d. h. Übernahme der tatsächlichen Verantwortung für das Kind) hat (BGH, Beschluss vom 06.12.2006, XII ZR 164/04). Dieser Ausschluss des Anfechtungsrechts ist verfassungsgemäß (BVerfG, Beschluss vom 13.10.2008, 1 BvR 1548/03).

Diese Anfechtungsanträge müssen gemäß § 1600b Abs. 1 Satz 1 BGB innerhalb einer **Frist** von zwei Jahren gestellt werden. Die Frist beginnt gemäß § 1600b Abs. 2 Satz 1 BGB allerdings nicht vor der Geburt des Kindes.

Die ursprünglich geregelte **Behördenanfechtung** nach § 1600 Abs. 1 Nr. 5 BGB ist aufgrund der Entscheidung des Bundesverfassungsgerichts (BverfG, Beschluss vom 17.12.2013, 1 BvL 6/10) weggefallen und wurde durch die am 20.07.2017 in Kraft getretene Neuregelung ersetzt.

keine Anfechtung durch Behörde

Durch die oben dargestellte Möglichkeit der Vaterschaftsanerkennung, ohne biologisch verwandt zu sein, ergibt sich die Möglichkeit, einem Kind durch Vaterschaftsanerkennung die **deutsche Staatsangehörigkeit** zu verschaffen bzw. aufenthaltsrechtliche Vorteile für das Kind und den ausländischen Elternteil zu begründen (vgl. BVerfG, Beschluss vom 17.12.2013, 1 BvL 6/10 Abs. I Nr. 2). Der Gesetzgeber hatte im Jahre 2008 zunehmend den Eindruck, dass die Vaterschaftsanerkennung gemäß § 1592 Nr. 2 BGB in bestimmten Konstellationen zur Umgehung des Aufenthaltsrechts genutzt wurde. Dabei befürchtete der Gesetzgeber, dass sich organisierte Strukturen für solche Vaterschaftsanerkennungen entwickeln könnten (BT-Drucks 16/3291, S. 11), denen entgegengewirkt werden müsse. Dabei wurden vom Bundesgesetzgeber insbesondere folgende Missbrauchskonstellationen hervorgehoben (vgl. BT-Drucks 16/3291, S. 11, 20 und Bundesgesetzblatt Teil 1 Nr. 11, S. 441 vom 31.03.2008):

Missbrauchsfälle

1. Missbrauchsvariante **„sog. Kiosk-Väter"**: Wenn ein deutscher Mann die Vaterschaft für ein Kind einer unverheirateten ausländischen Mutter anerkennt, erwirbt das Kind die deutsche Staatsangehörigkeit (§ 4 Abs. 1 StAG). Das Kind bekommt damit eine Aufenthaltsberechtigung für Deutschland. Die Mutter erhält dadurch ein abgeleitetes Aufenthaltsrecht zur Ausübung der Personensor-

ge, § 28 Abs. 1 S. 1 Nr. 3 AufenthG (BT-Drucks 16/3291, S. 11, 14). Insbesondere diese Variante sah der Gesetzgeber als regelungsbedürftig an, da er befürchtete, dass solche Vaterschaften häufig von Sucht- und Alkoholkranken verkauft würden, da diese ohnehin aufgrund ihrer Lebenssituation nicht befürchten mussten, Unterhalt zahlen zu müssen.

2. Missbrauchsvariante „sog. Scheinväter": Beim ersten Modell anerkennt ein ausländischer Mann mit unbefristetem Aufenthaltsrecht, der seit 8 Jahren rechtmäßig in Deutschland den gewöhnlichen Aufenthalt hat, die Vaterschaft für ein Kind einer unverheirateten ausländischen Mutter, so dass das Kind dann über den Vater die deutsche Staatsangehörigkeit erwirbt, § 4 Abs. 3 StAG. Die Mutter hingegen hat ein abgeleitetes Aufenthaltsrecht zur Ausübung der Personensorge nach § 28 Abs. 1 S. 1 Nr. 3 AufenthG (BT-Drucks 16/3291, S. 11, 14). Beim zweiten Modell anerkennt ein ausländischer Mann ohne gesicherten Aufenthalt die Vaterschaft für das Kind einer Deutschen oder das Kind einer Ausländerin mit verfestigtem Aufenthalt. Ist das Kind deutscher Staatsangehöriger gemäß § 4 Abs. 1 oder Abs. 3 StAG, erwirbt der ausländische Mann, der die Vaterschaft anerkennt, im Falle seiner Sorgeberechtigung einen Anspruch auf eine Aufenthaltserlaubnis nach § 28 Abs. 1 S. 1 Nr. 3 AufenthG zur Ausübung der Personensorge (BT-Drucks 16/3291, S. 11, 14).

alte Rechtslage   Um diese Missbrauchsfälle aufzufangen, wurde im Jahre 2008 in den §§ 1600 ff. BGB die **Vaterschaftsanfechtung** auch **durch die Behörde** gemäß § 1600 Abs. 1 Nr. 5 BGB eingeführt (BT-Drucksache 16/3291, S. 14). Diese konnte nun auch rückwirkend Vaterschaften anfechten, in denen solch ein Missbrauchsfall vermutet werden konnte. Gleichzeitig wurde den Anerkennungsstellen (Jugendamt) gemäß § 87 Abs. 2 S. 1 Nr. 4 AufenthG auferlegt, die zuständigen Ausländerbehörden zu benachrichtigen, wenn konkrete Verdachtsmomente vorlagen (BT-Drucks 16/3291, S. 19, 20).

Zu solchen **Verdachtsmomenten** zählten seit dem Jahre 2008 nach § 1600 Abs. 3 BGB das Fehlen der biologischen Vaterschaft, das Fehlen einer sozial-familiären Beziehung des Kindes mit dem Anerkennenden (ggf. im Zeitpunkt der Anerkennung oder seines Todes). Eine sozial-familiäre Beziehung wurde dabei immer nur dann angenommen, wenn der Vater zum maßgeblichen Zeitpunkt für das Kind die tatsächliche Verantwortung trug oder getragen hat. Dies wurde wiederum in der Regel angenommen, wenn der Vater mit der Mutter des

Kindes verheiratet war oder mit dem Kind längere Zeit in häuslicher Gemeinschaft lebte. Hinzukommen musste die Schaffung der rechtlichen Voraussetzungen für die erlaubte Einreise oder den erlaubten Aufenthalt des Kindes oder eines Elternteils durch die Anerkennung.

Mit der Anfechtung der Vaterschaft durch die Behörde verlor das Kind **rückwirkend** nicht nur die deutsche Staatsangehörigkeit, es entfiel auch das Aufenthaltsrecht von Mutter und Kind. Diese Rechtsfolgen wirkten also auf den Zeitpunkt der Geburt des Kindes zurück. Zudem war eine **Anfechtungsfrist** einzuhalten, wobei die Überleitungsvorschrift anordnete, dass diese nicht vor dem 1. Juni 2008 begann (Art. 229 § 16 EGBGB) (vgl. BT-Drucks 16/3291, S. 18).

Mit Beschluss vom 15.04.2010 hatte das Amtsgericht Hamburg-Altona (Az.: 350 F 118/09) ein Verfahren der Behördenanfechtung ausgesetzt und die Sache dem Bundesverfassungsgericht zur Entscheidung vorgelegt, um zu klären, ob die hierfür maßgeblichen gesetzlichen Regelungen mit dem Grundgesetz vereinbar sind. Das **Bundesverfassungsgericht** erklärte die Regelungen zur Behördenanfechtung mit Beschluss vom 17.12.2013 für mit dem Grundgesetz unvereinbar und **nichtig**.

Entscheidung „Behördenanfechtung der Vaterschaft" (BVerfG, Beschluss vom 17.12.2013, 1 BvL 6/10, DRsp-Nr. 2014/1910)
Leitsätze: „1. Die Regelung der behördlichen Vaterschaftsanfechtung (§ 1600 Abs. 1 Nr. 5 BGB) ist als absolut verbotene Entziehung der Staatsangehörigkeit anzusehen (Art. 16 Abs. 1 Satz 1 GG), weil der mit der Behördenanfechtung verbundene Wegfall der Staatsangehörigkeit durch die Betroffenen teils gar nicht, teils nicht in zumutbarer Weise beeinflussbar ist.
Die Regelung genügt nicht den verfassungsrechtlichen Anforderungen an einen sonstigen Verlust der Staatsangehörigkeit (Art. 16 Abs. 1 Satz 2 GG), weil sie keine Möglichkeit bietet zu berücksichtigen, ob das Kind staatenlos wird, und weil es an einer dem Grundsatz des Gesetzesvorbehalts genügenden Regelung des Staatsangehörigkeitsverlusts sowie an einer angemessenen Fristen- und Altersregelung fehlt.
Verfassungsrechtliche Elternschaft (Art. 6 Abs. 2 Satz 1 GG) besteht bei einer durch Anerkennung begründeten rechtlichen Vaterschaft auch dann, wenn der Anerkennende weder der biologische Vater des Kindes ist, noch eine sozial-familiäre Beziehung zum Kind begründet hat. Allerdings hängt die Intensität des verfassungsrechtlichen Schutzes davon ab, ob die rechtliche Vaterschaft auch sozial gelebt wird."

neue Rechtslage Der **Gesetzgeber** war daher aufgefordert, eine präzisere Fassung der Anfechtungsvoraussetzungen zu erarbeiten. Die Möglichkeit der Behördenanfechtung musste auf die Fälle spezifisch aufenthaltsrechtlich motivierter Vaterschaftsanerkennungen begrenzt bleiben. Es mussten treffgenauere Kriterien für die behördliche Anfechtung verwendet werden, um gerade ausschließlich aufenthaltsrechtlich motivierte Vaterschaftsanerkennungen von sonstigen Vaterschaftsanerkennungen abzugrenzen. Die Behördenanfechtung durfte dabei auch nicht zur Staatenlosigkeit führen. Aus dem Grundsatz des Gesetzesvorbehalts folgte weiterhin, dass ausdrücklich normiert werden musste, dass eine erfolgreiche Behördenanfechtung zum Verlust der Staatsangehörigkeit führt. Es mussten daher angemessene Fristen- und Altersregelungen für den Verlust der Staatsangehörigkeit durch Behördenanfechtung getroffen werden. Die sozial gelebte rechtliche Vaterschaft musste von der Anfechtungsberechtigung ausgeschlossen werden.

Diese Voraussetzungen hat der Gesetzgeber erfüllt, allerdings nur für die Zukunft durch das **Gesetz zur besseren Durchsetzung der Ausreisepflicht** vom 20.07.2017 (Bundesgesetzblatt Jahrgang 2017 Teil I Nr. 52, S. 2780 in BT-Drs. 18/12415).

missbräuchliche Vaterschaftsanerkennung Nach der Neuregelung bleibt es beim abschließenden Katalog der Anfechtungsberechtigten nach § 1600 Abs. 1 BGB, zu denen die Behörden nicht mehr gehören. Stattdessen wurde § 85a AufenthG „Verfahren bei konkreten Anhaltspunkten einer missbräuchlichen Anerkennung der Vaterschaft" neu eingeführt. Weiterhin wurde durch § 1597a BGB eine Art Nachfolgeregelung für § 1600 Abs. 1 Nr. 5 BGB getroffen und ein „Verbot der missbräuchlichen Anerkennung der Vaterschaft" geregelt (Vorschrift eingefügt durch das Gesetz zur besseren Durchsetzung der Ausreisepflicht vom 20.07.2017, BGBl. I S. 2780, in Kraft getreten am 29.07.2017). Bestehen **konkrete Anhaltspunkte** für eine missbräuchliche Anerkennung der Vaterschaft, hat die beurkundende Behörde oder die Urkundsperson dies der nach § 85a des Aufenthaltsgesetzes zuständigen Behörde nach Anhörung des Anerkennenden und der Mutter mitzuteilen und die Beurkundung auszusetzen. Die **Ausländerbehörde** hat dann zu prüfen, ob die Anerkennung der Vaterschaft missbräuchlich ist. Hierzu werden konkrete Fallgruppen genannt, die Anzeichen für das Vorliegen eines Missbrauchs darstellen können.

9.7.6 Sonderthema 8: Auskunftsanspruch des Scheinvaters gegen die Mutter

Der Auskunftsanspruch des Scheinvaters gegen die Mutter über die Person des echten Vaters ist äußerst problematisch, da hier grundsätzliche Interessen und auch Rechte aufeinanderstoßen.

Der **Bundesgerichtshof** hat 2011 entschieden, dass nach erfolgreicher Vaterschaftsanfechtung dem Scheinvater zur Vorbereitung des Unterhaltsregresses ein Anspruch gegen die Mutter auf „Auskunft des Scheinvaters gegen die Mutter über die Person, die ihr während der gesetzlichen Empfängniszeit beigewohnt hat" zustehe (BGH, Urteil vom 09.11.2011, XII ZR 136/09, sog. **„Kuckuckskind-Urteil"**). Dieser **Auskunftsanspruch des Scheinvaters** ergebe sich aus Treu und Glauben (§ 242 BGB).

„Kuckucks-Urteil"

Einen Eingriff in den unantastbaren Bereich des allgemeinen Persönlichkeitsrechts sieht der BGH nicht, weil die Mutter bereits durch ihr früheres Verhalten die Tatsache ihres Geschlechtsverkehrs während der Empfängniszeit offenbart hat. Durch ihre Zustimmung zur Vaterschaftsanerkennung und die fehlende Äußerung von Zweifeln hinsichtlich der Vaterschaft hat sie selbst die bestehende Situation verursacht, sodass auch keine verfassungsrechtlichen Bedenken bestehen, sie zur Auskunft zu verurteilen. Der Schutz des allgemeinen Persönlichkeitsrechts der Mutter wiege hier nicht schwerer als der ebenfalls geschützte Anspruch ihres Expartners auf effektiven Rechtsschutz aus Art. 20 Abs. 3 i. V. m. Art. 2 Abs. 1 GG zur Durchsetzung seines Unterhaltsregresses nach erfolgreicher Vaterschaftsanfechtung.

Das **Bundesverfassungsgericht** hat diese Entscheidung des BGH im Jahr 2015 **aufgehoben** (BVerfG, Beschluss vom 24.02.2015, 1 BvR 472/14) Der BGH habe die verfassungsrechtlich geschützte **Intimsphäre der Mutter** verkannt. Nach Auffassung des Bundesverfassungsgerichts geht es aber nicht nur um die Vaterschaft, sondern auch um die Frage, mit welchem Partner oder welchen Partnern die Mutter eine geschlechtliche Beziehung eingegangen ist. Das Recht, diese sensiblen Informationen für sich zu bewahren, ist nicht dadurch verbraucht, dass ein Mehrverkehr besteht. Im Übrigen fehle es an einer ausdrücklichen Anspruchsgrundlage im Gesetz. Zwar könnten die Gerichte die Generalklausel des § 242 BGB anwenden, um die Schutzgebote der Grundrechte zur Geltung zu bringen. Die Grenze dieser Vorgehensweise ist aber dann erreicht, wenn sie mit anderen Grundrechten kollidiert. Im vorliegenden Fall wiege die Verletzung der Persönlichkeitsrechte der Mutter schwerer als das Interesse des Scheinvaters, die Durchsetzungs-

Aufhebung durch BVerfG

fähigkeit seines einfachgesetzlichen Regressanspruchs zu stärken. Nach § 1598a BGB haben der gesetzliche Vater, die Mutter und das Kind allerdings einen Anspruch auf Einwilligung in eine genetische Untersuchung zur Klärung der leiblichen Abstammung eines Kindes und auf Duldung einer Entnahme einer für die Untersuchung geeigneten genetischen Probe. Der biologische Vater ist nicht anspruchsberechtigt. Anderenfalls hätte dies zur Folge, dass der biologische Vater ein Klärungsrecht hätte, ohne die Pflichten eines rechtlichen Vaters zu übernehmen.

9.7.7 Sonderthema 9: Die Adoption (§§ 1741–1766 BGB)

Die **Adoption** des **minderjährigen** Kindes ist in den §§ 1741–1766 BGB geregelt. (ausführliche Darstellung im Beck'sches Formularbuch Familienrecht 2017) Die Annahme eines **volljährigen** Kindes erfolgt nach §§ 1767 ff. BGB (zum Verfahren in Adoptionssachen: Münchener Kommentar FamFG 2013).

Adoption Minderjähriger

Bei der **Minderjährigenadoption** muss nach § 1741 Abs. 1 BGB die Adoption dem Wohl des Kindes dienen und es ist zu erwarten, dass zwischen dem Annehmenden und dem Kind ein Eltern-Kind-Verhältnis entsteht (Dethloff 2015). Erforderlich ist ein höchstpersönlicher Antrag, der nicht unter einer Bedingung oder Zeitbestimmung gestellt wurde (Müller et al. 2016). Er darf auch nicht durch einen Vertreter gestellt werden (§ 1752 Abs. 2 BGB). Der Annehmende darf nicht an einer gesetzes- oder sittenwidrigen Adoptionsvermittlung beteiligt gewesen sein.

Mögliche Annehmende

Ehegatten können grundsätzlich nur gemeinsamen den Antrag stellen. Allerdings kann ein Ehegatte „sein Stiefkind" allein annehmen (Müller et al. 2016). Ein Ehegatte kann ein Kind auch dann allein annehmen, wenn der andere die Voraussetzungen für die Annahme nicht erfüllt, also geschäftsunfähig ist oder das 21. Lebensjahr noch nicht vollendet hat (§ 1741 Abs. 2 BGB).

Nicht verheiratete Personen, also zum Beispiel Partner einer nichtehelichen Lebensgemeinschaft, können ein Kind nur allein und nicht zusammen adoptieren (§ 1741 Abs. 2 S. 1 BGB).

Einbeziehung des Kindes

Nach § 1744 BGB muss das Kind zunächst einige Zeit im Haushalt des Annehmenden leben (sog. **Adoptionspflege**, bei Kleinkindern dauert dies zwischen 1 bis 3 Monaten, bei älteren Kindern bis zu einem Jahr).

Nach § 1746 BGB ist die **Einwilligung** des Kindes erforderlich. Wenn das Kind geschäftsunfähig oder noch nicht 14 Jahre alt ist, muss der gesetzliche Vertreter des Kindes einwilligen. Ein 14 Jahre altes oder älteres Kind muss selbst einwilligen, der gesetzliche Vertreter muss aber auch zustimmen. Nach § 1747 ist die Einwilligung der Eltern des Kindes erforderlich, kann aber im Einzelfall durch das Familiengericht nach § 1748 BGB ersetzt werden. Die Einwilligungserklärung muss der **Form** des § 1750 BGB entsprechend.

Die **Volljährigenadoption** setzt nach § 1768 BGB, das Bestehen eines Eltern-Kind-Verhältnisses oder die Erwartung einer sittlich gerechtfertigten Eltern-Kind-Beziehung voraus, die für die Adoption zumindest Hauptmotiv ist (vgl. OLG Nürnberg, Beschluss vom 08.06.2011, 9 UF 388/11; ausführlich auch Dethloff 2015).

Adoption Volljähriger

Bei der Minderjährigenadoption und der Volljährigenadoption gibt es verschiedene **Adoptionsvarianten**:

Arten der Adoption

- Die **Einzeladoption** ist in § 1743 BGB geregelt. Gemäß § 1743 BGB muss eine **Einzelperson** das 25. Lebensjahr vollendet haben, um zu einer Adoption berechtigt zu sein. Eine Adoption darf das Wohl des adoptierten Kindes nicht gefährden (Müller et al. 2016). Die Einzelperson muss eine erforderliche persönliche Reife, ein gesichertes, durchschnittliches Einkommen, ausreichend Wohnraum und einen guten Gesundheitszustand aufweisen. Auch innerhalb einer Ehe kann ein Ehepartner ein Kind als „Einzelperson" adoptieren, § 1741 BGB. Erforderlich ist aber gemäß § 1749 BGB die Einwilligung des Ehepartners (Jauernig 2015)
- Eine **Gemeinschaftliche Adoption** ist nach § 1741 BGB möglich. Hiernach können Ehepaare ein Kind nur gemeinschaftlich annehmen. Lebenspartner haben diese Möglichkeit nach dem Gesetz noch nicht. Mit der Annahme erlöschen die bisherigen Verwandtschaftsverhältnisse des Kindes und die sich daraus ergebenden Pflichten und Rechte, z. B. das Erbrecht.
- Die **Stiefkindadoption** ist in § 1755 Abs. 2 BGB geregelt. **Ein Ehe- oder Lebenspartner** (§ 9 VIII LPartG) nimmt das leibliche Kind seines Partners zusätzlich als Adoptivkind an. Nimmt ein Ehegatte das Kind seines Ehegatten an, so erlischt das Verwandtschaftsverhältnis nur zu dem anderen Elternteil und dessen Verwandten. Im Verhältnis zu dem Elternteil, der mit dem Annehmenden verheiratet ist, wird das Kind gemeinschaftliches Kind, § 1754 Abs. 1 BGB. Eine mit dem Partner weder verheiratete noch in einer Lebenspartnerschaft lebende Person konnte bisher dessen Kind

nicht ohne Erlöschen des Verwandtschaftsverhältnisses zum leiblichen Elternteil adoptieren (vgl. BGH, Beschluss vom 08.02. 2017, XII 586/15).
Das Bundesverfassungsgericht hat diesen vollständigen Ausschluss der Stiefkindadoption in nichtehelichen Familien mit Beschluss vom 26.03.2019 für unverhältnismäßig und mit Art. 3 Abs. 1 GG für unvereinbar erklärt. Der Schutz des Stiefkindes vor einer nachteiligen Adoption lasse sich auf andere Weise hinreichend wirksam sichern. Eine Stiefkindadoption müsse daher auch in stabilen nichtehelichen Lebensgemeinschaften zulässig sein. Der Gesetzgeber muss nun die Rechtslage bis zum 31.03.2020 neu regeln.

▪ Wenn einer der Partner ein Kind adoptiert hat, der andere es **zusätzlich adoptieren** will, nennt man dies **Sukzessivadoption**. Dies können seit 2013 auch Lebenspartner (vgl. BVerfG, Beschluss vom 09.02.2013, 1 BvL 1/11).

Verfahren Der **Verfahrensablauf bei der Adoption** ist im Adoptionsvermittlungsgesetz (AdVermG) geregelt. Die Vermittlung von Adoptionen erfolgt grundsätzlich nur durch Jugendämter, Zentralstellen bestimmter Fachverbände und andere anerkannte Adoptionsvermittlungsstellen (§ 2 AdVermG). Die Vermittlung von Adoptionen sowie Kinder- und Elternsuche durch Annoncen etc. sind verboten (§§ 5 Abs. 1 und 6 Abs. 1 AdVermG) und nach § 14 AdVermG strafbar (Münchener Kommentar BGB 2017).

Rechtswirkungen Die Adoption hat folgende **Rechtswirkungen**: Bei Ehepartnern die nach § 1741 Abs. 2 S. 2 BGB ein Kind adoptieren, wird das Kind ein gemeinsames Kind. Wenn ein Ehepartner sein Stiefkind adoptiert, so wird das angenommene Kind ebenfalls ein gemeinsames Kind der Ehegatten (§ 1754 Abs. 1 BGB). Die elterliche Sorge für das Kind haben dann die Ehegatten gemeinsam (Münch 2016). In den übrigen Fällen wird das Kind ein Kind des Annehmenden (§ 1754 Abs. 2 BGB). Die elterliche Sorge hat hier dann auch nur der Annehmende (§ 1754 Abs. 3 BGB).

9.8 Ruhen der elterlichen Sorge (Fallgruppen)

In bestimmten Fällen ruht die elterliche Sorge (Abb. 7).

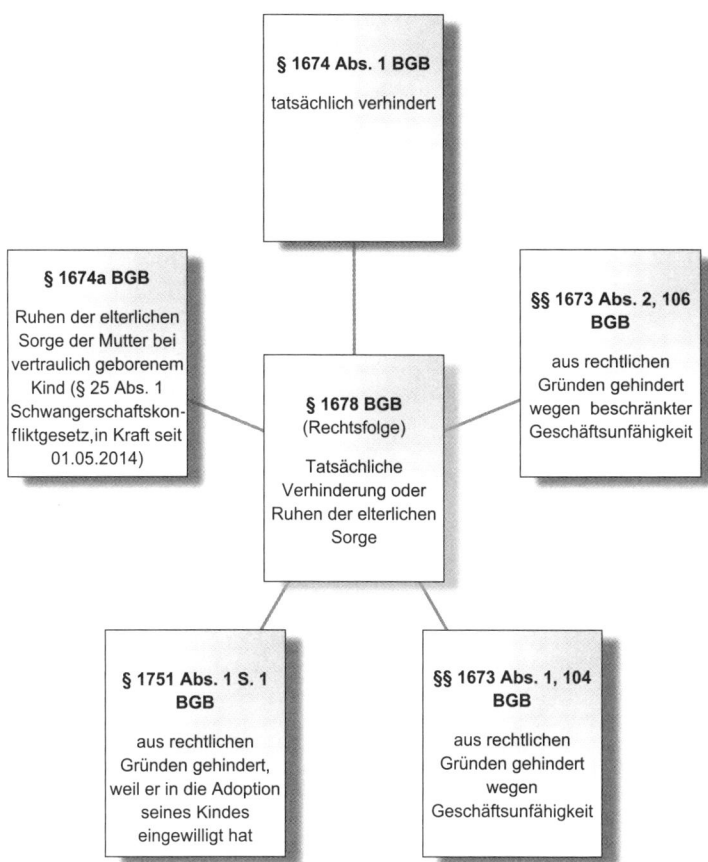

Abb. 7: Fallgruppen, in denen die elterliche Sorge ruht

9.8.1 Bei längerfristiger Abwesenheit des Elternteils (§ 1674 Abs. 1 BGB)

Eine bloße physische Abwesenheit ist nicht ausreichend, wenn der Elternteil – sei es durch den anderen Elternteil, sei es durch sonstige Hilfskräfte bei der Ausübung der elterlichen Sorge – seine Kinder gut versorgt weiß und auf der Grundlage moderner Kommunikationsmittel oder Reisemöglichkeiten auch aus der Ferne **Einfluss auf die Aus-**

Anforderungen

übung der **elterlichen Sorge** nehmen kann (vgl. BGH, Beschluss vom 6.10.2004, XII ZB 80/04; Münchener Kommentar BGB 2017).

Strafhaft Deswegen rechtfertigen die Behinderungen in der Ausübung des Sorgerechts durch Verbüßung einer Strafhaft allein noch keine Feststellung des Ruhens der elterlichen Sorge nach § 1674 BGB (OLG Naumburg, FamRZ 2003, 1947; OLG Frankfurt, OLG 2002, 6; OLG Köln, FamRZ 1978, 623). Nur dann, wenn der Elternteil auf längere Zeit nicht entscheidend in die Ausübung des Sorgerechts eingreifen kann und zwar wegen langfristiger **Inhaftierung** (vgl. OLG Dresden, FamRZ 2003, 1038) oder bei Abwesenheit ohne weitere Kontaktpflege (vgl. OLG Naumburg, FamRZ 2002, 258), ist das Ruhen der elterlichen Sorge nach § 1674 BGB auszusprechen.

9.8.2 Aus rechtlichen Gründen wegen beschränkter Geschäftsfähigkeit (§§ 1673 Abs. 2, 106 BGB)

Wenn **geistige/psychische Kompetenzmängel** eines Elternteils nicht den Tatbestand der Geschäftsunfähigkeit erfüllen (§ 1673 Abs. 1, § 104 Nr. 2 BGB), ihn aber **faktisch** an der Wahrnehmung der Sorgeverantwortung hindern, soll die elterliche Sorge ebenfalls ruhen.

9.8.3 Aus rechtlichen Gründen wegen Geschäftsunfähigkeit (§§ 1673 Abs. 1, 104 BGB)

Im Falle der **Geschäftsunfähigkeit** des Elternteils ruht die elterliche Sorge (§ 1673 Abs. 1 BGB) mit der möglichen Folge einer alleinigen Sorgerechtsberechtigung des anderen Elternteils, § 1678 Abs. 1 BGB (auch Münchener Anwaltshandbuch Familienrecht 2014).

Betreuung unbeachtlich Das Institut der **Betreuung**, welche für ein Elternteil angeordnet ist, hat aber keinen Einfluss auf die Geschäftsfähigkeit des Betreuten. Die Bestellung eines Betreuers für den sorgeberechtigten Elternteil hat daher auch keine Auswirkungen auf die elterliche Sorge und beinhaltet insbesondere nicht die Vertretung des minderjährigen Kindes (vgl. OLG Köln, Beschluss vom 16.03.2016, 10 UF 173/15; BGH, Beschluss vom 16.12.2008, 4 StR 542/08, NStZ 2009, 586; Palandt 2017).

9.8.4 Aus rechtlichen Gründen, weil der Sorgeberechtigte in die Adoption seines Kindes eingewilligt hat (§ 1751 Abs. 1 S. 1 BGB)

Wenn **beide Eltern** ihre Einwilligung in die Annahme des Kindes gegeben haben, lebt das Kind in **Adoptionspflege** bei den Annehmenden. Mit dieser Einwilligung ruht die elterliche Sorge gem. § 1751 Abs. 1 Satz 1 BGB und das Jugendamt wird Vormund.

    Wenn die **allein-sorgeberechtigte nichtverheiratete Mutter** das Kind zur Adoption freigegeben hat, ruht ihre elterliche Sorge ebenfalls nach § 1751 Abs. 1 Satz 1 BGB. Gerichtlich kann der Vater eine **Übertragung des Sorgerechts** nach § 1672 Abs. 1 BGB grundsätzlich nur mit Zustimmung der Mutter erreichen. Hat diese allerdings der Adoption des Kindes zugestimmt, bedarf es ihrer Zustimmung zur Übertragung des Sorgerechts auf den Vater nicht mehr (§ 1751 Abs. 1 Satz 6 BGB). Eine Sorgerechtsübertragung auf den Vater ist aber nur möglich, wenn sie „dem Wohl des Kindes dient" (vgl. BGH-Beschluss vom 26. September 2007 XII ZB 229/06).

beide Elternteile

ein Elternteil

9.8.5 Bei vertraulich geborenem Kind (§ 25 Abs. 1 Schwangerschaftskonfliktgesetz, in Kraft seit 01.05.2014; § 1674a BGB)

Die gesetzliche Regelung dient zum Ausbau der **Hilfen für Schwangere** und zur Regelung der vertraulichen Geburt. Sie soll Frauen in besonders konflikthaften Lebenslagen helfen, die aufgrund ihrer Situation ihre Schwangerschaft verleugnen oder verheimlichen und allein und ohne Geburtshilfe entbinden müssen, ihr Kind aussetzen oder in einer Babyklappe abgeben. Diese Frauen sollen gleichen Zugang zu den medizinischen und psychosozialen Angeboten haben, ohne ihre Identität preiszugeben zu müssen. Aus dem Bericht der Bundesregierung zu den Auswirkungen des Gesetzes zum Ausbau der Hilfen für Schwangere und zur Regelung der vertraulichen Geburt vom 12.07.2017 geht hervor, dass von Ende 2014 bis September 2016 rund 1.300 schwangere Frauen in Not in einer Schwangerschaftsberatungsstelle beraten wurden. 60 % der Frauen hätten sich für eine Lösung im Sinne des Kindes entschieden. 249 Kinder wurden vertraulich geboren. (vgl. Deutscher Bundestag Drucksache 18/13100).

vertrauliche Geburt

130 Sorgerecht (§§ 1626–1698b BGB)

Verfahren — Das Verfahren für die Hilfe für Schwangere und zur vertraulichen Geburt gliedert sich in verschiedene Stufen. Daraus ergibt sich folgender **Verfahrensablauf**:

Beratungsgespräch — **Stufe 1:** Die schwangere Frau sucht die Schwangerschaftsberatungsstelle zur Beratung auf und wünscht Anonymität bei der Entbindung. Es folgt das ausführliche und ergebnisoffene **Beratungsgespräch** nach § 2 Abs. 4 SchKG durch:

- Anbieten von geeigneten Hilfen
- Aufzeigen von möglichen Wegen aus der Anonymität, um mit dem Kind leben zu können/zu wollen, Entwicklung von Perspektiven
- Beratung über die Möglichkeit einer Adoption, Adoptionsrechte und -verfahren; Kontakt zur Adoptionsstelle wird hergestellt und evtl. begleitet

Beratung zur vertraulichen Geburt — **Stufe 2:** Wenn die Frau keine weitere Beratung wünscht, wird sie darüber informiert, dass das Angebot der anonymen Beratung und Hilfen ihr weiterhin zur Verfügung steht (§ 25 Absatz 5 SchKG). Um eine Gefährdung für Mutter und Kind zu vermeiden, wird die Frau über die vertrauliche Geburt (§ 25 Absatz 1 SchKG) informiert. Es folgt eine **Beratung zur vertraulichen Geburt** (§ 25 Absatz 2 SchKG):

- Information über den Ablauf des Verfahrens
- Informationen über Rechte des Kindes, Bedeutung von Kenntnis der Herkunft
- Informationen über Rechte des Vaters
- Ablauf des Adoptionsverfahrens
- Möglichkeit zur Rücknahme des Kindes
- Information über Einsichtsrecht des Kindes mit Vollendung des 16. Lebensjahres (§ 31 SchKG) sowie über das eventuell stattfindende familiengerichtliche Verfahren (§ 32 SchKG)

Im gesamten Verfahren soll die Bereitschaft der Mutter gefördert werden, dem Kind möglichst viel über seine Herkunft mitzugeben (Brief, persönliche Nachricht, etc.) § 25 Absatz 3 SchKG.

Herkunftsnachweis — **Stufe 3:** Die Schwangere wählt ein Pseudonym für sich (Vor- und Nachname) (§ 26 Absatz 1, Nr. 1 SchKG) und tritt ab diesem Moment nur unter diesem Pseudonym auf. Sie gibt einen oder mehrere **Vornamen für das Kind** (§ 26 Absatz 1, Nr. 2 SchKG).

Die Schwangerschaftsberatung stellt die Personalien der Frau fest: Vor-/Nachname, Geburtsdatum, Anschrift. Diese Daten werden anhand eines gültigen Ausweises überprüft (§ 26 Absatz 2 SchKG) und dürfen nur für den Herkunftsnachweis des Kindes benutzt werden. Diese Personendaten werden in einen Umschlag **„Herkunftsnachweis"** gelegt (§ 26 Absatz 3 SchKG). Der Brief wird verschlossen und mit dem Hinweis versehen: „Dies ist ein Herkunftsnachweis!"

Die Frau wählt ein **Krankenhaus/Geburtshaus**, in dem sie entbinden möchte, und/oder eine **Hebamme**. Die Beratungsstelle meldet die Frau nach Zustimmung bei der von ihr gewünschten Geburtshilfeeinrichtung/Hebamme an. Mitzuteilen sind unter ihrem Pseudonym der Hinweis, dass es sich um eine vertrauliche Geburt handelt sowie die gewählten Vornamen des Kindes (§ 26 Absatz 4 SchKG). Wenn sich die Schwangere direkt bei einer Klinik/Hebamme zur Entbindung meldet, ist gem. § 29 SchKG eine Beraterin aus der Schwangerschaftskonfliktberatung hinzuzuziehen.

Stufe 4: Die Schwangerschaftsberatung informiert das zuständige **Jugendamt** über (§ 26 Absatz 5 SchKG):

Einschaltung Jugendamt

- bevorstehende vertrauliche Geburt
- Pseudonym der Frau
- voraussichtlichen Geburtstermin
- Anschrift der gewählten Klinik/Hebamme

Das informierte Jugendamt trifft Vorbereitungen für die Inobhutnahme, die Bestellung eines Vormunds und einer (Adoptions-)Pflegestelle. Beratung und weiterführende Hilfestellungen werden der Mutter auch nach der Geburt zur Verfügung gestellt.

Stufe 5: Die **Geburtsklinik/Hebamme** teilt der Schwangerschaftsberatung das Geburtsdatum und den Geburtsort mit (§ 26 Absatz 6 SchKG) und meldet beim **Standesamt**:

Mitteilung der Geburt

- Pseudonym der Frau
- Namensvorschläge für das Kind
- Geschlecht
- Datum und Uhrzeit der Geburt
- Ort der Geburt

Die Schwangerschaftsberatung muss nun den Herkunftsnachweis mit den Angaben zur Geburt vervollständigen und sendet ihn an das Bundesamt für Familie und zivilgesellschaftliche Aufgaben (**BAFzA**) (§ 27 Absatz 1 SchKG).

Einschaltung öffentlicher Stellen

Stufe 6: Das informierte **Standesamt**

- legt den Namen des Kindes fest
- meldet die Geburt beim Familiengericht (§ 168a FamFG)
- informiert BAFzA über die beurkundeten Namen des Kindes in Verbindung mit dem Pseudonym der Frau (§ 26 Abs. 7 SchKG) und bewahrt ihn sicher auf (§ 27 SchKG)

Das informierte **Familiengericht** (§ 1674a BGB) erklärt das Ruhen der elterlichen Sorge und setzt das Jugendamt in Kenntnis.

Das informierte **Jugendamt** nimmt das Kind in Obhut, wählt den Vormund aus und leitet das Adoptionsverfahren ein. Das Kind lebt dann in der (Adoptions-)Pflegestelle. In dieser „Pflegezeit" haben die Mütter des vertraulich geborenen Kindes ein **Recht auf „Zurückholen"** ihres Kindes. Dieser Anspruch erlischt aber mit Rechtskraft des Adoptionsbeschlusses. Denn durch die Adoption erlöschen sämtliche rechtliche Verbindungen des Kindes zu seinen leiblichen Verwandten. Mit der Adoption gehen dann alle Rechte und Pflichten aus dem bisherigen Verwandtschaftsverhältnis unter (Müller et al. 2016). Danach kann die Mutter das Kind also nicht mehr zurückholen.

Einsichtsrecht des Kindes

Stufe 7: Ab dem 15. Lebensjahr des Kindes kann die **Mutter** bei einer Beratungsstelle unter ihrem Pseudonym erklären, dass dem Einsichtsrecht des Kindes in den Herkunftsnachweis **eigene Belange entgegenstehen**.

Die Beratungsstelle zeigt Unterstützungsmöglichkeiten auf und informiert über das weitere Verfahren (§ 31 Abs. 2 SchKG).

Das **Kind** kann mit Vollendung des 16. Lebensjahres **Einsicht** in den Herkunftsnachweis verlangen und sein Recht vor dem Familiengericht geltend machen (§ 32 SchKG). Das Kind hat dann ein Recht auf Kenntnis seiner Herkunft und die Identität seiner Mutter. Die Mutter hingegen hat grundsätzlich keinerlei Rechte mehr und auch kein Recht auf Umgang.

10 Tod eines Elternteils oder Entziehung des Sorgerechts (§ 1680 BGB)

Das elterliche **Sorgerecht beider Elternteile** endet mit der Volljährigkeit des Kindes (§ 1626 Abs. 1, § 2 BGB) und mit der Adoption durch einen Dritten (§ 1755 BGB).

Wenn allerdings das Sorgerecht **eines Elternteils** mit dem Tod des Elternteils endet oder im Falle der Scheidung oder Trennung das Sorgerecht auf den anderen Elternteil allein übertragen (§ 1671 BGB) wird oder durch das Familiengericht nach § 1666 BGB entzogen wird, regelt § 1680 BGB die Vorgehensweise je nach Lebenssituation (Abb. 8).

Fallkonstellationen des § 1680 BGB

§ 1680 Abs. 1 BGB

Stirbt ein Elternteil, so endet das elterliche Sorgerecht. Der **überlebende Elternteil** hat dann automatisch das alleinige Sorgerecht, § 1680 Abs. 1 BGB. Es wird keine Kindeswohlprüfung vorgenommen.

§ 1680 Abs. 2, 1. Alt. BGB

Hatte die verstorbene unverheiratete Mutter ein **alleiniges Sorgerecht gemäß § 1626a Abs. 2 BGB**, so ist nach § 1680 Abs. 2, 1. Alt. BGB eine Gerichtsentscheidung dafür notwendig, das Sorgerecht auf den anderen Elternteil zu übertragen. Das Gericht wird das Sorgerecht auf ihn übertragen, wenn dies dem Wohl des Kindes dient. Ansonsten wird die elterliche Sorge auf einen Vormund übertragen.

§ 1680 Abs. 2, 2. Alt. BGB

Hatte der verstorbene Elternteil ein **alleiniges Sorgerecht gemäß § 1671 BGB** erhalten, so ist nach § 1680 Abs. 2, 2. Alt. BGB eine Gerichtsentscheidung dafür notwendig, das Sorgerecht auf den anderen Elternteil zu übertragen. Das Gericht wird das Sorgerecht auf ihn übertragen, wenn das dem Wohl des Kindes dient. Ansonsten wird die elterliche Sorge auf einen Vormund übertragen.

§ 1680 Abs. 3, 1. Alt. BGB

Wenn die Eltern zunächst die gemeinsame elterliche Sorge hatten und diese **einem Elternteil gemäß § 1666 BGB entzogen** wurde, erfolgt beim Versterben des sorgeberechtigten Elternteils die Übertragung der elterlichen Sorge auf den anderen Elternteil ohne eine Kindeswohlprüfung.

§ 1680 Abs. 3, 2. Alt. BGB

Hatte die **Mutter** ein **alleiniges Sorgerecht gemäß § 1626a Abs. 2 BGB** und wurde ihr dies **gemäß § 1666 BGB entzogen**, so ist nach § 1680 Abs. 3, 2. Alt. BGB eine Gerichtsentscheidung dafür notwendig, dass das Sorgerecht auf den anderen Elternteil übertragen wird. Das Gericht wird das Sorgerecht auf ihn übertragen, wenn dies dem Wohl des Kindes dient. Ansonsten wird die elterliche Sorge auf einen Vormund übertragen. § 1680 Abs. 3 S. 2 BGB soll allerdings „vaterfreundlich" ausgelegt werden.

Entscheidung „Vaterfreundlich" (OLG Nürnberg, Beschluss vom 30.12.2009, 7 UF 1050/09):
Leitsatz: „Hat ein Vater mit der Mutter nach der Geburt eines gemeinsamen Kindes nie zusammengelebt und zu diesem auch durch Umgangskontakte über mehrere Monate keine echte Beziehung hergestellt, spricht mehr dagegen als dafür, § 1680 Abs. 3 Satz 2 BGB im Sinn der Entscheidungen des Bundesverfassungsgerichts vom 08.12. 2005 (FamRZ 2006, 385) und vom 20.10.2008 (FamRZ 2008, 2185) „vaterfreundlich" auszulegen."

Der Vater kann allerdings das alleinige Sorgerecht hier weder durch Sorgeerklärung noch durch Heirat der Mutter, sondern allein durch familiengerichtliche Entscheidung erlangen (BGH, Urteil vom 25.05.2005, XII ZB 28/05, FamRZ 05, 1469, m. Anm. Luthin, Abruf-Nr. 052043).

§ 1680 Abs. 3, 3. Alt. BGB

Hatte ein **Elternteil** ein **alleiniges Sorgerecht gemäß § 1671 BGB** erhalten und wurde es diesem wieder **entzogen**, so ist nach § 1680 Abs. 3, 3. Alt. BGB eine Gerichtsentscheidung dafür notwendig, das Sorgerecht auf den anderen Elternteil zu übertragen. Das Gericht wird das Sorgerecht auf ihn übertragen, wenn dies dem Wohl des Kindes dient. Dabei verletzt eine Entscheidung ohne hinreichende Feststellung einer Kindeswohlgefährdung das Elternrecht gemäß Art 6 Abs. 2 S. 1 GG (BVerfG, Beschluss vom 13.07.2017, 1 BvR 1202/17). Ansonsten wird die elterliche Sorge auf einen Vormund übertragen.

Tod eines Elternteils oder Entziehung des Sorgerechts (§ 1680 BGB) **135**

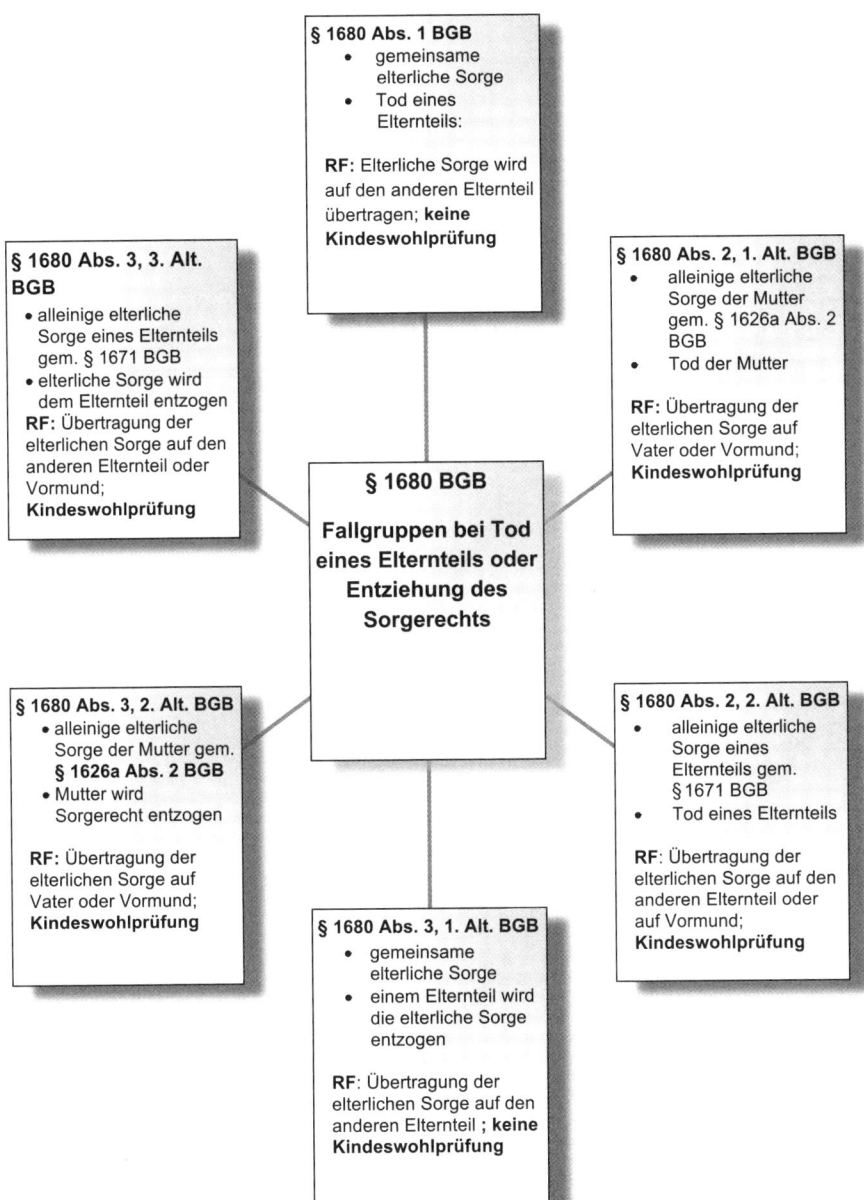

Abb.8: Übersicht über die in § 1680 BGB geregelten Fallgruppen bei Tod eines Elternteils oder Entziehung des Sorgerechts

11 Umgang

11.1 Recht auf Umgang

Kinderrecht und Elternpflicht

Das Recht auf Umgang mit dem Kind ist in § 1684 Abs. 1 BGB geregelt. Es begründet also vorrangig ein **„Recht des Kindes" auf Umgang** mit beiden Elternteilen, gleichzeitig begründet es aber auch eine **Elternpflicht** zum Umgang (Johannsen/Henrich 2015).
Die Regelung soll dem nicht sorgeberechtigten Elternteil den Restbestand des Elternrechts sichern bzw. dem nicht betreuenden Elternteil die Möglichkeit verschaffen, sich über das körperliche und geistige Befinden des Kindes zu informieren, einer Entfremdung vorzubeugen und die verwandtschaftlichen Beziehungen zum Kind aufrechtzuerhalten (Schlüter 2012).

keine zwangsweise Durchsetzung

Das Umgangsrecht des Kindes gemäß § 1684 Abs. 1 BGB kann allerdings regelmäßig bei dem **umgangsunwilligen Elternteil** nicht zwangsweise durchgesetzt werden.

Entscheidung „Regelmäßig keine zwangsweise Durchsetzung der Umgangspflicht eines umgangsunwilligen Elternteils" (BVerfG, Urteil vom 01.04. 2008, 1 BvR 1620/04):
Leitsatz: „Die den Eltern durch Art. 6 Abs. 2 Satz 1 GG auferlegte Pflicht zur Pflege und Erziehung ihres Kindes besteht nicht allein dem Staat, sondern auch ihrem Kind gegenüber. Mit dieser elterlichen Pflicht korrespondiert das Recht des Kindes auf Pflege und Erziehung durch seine Eltern aus Art. 6 Abs. 2 Satz 1 GG. Recht und Pflicht sind vom Gesetzgeber auszugestalten.
Der mit der Verpflichtung eines Elternteils zum Umgang mit seinem Kind verbundene Eingriff in das Grundrecht auf Schutz der Persönlichkeit aus Art. 2 Abs. 1 in Verbindung mit Art. 1 Abs. 1 GG ist wegen der den Eltern durch Art. 6 Abs. 2 Satz 1 GG auferlegten Verantwortung für ihr Kind und dessen Recht auf Pflege und Erziehung durch seine Eltern gerechtfertigt. Es ist einem Elternteil zumutbar, zum Umgang mit seinem Kind verpflichtet zu werden, wenn dies dem Kindeswohl dient.
Ein Umgang mit dem Kind, der nur mit Zwangsmitteln gegen seinen umgangsunwilligen Elternteil durchgesetzt werden kann, dient

in der Regel nicht dem Kindeswohl. Der durch die Zwangsmittelandrohung bewirkte Eingriff in das Grundrecht des Elternteils auf Schutz der Persönlichkeit ist insoweit nicht gerechtfertigt, es sei denn, es gibt im Einzelfall hinreichende Anhaltspunkte, die darauf schließen lassen, dass ein erzwungener Umgang dem Kindeswohl dienen wird."

Für das Verhältnis der **Eltern** untereinander begründet § 1684 Abs. 2 BGB die sog. **Loyalitätspflicht** und ist gleichzeitig die Wohlverhaltensklausel im Rahmen des Umgangs. Beide Eltern haben alles zu unterlassen, was das Verhältnis des Kindes zum anderen Elternteil beeinträchtigen und die Erziehung sowie den Umgang erschweren könnte.

Innenverhältnis der Eltern

Die gegenseitige Loyalitätspflicht beinhaltet nicht nur passives Verhalten, sondern verlangt vom sorgeberechtigten Elternteil auch, aktiv in erzieherisch geeigneter Weise auf das Kind einzuwirken, wenn das Kind den Umgang mit dem anderen Elternteil ablehnt (Münch 2016).

Nach § 1684 Abs. 3 BGB kann das Familiengericht auf Antrag oder von Amts wegen den **Umfang des Umgangs** des Kindes mit seinen Eltern und umgekehrt regeln (Münch 2016). Der Umfang des Umgangsrechts richtet sich nach den Besonderheiten des Einzelfalles.

Umfang

> **Entscheidung „Gericht regelt Umgang"** (OLG Hamm, Beschluss vom 16.05.2014, Az. 2 UF 51/14):
> *Aus den Gründen:* „Der Umgangspfleger ist gem. § 1684 Abs. 3 Satz 4 BGB berechtigt, bei Meinungsverschiedenheiten der Eltern über die Umgangsmodalitäten, insbesondere über den Ort des Umgangs, den Ort der Übergabe und erforderliche Nachholtermine zu entscheiden. Das schließt jedoch nicht die Befugnis ein, auch über seinen Umfang, insbesondere die Häufigkeit und die Dauer der Umgangskontakte zu entscheiden. Diese Aufgabe obliegt gem. § 1684 Abs. 3 Satz 1 BGB ausschließlich dem Gericht. Es muss daher den Umgang abschließend regeln und darf diese Aufgabe insbesondere nicht ganz oder teilweise in die Hände eines Dritten legen, soweit das Gesetz diese Möglichkeit nicht ausdrücklich eröffnet (vgl. OLG Hamm, Beschluss vom 02. Mai 2012 – II-9 UF 105/12 – FamRZ 2013, 310)."

Der **Kontakt des Kindes mit Dritten**, § 1685 Abs. 1 BGB (Großeltern, Geschwistern, sonstigen Verwandten, Lebenspartnern eines Elternteils) während des Umgangs mit einem Elternteil wird grundsätzlich von diesem bestimmt, kann aber durch das Familiengericht eingeschränkt werden (Münch 2016).

Umgang mit Dritten

Entscheidung „Umgang mit der Tante" (OLG Bremen, Beschluss vom 27.08.2012, 4 UF 89/12):
Aus den Gründen: „Die Tante des Kindes kann auch unter Berufung auf das Kindeswohl ihr Umgangsbegehren nicht darauf stützen, eine – noch nicht bestehende – sozial-familiäre Beziehung im Sinne von § 1685 Abs. 2 BGB aufbauen zu wollen."

11.2 Umgangsausschluss

Nach § 1684 Abs. 4 BGB kann das Gericht das Umgangsrecht einschränken oder ganz ausschließen, wenn es zum **Wohle des Kindes** erforderlich ist. Dies kann auf Dauer oder für längere Zeit erfolgen.

11.3 Umgangspflegschaft

Voraussetzung Nach § 1684 Abs. 4 S. 3–6 BGB besteht die Möglichkeit der Anordnung einer Umgangspflegschaft in Fällen der **erheblichen Beeinträchtigung des Umgangsrechts**.

Umsetzung Das Familiengericht bestimmt selbst die Umgangsregelung, der **Umgangspfleger** setzt dies um. Der Umgangspfleger hat das Recht auf Herausgabe des Kindes zur Durchführung des Umgangs, das Recht, den Aufenthalt des Kindes für die Dauer des Umgangs zu bestimmen, und das Recht auf konkrete Ausgestaltung.

begleiteter Umgang Die Anordnung eines **begleiteten Umgangs** – als mildere Maßnahme gegenüber einem vollständigen Umgangsausschluss – setzt einen mitwirkungsbereiten Dritten voraus (OLG Frankfurt, Beschluss vom 24.03.2015, 5 UF 270/14). Das Familiengericht hat aber bei Entscheidungen gemäß § 1684 Abs. 4 Satz 3 BGB weder gegenüber dem Jugendamt noch gegenüber freien Jugendhilfeträgern eine Anordnungskompetenz zur Begleitung von Umgängen.

Jugendhilfe Der den Umgang begehrende Elternteil hat ein aus § 18 Abs. 3 Satz 3, 4 SGB VIII abgeleitetes verwaltungsgerichtlich einklagbares subjektives **Recht** gegen den staatlichen Träger der Jugendhilfe **auf Beratung** und Unterstützung bei der Ausübung des Umgangsrechts. Dies schließt auch unter Berücksichtigung der sozialrechtlichen Gewährleistungspflicht des § 79 Abs. 2 SGB VIII die Pflicht des Jugendhilfeträgers ein, seine Mitwirkungsbereitschaft vor dem Familiengericht zu erklären (BVerfG, Beschluss vom 29.07.2015 – 1 BvR 1468/15).

Entscheidung „Hilfe durch Jugendhilfeträger" (OVG Saarlouis, Beschluss vom 04.08.2014, 1 B 283/14):
Anmerkung der Autorin: Das Gericht befasst sich mit der Frage der Hilfestellung bei der Herstellung von Umgangskontakten der leiblichen Mutter mit ihrem bei Pflegeeltern untergebrachten Kind durch Erklärung der Mitwirkungsbereitschaft.
Leitsätze: „[…] a) Die Verpflichtung gemäß § 18 Abs. 3 S. 4 SGB VIII umfasst auch die Aufgabe des begleiteten Umgangs und kann unter Berücksichtigung der sozialrechtlichen Gewährleistungspflicht des § 79 Abs. 2 SGB VIII auch die Pflicht des Jugendhilfeträgers einschließen, seine Mitwirkungsbereitschaft bei begleiteten Umgangskontakten gemäß § 1684 Abs. 4 S. 3 BGB vor dem Familiengericht zu erklären.
b) Zur Auslegung des Merkmales des „geeigneten Falles" in § 18 Abs. 3 S. 4 SGB VIII, wenn es um Umgangskontakte der leiblichen Mutter mit ihrem bei Pflegeeltern untergebrachten Kind geht."

Wenn das Jugendamt im Rahmen der Herstellung von Umgangskontakten keine Hilfestellung leistet, wird das familiengerichtliche Umgangsverfahren gemäß § 21 FamFG ausgesetzt und dem umgangswilligen Elternteil unter Setzung einer angemessenen Frist Gelegenheit gegeben, seinen etwaigen Mitwirkungsanspruch verwaltungsgerichtlich durchzusetzen (vgl. BVerfG, Beschluss vom 29.07.2015, 1 BvR 1468/15).

11.4 Umgangsrecht des biologischen Vaters (§ 1686a BGB)

Am 17.10.2012 hatte das Bundeskabinett eine Gesetzesänderung im Umgangsrecht auf den legislativen Weg gebracht für den Fall, dass ein Kind zusammen mit seiner Mutter und seinem nur rechtlichen Vater aufwächst. Danach sollte der biologische Vater ein Umgangsrecht unter neuen Voraussetzungen erhalten (Johannsen/Henrich 2015). Bis dahin konnte der leibliche Vater gegen den Willen der Mutter einen Kontakt nur dann juristisch durchsetzen, wenn er eine enge persönliche Beziehung zum Kind aufgebaut hatte. Der Bundesrat hatte am 07.06.2013 einem **Umgangsrecht des biologischen Vaters** zugestimmt. Eine entsprechende gesetzliche Regelung ist am 13.07.2013 in Kraft getreten (BGBl I Nr. 36/2013 vom 12. Juli 2013, S. 2176).

Neuregelung

§ 1686a BGB (Rechte des leiblichen, nicht rechtlichen Vaters)

„(1) Solange die Vaterschaft eines anderen Mannes besteht, hat der leibliche Vater, der ernsthaftes Interesse an dem Kind gezeigt hat,
1. ein Recht auf Umgang mit dem Kind, wenn der Umgang dem Kindeswohl dient, und
2. ein Recht auf Auskunft von jedem Elternteil über die persönlichen Verhältnisse des Kindes, soweit er ein berechtigtes Interesse hat und dies dem Wohl des Kindes nicht widerspricht.(2) Hinsichtlich des Rechts auf Umgang mit dem Kind nach Absatz 1 Nummer 1 gilt § 1684 Absatz 2 bis 4 entsprechend. Eine Umgangspflegschaft nach § 1684 Absatz 3 Satz 3 bis 5 kann das Familiengericht nur anordnen, wenn die Voraussetzungen des § 1666 Absatz 1 erfüllt sind."

12 Auskunftsanspruch über die persönlichen Verhältnisse des Kindes (§ 1686 BGB)

Gemäß § 1686 BGB kann jeder Elternteil vom anderen Elternteil bei **berechtigtem Interesse** Auskunft über die persönlichen Verhältnisse des Kindes verlangen, soweit dies dem **Wohl des Kindes** nicht widerspricht (Johannsen/Henrich 2015). Hiernach sind die Eltern gegenseitig zur Auskunft über die persönlichen Verhältnisse des Kindes verpflichtet, wenn daran zum einen ein berechtigtes Interesse besteht und zum anderen die Erteilung nicht dem Kindeswohl widerspricht (Münchener Anwaltshandbuch Familienrecht 2014).

Anspruch der Eltern untereinander

Ein solches Interesse besteht nur, wenn der Auskunftsberechtigte sich die **Informationen nicht auf andere Art und Weise** selbst beschaffen kann (BayObLG, FamRZ 1996, 813). Dies ist z. B. der Fall, wenn der Auskunftsberechtigte nur selten oder gar keinen Umgang mit dem Kind hat (Palandt 2017) oder aber die Auskunft nicht vom Kind selbst bekommen kann (OLG Zweibrücken, FamRZ 1990, 779; OLG Hamm, FamRZ 1995, 1288).

Die Auskunft nach § 1686 BGB **umfasst alle Informationen** über die persönlichen Verhältnisse des Kindes wie z. B. Übersicht über den schulischen Werdegang des Kindes nebst Fotokopien der Zeugnisse (OLG Hamm, FamRZ 2003, 1583), Angaben über die berufliche Situation des Jugendlichen, Mitteilung der besonderen persönlichen Interessen sowie Übermittlung von Lichtbildern (OLG Naumburg, FamRZ 2001, 513; BayObLG, FamRZ 1996, 813) und Auskunft über den Gesundheitszustand einschließlich Belege über diesen, wenn diese sinnvoll und zweckentsprechend sind (z. B. Kopie des Impfausweises für den Umgangsberechtigten; OLG Zweibrücken, FamRZ 1990, 779).

Umfang

> **Abschließende Anmerkung der Autorin zur Zuweisung von Haustieren** (*aufgrund wiederholter Fragen sowohl im Rahmen von Vorlesungen als auch der anwaltlichen Beratung*):
> Die Zuweisung von Haustieren richtet sich nach **§ 1361a BGB**. Hier sind insbesondere die Aspekte des Tierschutzes für die Zuweisung ausschlaggebend. Erwägungen aus dem Kindschafts-

recht sind nicht anzuwenden, auch nicht analog. Ein gesetzlicher Anspruch auf eine zeitlich begrenzte Nutzungsregelung (**Umgang**) hinsichtlich des Hundes besteht nach Auffassung der Oberlandesgerichte **nicht** (vgl. OLG Nürnberg, Beschluss vom 07.12.2016, 10 UF 1249/16; OLG Hamm, Beschluss vom 19.11.2010, 10 WF 240/10, II-10 WF 240/10 jeweils mit weiteren Nachweisen).

13 Kindschaftsrecht

13.1 Rechtsgrundlagen im Kindschaftsrecht

Die UN-Kinderrechtskonvention (Convention on the Rights of the Child), die auch von Deutschland ratifiziert wurde, legt wesentliche Standards zum Kinderschutz weltweit fest und definiert ausdrücklich Kinderrechte. Auch wenn die UN-Kinderrechtskonvention keine einklagbaren Rechte begründet, fließt sie doch in die bundesdeutschen Gesetze und damit in das deutsche Recht ein. **Vereinte Nationen**

Unmittelbar wirksam sind dagegen die in der deutschen Verfassung, dem **Grundgesetz**, festgelegten Grundrechte. Darin verankert und gerade auch für Kinder besonders bedeutsam sind u. a. das Recht auf Achtung der Menschenwürde (Art. 1 Abs. 1 S. 1 GG), Leben und körperliche Unversehrtheit (Art. 2 Abs. 2 S. 1 GG), die Entfaltung der eigenen Persönlichkeit (Art. 2 Abs. 1 GG i. V. m Art. 1 Abs. 1 GG) sowie der Schutz von Eigentum und Vermögen. Einfachgesetzlich wurde dies z. B. in § 1631 Abs. 2 BGB umgesetzt, wonach Kinder ein Recht auf gewaltfreie Erziehung haben. **Deutschland**

Art. 6 Abs. 2 S. 2 GG begründet eine verfassungsmäßige **Schutzpflicht des Staates**. Sie wird auf einfachgesetzlicher Ebene insbesondere durch das Kinder- und Jugendhilferecht im SGB VIII geregelt. Ergänzend gelten auch im Kinder- und Jugendhilferecht die Bestimmungen des BGB, z. B. für die Beglaubigung verschiedener Erklärungen, die Vaterschaftsanerkennung, die gemeinsame elterliche Sorge, Unterhaltsurkunden sowie die Mitwirkung bei familiengerichtlichen Verfahren nach §§ 1666, 1666a BGB, wenn Kinder betroffen sind.

Das **Gericht** hat in Verfahren, die die Person des Kindes betreffen, die **Kinder- und Jugendhilfe**, nämlich das Jugendamt, anzuhören (§ 162 Abs. 1 S. 1 FamFG) und auf Antrag am Verfahren zu beteiligen (§ 162 Abs. 2 S. 2 FamFG). Eine Beteiligung bei Verfahren wegen der Gefährdung des Kindeswohls nach §§ 1666, 1666a BGB ist sogar zwingend (§ 162 Abs. 2 S. 1 FamFG). Weiterhin sind ihr alle Entscheidungen bekanntzugeben (§ 162 Abs. 3 S. 1 FamFG). **Rolle des Jugendamts**

Das **Jugendamt** hat ein **eigenes Beschwerderecht** gegen alle Entscheidungen, die die Person des Kindes betreffen, unabhängig von der Beteiligtenstellung (§ 162 Abs. 3 S. 2 FamFG).

Das FamFG sieht weitere Anhörungs-, Informations- und auch Beschwerderechte des Jugendamtes vor. Zu nennen sind etwa die Anhörung in Gewaltschutzsachen (§§ 212, 213 FamFG), bei Ehewohnungssachen (§§ 204 Abs. 2, 205 FamFG) und bei Abstammungssachen (§ 176 FamFG).

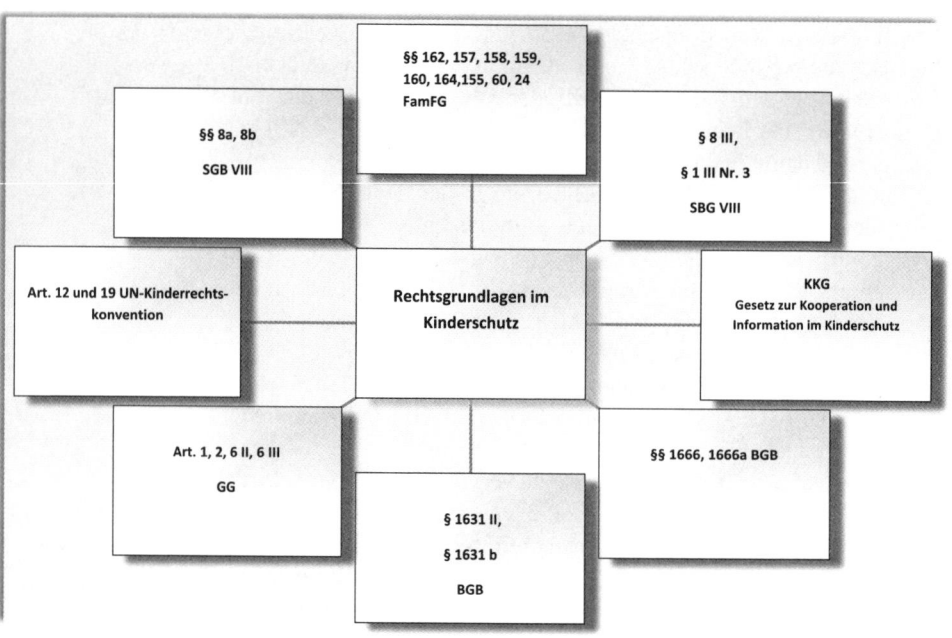

Abb. 9: Rechtsgrundlagen im Kinderschutz

13.2 Kinder- und Jugendhilferecht nach SGB VIII

Rolle des Staates Die Sozialarbeiter, die im Bereich der Kinder- und Jugendhilfe arbeiten, werden gelegentlich als „Grenzgänger" zwischen Prävention (Angeboten) und Intervention (Eingriffen) bezeichnet. Die Arbeit ist häufig ein sensibler Balanceakt, der hohe Professionalität und Kompetenz erfordert. Zuständig ist das Jugendamt.

Kinderrechte und Elternpflichten stehen dabei nicht immer in einem klaren Verhältnis zueinander. Das scheint paradox, denn eigentlich müsste es ja zu den Elternpflichten gehören, auf die Einhaltung der Kinderrechte zu achten. Hier kommt dann dem in Art. 6 Abs. 2 S. 2 GG verankerten Wächteramt des Staates besondere Bedeutung zu, für dessen Umsetzung die Kinder- und Jugendhilfe verantwortlich ist. Der Staat soll aber nicht erst eingreifen, wenn ein Kind bereits gefährdet ist. Die Kinder- und Jugendhilfe soll die Förderung und Entwicklung junger Menschen unterstützen. Der § 1 des Kinder- und Jugendhilfegesetzes, regelt die Grundlagen und nähere Ausgestaltung der Jugendhilfe. Sie soll elterliche Erziehungsverantwortung (Rechte und Pflichten der Eltern § 1626 Abs. 1 S. 1 BGB und Art. 6 GG) achten und stärken.

Wächteramt

§ 1 SGB VIII (Recht auf Erziehung, Elternverantwortung, Jugendhilfe)

„(1) Jeder junge Mensch hat ein Recht auf Förderung seiner Entwicklung und auf Erziehung zu einer eigenverantwortlichen und gemeinschaftsfähigen Persönlichkeit.
(2) Pflege und Erziehung der Kinder sind das natürliche Recht der Eltern und die zuvörderst ihnen obliegende Pflicht. Über ihre Betätigung wacht die staatliche Gemeinschaft.
(3) Jugendhilfe soll zur Verwirklichung des Rechts nach Absatz 1 insbesondere
1. junge Menschen in ihrer individuellen und sozialen Entwicklung fördern und dazu beitragen, Benachteiligungen zu vermeiden oder abzubauen,
2. Eltern und andere Erziehungsberechtigte bei der Erziehung beraten und unterstützen,
3. Kinder und Jugendliche vor Gefahren für ihr Wohl schützen,
4. dazu beitragen, positive Lebensbedingungen für junge Menschen und ihre Familien sowie eine kinder- und familienfreundliche Umwelt zu erhalten oder zu schaffen."

Die Kinder- und Jugendhilfe ist also Interessensvertreter für junge Menschen und ihre Familien. Aus diesen rechtlichen Befugnissen folgt, dass **Familiengericht und Jugendamt** eine **Verantwortungsgemeinschaft im Kinderschutz** bilden.

Verhältnis zu den Gerichten

Kindschaftsrecht

Entscheidung „Verantwortungsgemeinschaft" (OLG Koblenz, Beschluss vom 11.06.2012, 11 UF 266/12):
Aus den Gründen: „Das Jugendamt hat grundsätzlich in eigener Verantwortung die Eignung öffentlicher Hilfen zu Abwehr einer Kindeswohlgefährdung zu beurteilen und sie anzubieten, §8a SGB VIII. Andererseits ist dem Familiengericht das staatliche Wächteramt aus Art. 6 Abs. 2 Satz 2 GG in eigener Verantwortung auferlegt. Es besteht eine Verantwortungsgemeinschaft von Familiengericht und Jugendamt sowie die Pflicht zu einer kooperativen Zusammenarbeit.
Gelingt die vorrangige Verantwortungsgemeinschaft von Familiengericht und Jugendamt nicht, besteht zwingend eine Letztverantwortlichkeit und ein Letztentscheidungsrecht des Familiengerichts.
Ein Sorgerechtsentzug nach §§ 1666, 1666a BGB ist nicht bereits dann gerechtfertigt, wenn es Eltern nicht gelingt, ihre Erziehungsfähigkeit nachzuweisen."

Zum Teil wird in der Rechtsprechung auch eine andere Ansicht vertreten und dem Jugendamt nur eine zuarbeitende Rolle zuerkannt.

Entscheidung „Zuarbeit des Jugendamtes" (OLG Dresden, Beschluss vom 30.04.2013, 1 U 1306/10 vom 30.04.2013):
Aus den Gründen: „Das Jugendamt ist bei seinem nach § 8a SGB VIII gegebenen Prüfauftrag unbedingt verpflichtet, uneindeutige und zweifelhafte Informationen zu erhellen und aufzuklären. Diesem von der Rechtsprechung und dem Gesetzestext klar definierten Aufklärungs- und Prüfauftrag ist das Jugendamt nicht nachgekommen, obwohl die Gesamtsituation hierzu eindeutig Anlass gegeben hätte.
Das Jugendamt handelte pflichtwidrig bei der Abfassung und Einreichung des Antrages beim Familiengericht. Nicht nur § 8a SGB VIII verpflichtet das Jugendamt zur Zuarbeit gegenüber dem Gericht in einer Weise, die dem Gericht eine sachgerechte Prüfung und Abwägung für eine richtige Entscheidung ermöglicht (vgl. Hauck/Hains. a.a.O. §8a Rz. 8; 13; 18). (...) weil die Zuarbeit eine sachgerechte und vollständige Prüfung durch das Gericht ermöglichen und gewährleisten muss.
Maßgeblich für die Bestimmung des Pflichtenkreises (Anmerkung: der Jugendamtsmitarbeiter) ist in erster Linie der Regelungsgehalt, wie er sich aus den §§ 1 Abs. 3 Nr. 3 und 8a Abs. 1 und 3 SGB VIII ergibt, welche zugleich den sich aus Art. 6 Abs. 3 GG ergebenden Schutzauftrag gegenüber Kind und Familie konkretisieren.
Dieser Regelungsgehalt beinhaltet insbesondere die sich auch bereits aus allgemeinen Verwaltungsrechtsgrundsätzen folgende Pflicht zur

gewissenhaften, also vollständigen und zutreffenden Sachverhaltsermittlung (vgl. insoweit auch BVerfG vom 21.11.2012 –1 BvR 1711/09) und die Pflicht zur vollständigen und zutreffenden Unterrichtung des nach § 8a Abs. Absatz 2 SGB VIII angerufenen Familiengerichts. Daneben hatten die Jugendamtsmitarbeiter der Beklagten den allgemeinen, für alle Träger öffentlicher Verwaltung geltenden Grundsatz der Verhältnismäßigkeit zu beachten (vgl. insoweit auch BVerfG vom 17.06.2009 – 1 BvR 467/09)."

Die **Funktion von Jugendhilfe i. S. d § 1 SGB VIII** ist also u. a. Interessenvertretung junger Menschen, Kontrollinstanz und reaktive Intervention, sie soll ressortbezogene Leistungen erbringen, die allgemeine Förderung junger Menschen sichern und für Ausgleich von Benachteiligungen durch individuelle Angebote und Leistungen sorgen. Der Gesetzgeber verpflichtet zu einer offensiven Jugendhilfe. Die Jugendhilfe soll sich daher einmischen.

Dabei hat sie aber verschiedene **Prinzipien** zu beachten, wie z. B. Leistung statt Eingriff, Prävention statt Reaktion, Flexibilisierung statt Bürokratisierung, Demokratisierung statt Bevormundung, primäre und sekundäre Prävention (vorbeugende Hilfen), lebensweltorientiertes Handeln, Dezentralisierung und Regionalisierung, Alltagsorientierung sowie Partizipation und Freiwilligkeit.   **Handlungsprinzipien**

Die Jugendhilfe bewegt sich dabei aber immer im **Spannungsfeld von Hilfeangebot und Wächteramt**, Eltern und Familien sollen befähigt werden, ihre Pflichten zur Erziehung ihrer Kinder zu erfüllen, daher sollen sie sich zunächst selbst helfen als Ausdruck des sog. **Subsidiaritätsprinzips**, § 1666a BGB. Als oberster Grundsatz gilt daher: **Hilfe vor Eingriff – Hilfe zur Selbsthilfe**

13.2.1 Leistungen der Jugendhilfe (§ 2 SGB VIII)

Die Kinder- und Jugendhilfe enthält im SGB VIII umfangreiche Hilfsangebote für Eltern und Kinder. Die Aufgaben sind im § 2 SGB VIII geregelt (Abb. 10).

Danach hat die Kinder- und Jugendhilfe die Aufgabe, zur Verwirklichung des Rechts von Kindern und Jugendlichen auf Förderung ihrer Entwicklung und auf Erziehung zu eigenverantwortlichen und gemeinschaftsfähigen Persönlichkeiten beizutragen. Sie umfasst entsprechende Leistungen und andere Aufgaben zugunsten junger Menschen und Familien.   **Ziele**

Leistungen der Jugendhilfe nach § 2 SGB VIII sind:

- Angebote der Jugendarbeit, der Jugendsozialarbeit und des erzieherischen Kinder- und Jugendschutzes (§§ 11-14)
- Angebote zur Förderung der Erziehung in der Familie (§§ 16-21)
- Angebote zur Förderung von Kindern in Tageseinrichtungen und in Tagespflege
- Hilfe zur Erziehung und ergänzende Leistungen (§§ 27 bis 35, 36, 37, 39, 40)
- Hilfe für seelisch behinderte Kinder und Jugendliche und ergänzende Leistungen (§§ 35a bis 37, 39, 40)
- Hilfe für junge Volljährige und Nachbetreuung (§ 41)
- **Inobhutnahme von Kindern und Jugendlichen (§ 42)**
- Die Erteilung, der Widerruf und die Zurücknahme der Pflegeerlaubnis (§§ 43, 44)
- Erteilung, der Widerruf und die Zurücknahme der Erlaubnis für den Betrieb einer Einrichtung sowie die Erteilung nachträglicher Auflagen und die damit verbundenen Aufgaben (§§ 45 bis 47, 48a)
- Tätigkeitsuntersagung (§§ 48, 48a)
- Mitwirkung in Verfahren vor den Familiengerichten (§ 50)
- Beratung und Belehrung in Verfahren zur Annahme als Kind (§ 51)
- Mitwirkung in Verfahren nach dem Jugendgerichtsgesetz (§ 52)
- Beratung und Unterstützung von Müttern bei Vaterschaftsfeststellung und Geltendmachung von Unterhaltsansprüchen sowie von Pflegern und Vormündern (§§ 52a, 53)
- Die Erteilung, der Widerruf und die Zurücknahme der Erlaubnis zur Übernahme von Vereinsvormundschaften (§ 54)
- Beistandschaft, Amtspflegschaft, Amtsvormundschaft und Gegenvormundschaft des Jugendamts (§§ 55-58)
- Beurkundung (§ 59) und Aufnahme von vollstreckbaren Urkunden (§ 60)

Abb. 10: Sämtliche Aufgaben der Kinder- und Jugendhilfe nach § 2 SGB VIII

Im Familienrecht spielen die Angebote zur Förderung der Erziehung in der Familie (§§ 16 bis 21 SGB VIII) sowie die Inobhutnahme von Kindern und Jugendlichen (§ 42 SGB VIII) eine besondere Rolle. Sie sollen daher im Folgenden näher erläutert werden.

13.2.2 Beratung in Fragen der Partnerschaft, Trennung und Scheidung (§ 17 SGB VIII)

Die Regelung des § 17 SGB VIII begründet einen Anspruch auf Beratung und Unterstützung in Fragen der Partnerschaft mit Bezug auf Familienkonflikte und Krisen, Trennung und Scheidung. Gemäß **§ 17 Abs. 1 SGB VIII** haben Mütter und Väter im Rahmen der Jugendhilfe daher **Anspruch auf Beratung** in Fragen der **Partnerschaft**, wenn sie für ein Kind oder einen Jugendlichen zu sorgen haben oder tatsächlich sorgen (Abb. 11). Die Beratung soll helfen, ein partnerschaftliches Zusammenleben in der Familie und letztlich ein partnerschaftliches Familienmodell zu gestalten. Weiterhin soll Familien geholfen werden, Konflikte und Krisen in der Familie zu bewältigen und im Falle der Trennung oder Scheidung die Bedingungen für eine dem Wohl des Kindes oder des Jugendlichen förderliche Wahrnehmung der Elternverantwortung zu schaffen und zwar durch einvernehmliche Regelungen für die elterliche Sorge und das Umgangsrecht. Das Angebot umfasst auch die Beratung und Unterstützung von Eltern, die nach § 1626a BGB die gemeinsame Sorge erklärt haben, sowie die Beratung und Unterstützung für Alleinerziehende und junge Volljährige bei der Personensorge und bei Unterhalt.

Beratung in Krisen

Gemäß **§ 17 Abs. 2 SGB VIII** sind Eltern im Falle der **Trennung** oder **Scheidung** unter angemessener Beteiligung des betroffenen Kindes oder Jugendlichen bei der Entwicklung eines einvernehmlichen Konzepts für die Wahrnehmung der elterlichen Sorge zu unterstützen. Dieses Konzept kann auch als Grundlage für die richterliche Entscheidung über die elterliche Sorge nach der Trennung oder Scheidung dienen, an der gemäß § 50 SBG VIII die Jugendhilfe mitwirkt. Gemäß § 50 Abs. 1 SGB VIII unterstützt das Jugendamt das **Familiengericht** bei allen Maßnahmen, welche die Sorge für die Person von Kindern und Jugendlichen betreffen. Es hat in Verfahren vor dem Familiengericht mitzuwirken. Gemäß § 50 Abs. 2 SGB VIII unterrichtet das Jugendamt das Familiengericht insbesondere über angebotene und erbrachte Leistungen, bringt erzieherische und soziale Gesichtspunkte zur Entwicklung des Kindes oder des Jugendlichen ein und weist auf weitere Möglichkeiten der Hilfe hin.

Konzept für elterliche Sorge

Unterrichtung des Jugendamtes

Gemäß **§ 17 Abs. 3 SGB VIII** teilen die Gerichte die Rechtshängigkeit von Scheidungssachen, wenn gemeinschaftliche minderjährige Kinder vorhanden sind (§ 622 Abs. 2 Satz 1 ZPO), sowie Namen und Anschriften der Parteien dem Jugendamt mit, damit dieses die Eltern über das Leistungsangebot der Jugendhilfe unterrichtet. Eine gerichtliche Entscheidung erfolgt in diesen Fällen nicht, es ergeht lediglich durch das Jugendamt ein Beratungsangebot an die Eltern.

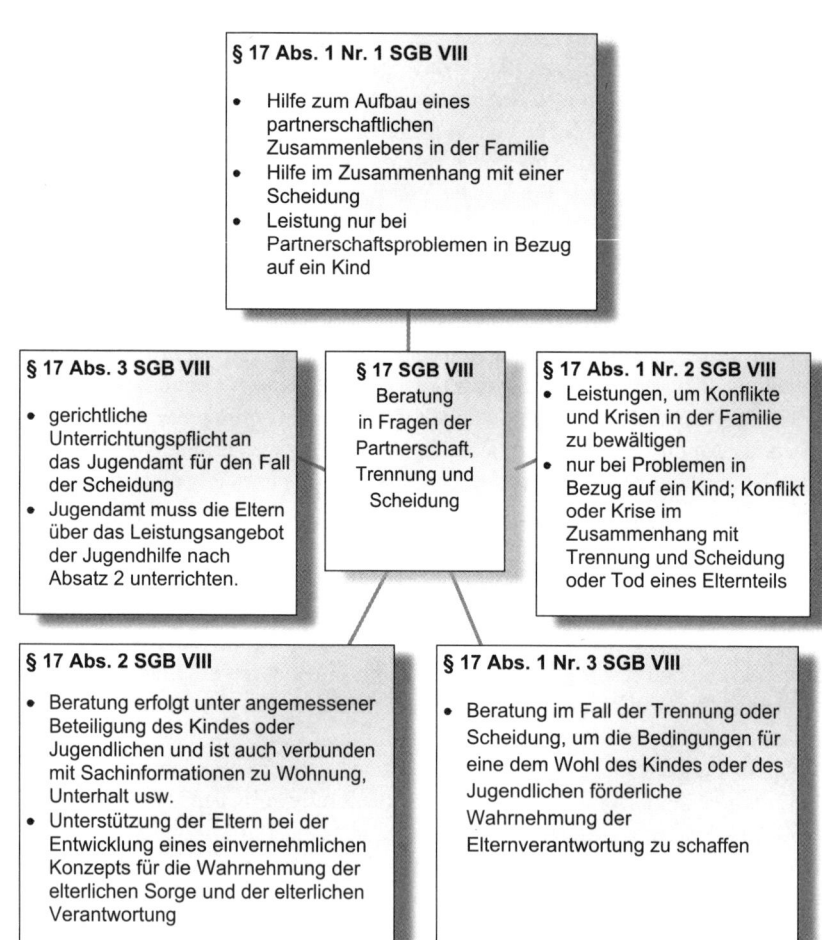

Abb. 11: Übersicht zur Beratung und Unterstützung bei der Ausübung der Personensorge und des Umgangsrechts, § 17 SGB VIII

13.2.3 Beratung und Unterstützung bei der Ausübung der Personensorge und des Umgangsrechts (§ 18 SBG VIII)

§ 18 SGB VIII regelt ebenfalls Beratungs- und Unterstützungsangebote (Abb. 12). Gemäß **§ 18 Abs. 1 SGB VIII** haben Mütter und Väter, die **allein** für ein Kind oder einen Jugendlichen zu sorgen haben oder tatsächlich sorgen, einen Anspruch auf Beratung und Unterstützung bei der Ausübung der **Personensorge** einschließlich der Geltendmachung von **Unterhalts-** oder **Unterhaltsersatzansprüchen** des Kindes oder Jugendlichen sowie bei der Geltendmachung ihrer Unterhaltsansprüche nach § 1615 Abs. 1 BGB.

Gemäß **§ 18 Abs. 2 SGB VIII** haben Mütter und Väter, die mit dem anderen Elternteil **nicht verheiratet** sind, Anspruch auf Beratung über die Abgabe der **Sorgeerklärung**. — **Nicht verheiratete Elternteile**

Kinder und Jugendliche haben nach **§ 18 Abs. 3 SGB VIII** Anspruch auf Beratung und Unterstützung bei der Ausübung des **Umgangsrechts** nach § 1684 Abs. 1 BGB. Sie sollen darin unterstützt werden, dass die Personen, die nach Maßgabe der §§ 1684 und 1685 BGB zum Umgang mit ihnen berechtigt sind, von diesem Recht Gebrauch machen. Eltern, andere Umgangsberechtigte sowie Personen, in deren Obhut sich das Kind befindet, haben Anspruch auf Beratung und Unterstützung bei der Ausübung des Umgangsrechts. Bei der Befugnis, Auskunft über die persönlichen Verhältnisse des Kindes zu erlangen, bei der Herstellung von Umgangskontakten und bei der Ausführung gerichtlicher oder vereinbarter Umgangsregelungen soll die Kinder- und Jugendhilfe in geeigneten Fällen Hilfestellung leisten. — **Kinder und Jugendliche**

Junge Volljährige bis zur Vollendung des 21. Lebensjahres haben gemäß **§ 18 Abs. 4 SGB VIII** einen Anspruch auf Beratung und Unterstützung bei der Geltendmachung von **Unterhalts-** oder **Unterhaltsersatzansprüchen**. — **Junge Volljährige**

Nach § 8 SGB VIII sind **Kinder und Jugendliche** entsprechend ihrem Entwicklungsstand an allen sie betreffenden Entscheidungen der öffentlichen Jugendhilfe zu **beteiligen**. Sie sind in geeigneter Weise auf ihre Rechte im Verfahren vor dem Familiengericht hinzuweisen und können dabei ohne Kenntnis der Personensorgeberechtigten beraten werden. — **Einbeziehung von Kindern und Jugendlichen**

152 Kindschaftsrecht

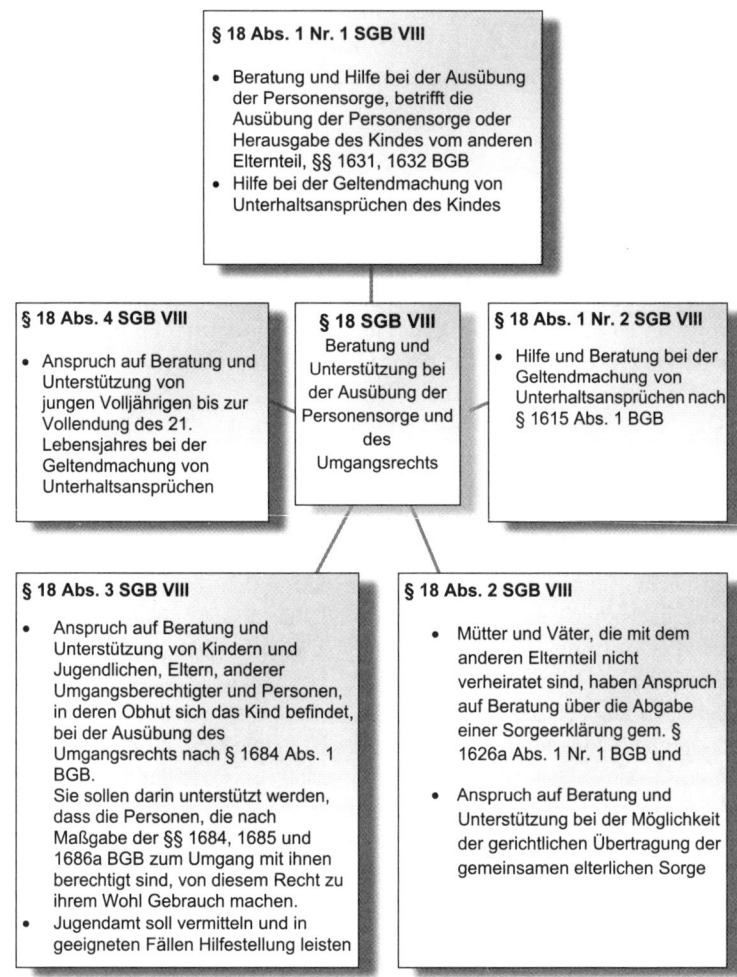

Abb. 12: Übersicht zur Beratung und Unterstützung bei der Ausübung der Personensorge und des Umgangsrechts, § 18 SGB VIII

13.2.4 Schutzauftrag der Kinder- und Jugendhilfe (§ 42 i. V. m § 8a SGB VIII)

Grundlagen Das Wächteramt des Staates folgt aus Art. 6 Abs. 2 S. 2 GG. Es findet seinen Ausdruck u. a. in den Regelungen der §§ 1 Abs. 2, 2 Abs. 3 SGB VIII und eine Konkretisierung in den § 42, § 8a SGB VIII. Letztere enthalten weitere Vorgaben, um diesen besonderen Schutzauftrag erfüllen zu können.

Es gilt hier ausnahmsweise der Auftrag „**Eingriff statt Selbsthilfe**", wenn die Grenzen des § 1666 BGB „Kindeswohlgefährdung" überschritten sind. Hiernach hat die Kinder- und Jugendhilfe das Recht, das Familiengericht mit dem Ziel entsprechender Maßnahmen, wie z. B. die Einschränkung der elterlichen Rechte, Sorgerechtsentzug oder zwangsmäßige Fremdunterbringung der Kinder anzurufen, damit das Familiengericht die erforderlichen Maßnahmen trifft.

§ 8a SGB VIII konkretisiert die Pflichten der Behörden als staatliche Wächter i. S. d Art. 6 Abs. 2 S. 2 GG. Mit der Einführung wurden aus verwaltungsverfahrensrechtlichen Pflichten zugleich strafrechtliche Handlungspflichten. Ein Nichteinschreiten der Behörde trotz Kenntnis einer Gefahr begründet ein auch strafrechtlich relevantes Unterlassen des Amtsträgers. Die Kinder- und Jugendhilfe bzw. die dort handelnden Amtsträger sind Garanten gemäß § 13 StGB. Für Amtsträger folgt die Garantenstellung insbesondere aus § 1 Abs. 2 S. 2 SGB VIII. Für die Mitarbeiter eines freien Trägers ergibt sie sich aus vertraglicher oder rein tatsächlicher Schutzübernahme für das Kind („Beschützergarant"). So haben nach der **Rechtsprechung** etwa die Mitarbeiter von kommunalen Jugendämtern und Sozialdiensten sowie die von ihnen beauftragten Mitarbeiter von Trägern der freien Jugendhilfe als Beschützergaranten kraft Pflichtenübernahme strafrechtlich dafür einzustehen, dass von ihnen betreute Kinder nicht durch vorhersehbare vorsätzliche Misshandlungen durch die Mutter oder durch einen von ihr beauftragten ungeeigneten Dritten körperlich verletzt werden oder zu Tode kommen (AG Medebach, Urteil vom 04.05.2017, 6 Ds-411 Js 274/16, 213/16; OLG Stuttgart, NJW 1998, 3131; AG Mönchengladbach, Urteil vom 09.03.2004, 13 Cs 343/03, das Gericht hat hier die Sachbearbeiterin des Jugendamtes zu einer sechsmonatigen Freiheitsstrafe auf Bewährung wegen fahrlässiger Tötung und fahrlässiger Körperverletzung durch Unterlassen verurteilt).

Garantenstellung der Amtsträger

13.2.5 Das Verfahren des Schutzauftrages nach § 8a SGB VIII

Das SGB VII regelt in § 8a ein **vierstufiges Verfahren** für den Fall, dass dem Jugendamt gewichtige Anhaltspunkte für die Gefährdung des Wohls eines Kindes oder Jugendlichen bekannt werden (Abb. 13):

Verfahren bei Kindeswohlgefährdung

154 Kindschaftsrecht

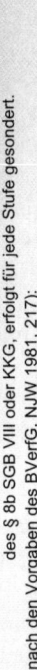
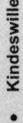

Abb. 13: Übersicht über das Verfahren des Schutzauftrags nach § 8a SGB VIII

Kinder- und Jugendhilferecht nach SGB VIII

1. Erkennen von gewichtigen Anhaltspunkten (§ 8a Abs. 1 S. 1, 1. Hs. SGB VIII)
2. Bewerten des Gefährdungsrisikos (§ 8a Abs. 1 S. 1, 2. Hs. SGB VIII)
3. Einbeziehen der Eltern/Anbieten von Hilfe (§ 8a Abs. 1 S. 2 und S. 3 SGB VIII)
4. Handeln zur Abwendung der Gefährdung (§ 8a Abs. 2 und 3 SGB VIII)

> **§ 8a SGB VIII (Schutzauftrag bei Kindeswohlgefährdung)**
>
> „(1) Werden dem Jugendamt gewichtige Anhaltspunkte für die Gefährdung des Wohls eines Kindes oder Jugendlichen bekannt, so hat es das Gefährdungsrisiko im Zusammenwirken mehrerer Fachkräfte einzuschätzen. Soweit der wirksame Schutz dieses Kindes oder dieses Jugendlichen nicht in Frage gestellt wird, hat das Jugendamt die Erziehungsberechtigten sowie das Kind oder den Jugendlichen in die Gefährdungseinschätzung einzubeziehen und, sofern dies nach fachlicher Einschätzung erforderlich ist, sich dabei einen unmittelbaren Eindruck von dem Kind und von seiner persönlichen Umgebung zu verschaffen. Hält das Jugendamt zur Abwendung der Gefährdung die Gewährung von Hilfen für geeignet und notwendig, so hat es diese den Erziehungsberechtigten anzubieten.
> (2) Hält das Jugendamt das Tätigwerden des Familiengerichts für erforderlich, so hat es das Gericht anzurufen; dies gilt auch, wenn die Erziehungsberechtigten nicht bereit oder in der Lage sind, bei der Abschätzung des Gefährdungsrisikos mitzuwirken. Besteht eine dringende Gefahr und kann die Entscheidung des Gerichts nicht abgewartet werden, so ist das Jugendamt verpflichtet, das Kind oder den Jugendlichen in Obhut zu nehmen.
> (3) Soweit zur Abwendung der Gefährdung das Tätigwerden anderer Leistungsträger, der Einrichtungen der Gesundheitshilfe oder der Polizei notwendig ist, hat das Jugendamt auf die Inanspruchnahme durch die Erziehungsberechtigten hinzuwirken. Ist ein sofortiges Tätigwerden erforderlich und wirken die Personensorgeberechtigten oder die Erziehungsberechtigten nicht mit, so schaltet das Jugendamt die anderen zur Abwendung der Gefährdung zuständigen Stellen selbst ein. [...]"

Voraussetzungen der Inobhutnahme

„**Gewichtige Anhaltspunkte**" (§ 8a Abs. 1 S. 1, 1. Hs. SGB VIII): Dies sind Tatsachen, die – generell – bei ungehindertem Geschehensablauf mit hoher Wahrscheinlichkeit in absehbarer Zeit einen erheblichen Schaden i. S. v. § 1666 BGB bewirken würden.

Solche Anhaltspunkte können z. b. sein das Gewicht des Kindes, Fehlen entscheidender Entwicklungschancen für das Kind (z. B. Verhinderung von Schulbesuch/Bildung, Verweigern einer notwendigen medizinischen Hilfe durch die Eltern), aber auch Verletzungen oder sonstige Hinweise auf körperliche, psychische und emotionale Vernachlässigung, sexuelle Gewalt, schlechte Wohnverhältnisse oder Suchtverhalten der Eltern.

Ob einer dieser Anhaltspunkte gewichtig ist, entscheidet die fallzuständige Fachkraft.

Gefährdungseinschätzung (§ 8a Abs. 1 S. 1, 2. Hs. SGB VIII): Sie erfordert eine fachliche Bewertung der risikohaften Lebenslage. Es soll geklärt werden, inwieweit Ressourcen der Eltern und des Kindes oder Hilfen ausreichen, um den Schadenseintritt i. S. v. § 1666 BGB zu verhindern. Weiterhin muss hier die Frage geklärt werden, welche Hilfen notwendig sind, um den Schadenseintritt zu verhindern. Bei dieser Bewertung der Gefährdungssituation ist eine weitere Fachkraft i.s.d. § 72 SGB VIII („insofern erfahrene Fachkraft") hinzuzuziehen.

Berufsgeheimnisträger

Hierzu zählen auch externe Fachleute bzw. **Berufsgeheimnisträger** i. S. d § 4 KKG (Gesetz zur Kooperation und Information im Kinderschutz), die ausnahmsweise von der gesetzlichen Schweigepflicht entbunden werden. § 4 KKG regelt insoweit die Beratung und Übermittlung von Informationen durch Geheimnisträger bei Kindeswohlgefährdung. Berufsgeheimnisträger sind

- Ärzte, Hebammen oder Entbindungspfleger oder Angehörige eines anderen Heilberufes, der für die Berufsausübung oder die Führung der Berufsbezeichnung eine staatlich geregelte Ausbildung erfordert
- Berufspsychologen mit staatlich anerkannter wissenschaftlicher Abschlussprüfung
- Ehe-, Familien-, Erziehungs- oder Jugendberater
- Berater für Suchtfragen in einer Beratungsstelle, die von einer Behörde oder Körperschaft, Anstalt oder Stiftung des öffentlichen Rechts anerkannt ist
- Mitglieder oder Beauftragte einer anerkannten Beratungsstelle nach den §§ 3 und 8 des Schwangerschaftskonfliktgesetzes

- **staatlich anerkannte** Sozialarbeiter oder staatlich anerkannte Sozialpädagogen
- Lehrer an öffentlichen und an staatlich anerkannten privaten Schulen

Berufsgeheimnisträger sind wiederum nach § 4 Abs. 1 KKG bei gewichtigen Anhaltspunkten für eine Kindeswohlgefährdung berechtigt, mit dem Kind oder Jugendlichen und den Personensorgeberechtigten die Situation zu **erörtern** und, soweit erforderlich, bei den Personensorgeberechtigten auf die Inanspruchnahme von Hilfen **hinzuwirken**, soweit hierdurch der wirksame Schutz des Kindes oder des Jugendlichen nicht in Frage gestellt wird. Rechte

Nach § 4 Abs. 2 KKG haben die Berufsgeheimnisträger zur Einschätzung der Kindeswohlgefährdung gegenüber dem Träger der öffentlichen Jugendhilfe **Anspruch auf Beratung** durch eine insoweit erfahrene Fachkraft. Sie sind zu diesem Zweck befugt, dieser Person die dafür erforderlichen Daten zu übermitteln; vor einer Übermittlung der Daten sind diese zu pseudonymisieren.

Scheitert die Abwendung der Gefährdung, können Berufsgeheimnisträger, um eine Gefährdung des Wohls eines Kindes oder eines Jugendlichen doch noch abzuwenden, das **Jugendamt informieren**; hierauf sind die Betroffenen vorab hinzuweisen (Transparenzgebot und Verhältnismäßigkeitsgrundsatz), es sei denn, damit wird der wirksame Schutz des Kindes oder des Jugendlichen in Frage gestellt. Zu diesem Zweck sind Berufsgeheimnisträger befugt, dem Jugendamt die erforderlichen Daten mitzuteilen (Transparenzgebot). Nach § 4 Abs. 1 und 3 KKG sind auch Kinder und Eltern über alle Schritte zu informieren.

Auch **§ 4 KKG** regelt somit (wie der § 8a SGB VIII) ein **vierstufiges Verfahren** (Abb. 14): Verfahren nach dem KKG

1. Erkennen gewichtiger Anhaltspunkte für die Gefährdung des Wohls eines Kindes oder eines Jugendlichen (§ 4 Abs. 1 S. 1 KKG)
2. Bewerten des Gefährdungsrisikos (4 Abs. 1 S. 2 und Abs. 2 KKG)
3. Erörterung der Situation mit Eltern und Hinwirken auf die Inanspruchnahme von Hilfen (§ 4 Abs. 1 KKG)
4. Datenweitergabe an das Jugendamt nach entsprechendem Hinweis hierauf vorab die Betroffenen hinweisen (§ 4 Abs. 3 KKG).

Einen **Anspruch auf fachliche Beratung** und Begleitung zum Schutz von Kindern und Jugendlichen bei der Gefährdungseinschätzung haben nach **§ 8b SGB VIII** auch andere Personen, die beruflich in Kontakt mit Kindern oder Jugendlichen stehen. Beratungsanspruch sonstiger Dritter

158 Kindschaftsrecht

Abb. 14: Übersicht über das Verfahren zur Beratung und Übermittlung von Informationen durch Geheimnisträger bei Kindeswohlgefährdung nach § 4 KKG

Nach § 8b Abs. 1 SGB VIII sind Anspruchsinhaber Personen, die **beruflich in Kontakt mit Kindern oder Jugendlichen** stehen, wie z. B. Trainer in Sportvereinen etc., Klavier- und Nachhilfelehrer etc., Geistliche und Seelsorger, Sozialarbeiter/Sozialpädagogen ohne staatliche Anerkennung, Lehrer an staatlich nicht anerkannten Privatschulen. Sie haben bei der Einschätzung einer Kindeswohlgefährdung im Einzelfall gegenüber dem örtlichen Träger der Jugendhilfe Anspruch auf Beratung durch eine insoweit erfahrene Fachkraft.

Weiterhin sind nach § 8b Abs. 2 SGB VIII **Institutionen**, in denen sich Kinder oder Jugendliche ganztägig oder für einen Teil des Tages aufhalten oder in denen sie Unterkunft erhalten, und die zuständigen Leistungsträger anspruchsberechtigt. Diese haben gegenüber dem überörtlichen Träger der Jugendhilfe Anspruch auf Beratung bei der Entwicklung und Anwendung fachlicher Handlungsleitlinien zur Sicherung des Kindeswohls und zum Schutz vor Gewalt sowie zu Verfahren der Beteiligung von Kindern und Jugendlichen an strukturellen Entscheidungen in der Einrichtung sowie zu Beschwerdeverfahren in persönlichen Angelegenheiten.

Für die **Geltendmachung** eines Anspruchs auf fachliche Beratung und Begleitung zum Schutz von Kindern und Jugendlichen bei der Gefährdungseinschätzung reicht hier schon ein vager Verdacht einer Kindeswohlgefährdung. Dies gilt aber nicht in der Kinder- und Jugendhilfe sowie nicht für Berufsgeheimnisträger i. S. d § 4 KKG, da diese einer beruflichen Schweigepflicht unterliegen.

Gefährdungsmaßstab

Einbeziehen der Eltern/Anbieten von Hilfe (§ 8a Abs. 1 S. 2 und S. 3 SGB VIII): Bei der Bewertung der Gefährdungssituation sind Kinder und Erziehungsberechtigte i. S. v. § 7 Abs. 1 Nr. 6 SGB VIII einzubeziehen, soweit dies nicht dazu führt, dass die Bewertung der Gefährdungssituation nicht mehr möglich ist.

Weitere Voraussetzungen der Inobhutnahme

Handeln zur Abwendung der Gefährdung oder Unterlassen (§ 8a Abs. 2 und 3 SGB VIII): Sind Erziehungsberechtigte nicht bereit oder **nicht in der Lage mitzuwirken**, muss das Jugendamt das Familiengericht anrufen (§ 8a Abs. 2 SGB VIII); ein Ermessen hat das Jugendamt hinsichtlich der Einschaltung des Familiengerichts nicht.

Wenn aber ein Schadenseintritt beim Kind unmittelbar bevorsteht und es zeitlich nicht mehr möglich ist, auf eine Entscheidung des Familiengerichts zur Abwendung dieses Schadens zu warten („Gefahr im Verzuge"), muss das Jugendamt das Kind in Obhut nehmen (§§ 8a Abs. 2 S. 2, 42 SGB VIII; Abb. 15). Erfordert die Inobhutnahme die

Anwendung von Gewalt, hat das Jugendamt die Polizei hinzuzuziehen (§§ 8a Abs. 3, 42 Abs. 6 SGB VIII).

Ende des Verfahrens mangels Gefahr
Ergibt die Gefährdungseinschätzung demgegenüber, dass ein **Schadenseintritt** in absehbarer Zeit **nicht sehr wahrscheinlich** ist, endet das Verfahren nach § 8a SBG VIII. Es können aber weiterhin Hilfen außerhalb des Verfahrens nach § 8a SGB VIII angeboten werden.
§ 42 SGB VIII schafft wiederum die gesetzlichen Rahmenbedingungen, wenn das Kind auf Grund seiner akuten Gefahren- oder Krisensituation **schon in Obhut genommen** wurde (Abb. 15).

13.2.6 Besonderheiten für freie Träger

Begriff
Freie Träger sind nur aufgrund eines mit dem Jugendhilfeträger abgeschlossenen **öffentlich-rechtlichen Vertrages** verpflichtet. Der Inhalt der Vereinbarung richtet sich § 8a Abs. 4 SGB VIII. Hiernach haben freie Träger das Verfahren entsprechend dem des Jugendamtes durchzuführen, auf die Inanspruchnahme von Hilfen hinzuwirken und das Jugendamt zu informieren, wenn Hilfen nicht angenommen werden oder die Erziehungsberechtigten nicht an der Gefährdungseinschätzung mitwirken. Weiterhin muss das Jugendamt bei Gefahr im Verzug informiert werden.

Handlungsmöglichkeiten
Die freien Träger können – wie jeder Dritte – auch selbst das Familiengericht gemäß § 24 FamFG anrufen. Sie haben allerdings nicht die Stellung eines Beteiligten i. S. v. § 7 FamFG.

Anträge der freien Träger entfalten nicht die Wirkung eines Antrags im Rechtssinne, sondern sind lediglich als **Anregung auf Einleitung eines Verfahrens** zu verstehen. Das Gericht muss kein förmliches Verfahren einleiten und über den gestellten Antrag nicht entscheiden (OLG Frankfurt am Main, Beschluss vom 31.03.2015, 5 UF 272/14).

Folgt das Gericht der Anregung nicht, hat es lediglich demjenigen, der die Einleitung angeregt hat, gemäß § 24 Abs. 2 FamFG darüber zu unterrichten, soweit ein berechtigtes Interesse an der Unterrichtung ersichtlich ist.

Kinder- und Jugendhilferecht nach SGB VIII

§ 42 SGB VIII: Inobhutnahme von Kindern und Jugendlichen

§ 42 Abs. 1 Ziffer 1 SGB VIII:
Das Jugendamt ist **berechtigt und verpflichtet**, ein Kind oder einen Jugendlichen in seine Obhut zu nehmen, wenn
1. das Kind oder der Jugendliche um Obhut bittet (**„Selbstmelder"**) oder
2. eine dringende **Gefahr für das Wohl** des Kindes oder des Jugendlichen die Inobhutnahme erfordert und
    a) die Personensorgeberechtigten nicht widersprechen oder
    b) eine familiengerichtliche Entscheidung nicht rechtzeitig eingeholt werden kann
oder
3. ein **ausländisches** Kind oder ein ausländischer Jugendlicher **unbegleitet** nach Deutschland kommt und sich weder Personensorge- noch Erziehungsberechtigte im Inland aufhalten. (Beachte für die **Vorläufige Inobhutnahme von ausländischen Kindern und Jugendlichen nach unbegleiteter Einreise § 42a SGB VIII**; 13.4)

§ 42 Abs. 1 S. 2 SGB VIII definiert den **Begriff der Inobhutnahme**: Die Inobhutnahme umfasst die Befugnis, ein Kind oder einen Jugendlichen bei einer geeigneten Person, in einer geeigneten Einrichtung oder in einer sonstigen Wohnform vorläufig unterzubringen; im Fall von Satz 1 Nummer 2 auch ein Kind oder einen Jugendlichen von einer anderen Person wegzunehmen.

§ 42 Abs. 2 S. 1 SGB VIII: Darin wird ausdrücklich bestimmt, dass das **Jugendamt** die **Situation**, die zur Inobhutnahme geführt hat, zusammen mit dem Kind oder dem Jugendlichen zu klären und Möglichkeiten der Hilfe und Unterstützung aufzuzeigen hat.

Nach **§ 42 Abs. 2 S. 2 SGB VIII** ist mit der Inobhutnahme dem Minderjährigen „unverzüglich" (ohne schuldhaftes Verzögern, vgl. § 121 BGB) die Gelegenheit zu geben, eine Person seines Vertrauens zu **benachrichtigen**.

§ 42 Abs. 2 S. 3 SGB VIII: Während der Inobhutnahme ist insgesamt für das **Wohl** des Minderjährigen zu sorgen. Dies bedeutet, bei Unterbringung den notwendigen Unterhalt und die Krankenhilfe (§§ 39, 40 SGB VIII) sicherzustellen.

§ 42 Abs. 2 S. 4 und S. 5 SGB VIII: Das **Jugendamt** ist während der Inobhutnahme **berechtigt**, alle **Rechtshandlungen** vorzunehmen, die zum Wohl des Kindes oder Jugendlichen notwendig sind; der mutmaßliche Wille der Personensorge- oder der Erziehungsberechtigten ist dabei angemessen zu berücksichtigen. Bei unbegleiteten ausländischen Minderjährigen kann dazu die Stellung eines erforderlichen Asylantrags gehören.

Nach § 42 Abs. 3 S. 1 SGB VIII: Das **Jugendamt** ist **verpflichtet**, den Personensorge- oder Erziehungsberechtigten „unverzüglich" von der Inobhutnahme zu **unterrichten**, wenn dies nicht dem Wohl des Minderjährigen widerspricht. Hier muss daher vorab ein Gefährdungsrisiko abgeschätzt werden.

Nach § 42 Abs. 3 S. 2 SGB VIII hat das Jugendamt zwei Möglichkeiten, wenn die Personensorge- oder Erziehungsberechtigten der **Inobhutnahme widersprechen**: Es kann entweder den Minderjährigen dem Personensorge- oder Erziehungsberechtigten unverzüglich übergeben, sofern nach Einschätzung des Jugendamtes eine Gefährdung des Kindeswohls nicht besteht oder die Personensorge- oder Erziehungsberechtigten bereit und in der Lage sind, die Gefährdung abzuwenden, **oder** es kann eine Entscheidung des Familiengerichts über die erforderlichen Maßnahmen zum Wohle des Kindes oder des Jugendlichen herbeiführen.

§ 42 Abs. 3 S. 2 SGB VIII regelt den Fall, dass die Personensorge- oder Erziehungsberechtigten **nicht erreichbar** sind. Das Jugendamt hat dann eine Entscheidung des Familiengerichts über die erforderlichen Maßnahmen zum Wohle des

Kindes oder des Jugendlichen herbeizuführen. Bei unbegleiteten ausländischen Minderjährigen ist unverzüglich die Bestellung eines Vormunds oder Pflegers zu veranlassen. Widersprechen die Personensorgeberechtigten der Inobhutnahme nicht, so ist unverzüglich ein Hilfeplanverfahren zur Gewährung einer Hilfe einzuleiten.

Nach § 42 Abs. 4 SGB VIII endet die Inobhutnahme mit der Übergabe des Minderjährigen an den Personensorge- oder Erziehungsberechtigten oder mit einer Entscheidung über die Gewährung von Hilfen nach dem Sozialgesetzbuch.

§ 42 Abs. 5 SGB VIII erklärt **Freiheitsentziehende Maßnahmen** im Rahmen der Inobhutnahme für zulässig, wenn und soweit sie erforderlich sind, um eine Gefahr für Leib oder Leben des Kindes oder des Jugendlichen oder eine Gefahr für Leib oder Leben Dritter abzuwenden. Die Freiheitsentziehung ist aber ohne gerichtliche Entscheidung spätestens mit Ablauf des Tages nach ihrem Beginn zu beenden.

Nach § 42 Abs. 6 SGB VIII können, soweit bei der Inobhutnahme die Anwendung **unmittelbaren Zwangs** erforderlich ist, auch die dazu befugten Stellen wie z.B. Polizei hinzugezogen werden.

Abb. 15: Vorgehensweise zu § 42 SBG VIII

Aktuelle Entscheidungen des BVerfG in Kinderschutzfällen:
Anmerkung der Autorin: Das Gericht nahm in folgenden Fällen an, dass in verfassungswidriger Weise in das Elternrecht aus Artikel 6 Abs. 2 S. 1 GG eingegriffen wurde: BVerfG, Beschluss vom 17.03. 2014, 1 BvR 2695/13; BVerfG, Beschluss vom 22.05.2014, 1 BvR 2882/13; BVerfG, Beschluss vom 22.05.2014, 1 BvR 3190/13; BVerfG, Beschluss vom 14.06.2014, 1 BvR 725/14.

Entscheidung „Fremdunterbringung" (BVerfG, Beschluss vom 19.11. 2014, 1 BvR 1178/14):
Anmerkung der Autorin: Das Gericht muss besondere Kriterien beachten, um eine Fremdunterbringung zu legitimieren.

Leitsatz: „Um eine Trennung des Kindes von den Eltern zu rechtfertigen, muss das elterliche Fehlverhalten ein solches Ausmaß erreichen, dass das Kind bei den Eltern in seinem körperlichen, geistigen oder seelischen Wohl nachhaltig gefährdet wäre. Für die Fachgerichte ergibt sich aus Art. 6 Abs. 2 und 3 GG das Gebot, die dem Kind drohenden Schäden ihrer Art. Schwere und Eintrittswahrscheinlichkeit nach konkret zu benennen und vor dem Hintergrund des grundrechtlichen Schutzes vor der Trennung des Kindes von seinen Eltern zu bewerten. Die Fachgerichte werden dem i. d. R. nicht gerecht, wenn sie ihren Blick nur auf die Verhaltensweisen der Eltern lenken, ohne die sich daraus ergebenden schwerwiegenden Konsequenzen für die Kinder darzulegen (BVerfG, Beschl. v. 19.11.2014 – 1 BvR 1178/14)."

Entscheidung „Grenzen des Wächteramtes" (BVerfG, Beschluss vom 19.11.2014, 1 BvR 1178/14):
Aus den Gründen: „Nicht zur Ausübung des Wächteramts gehört es, gegen den Willen der Eltern für eine bestmögliche Förderung der Fähigkeiten des Kindes zu sorgen. Um eine Trennung des Kindes von den Eltern zu rechtfertigen, muss das elterliche Fehlverhalten vielmehr ein solches Ausmaß erreichen, dass das Kind bei den Eltern in seinem körperlichen, geistigen oder seelischen Wohl nachhaltig gefährdet wäre (BVerfG, Beschl. v. 17.02.1982 – 1 BvR 188/80, DRsp-Nr. 1994/2637).

Die Annahme einer nachhaltigen Gefährdung des Kindes setzt voraus, dass bereits ein Schaden des Kindes eingetreten ist oder sich eine erhebliche Schädigung mit ziemlicher Sicherheit voraussehen lässt (BVerfG, Beschl. v. 29.01.2010 – 1 BvR 374/09, DRsp-Nr. 2010/3999 und Beschl. v. 28.02.2012 – 1 BvR 3116/11, DRsp-Nr. 2012/10833)."

13.3 Sonderthema 10: Minderjährige Flüchtlinge

Rechtsgrundlagen im Kinderschutz bei minderjährigen Flüchtlingen sind insbesondere

- UN-Kinderrechtskonvention (KRK) von 1989, insbesondere Art. 3 („best interests of the child"/„Kindeswohl")
- UNHCR Richtlinien zum Schutz und Betreuung von Flüchtlingskindern

- Haager Minderjährigen Schutzabkommen von 1961
- Art. 24 EU-Grundrechtecharta (GRC)
- Aufnahmerichtlinie und EU-Verfahrensrichtlinie (Art. 17 Abs. 6)
- deutsches Kinder- und Jugendhilferecht (§§ 42, 42a SGB VIII)
- deutsches Aufenthalts- und Asylrecht

Besondere praktische Bedeutung hat die **„vorläufige Inobhutnahme eines Kindes oder Jugendlichen gemäß § 42a SGB VIII"** (in Kraft seit dem 01.11.2015) (Abb. 16).   **vorläufige Inobhutnahme**
Die Inobhutnahme ist eine hoheitliche Aufgabe des Jugendamtes. Während der vorläufigen Inobhutnahme übt das Jugendamt die **gesetzliche Vertretung** des unbegleiteten minderjährigen Ausländers aus. Gemäß § 76 Abs. 1 SGB VIII kann das Jugendamt aber anerkannte Träger der freien Jugendhilfe an der Durchführung ihrer Aufgaben nach § 42a SGB VIII beteiligen oder ihnen diese Aufgaben im Wege eines öffentlich-rechtlichen Vertrags (§ 53 SGB X) übertragen.

Während der Inobhutnahme gemäß § 42a SGB VIII muss das Jugendamt eine **Einschätzung der Verteilfähigkeit** bzw. dahingehend   **Verteilfähigkeit**
vornehmen, ob das Wohl des Kindes oder des Jugendlichen durch die Durchführung des Verteilungsverfahrens gefährdet würde (§ 42a Abs. 2 Nr. 1 SGB VIII, Kindeswohlprüfung; sog. „Erstscreening"). Weiterhin muss es prüfen, ob sich eine mit dem Kind oder dem Jugendlichen **verwandte Person** im Inland oder im Ausland aufhält (§ 42a Abs. 2 Nr. 2 SGB VIII) und, ob das Wohl des Kindes oder des Jugendlichen **eine gemeinsame Inobhutnahme mit Geschwistern** oder anderen unbegleiteten ausländischen Kindern oder Jugendlichen erfordert (§ 42a Abs. 2 Nr. 3 SGB VIII). Es bedarf zudem einer **ärztlichen Stellungnahme** zum Gesundheitszustand des Kindes oder des Jugendlichen zur Beurteilung der Frage, ob sich die Durchführung des Verteilungsverfahrens innerhalb von 14 Werktagen nach Beginn der vorläufigen Inobhutnahme ausschließt (§ 42a Abs. 2 Nr. 4 SGB VIII).

Die **Alterseinschätzung** erfolgt gemäß § 42f SGB VIII. Wenn minder-   **Alter**
jährige Flüchtlinge hier ankommen, ruht die elterliche Sorge der Eltern im Heimatland. Das Familiengericht wird informiert, das zunächst feststellt, dass ein Elternteil auf längere Zeit die elterliche Sorge tatsächlich nicht ausüben kann. Das Gericht hat sich dann unter Ausschöpfung aller verfahrensrechtlich möglichen und zulässigen sowie nach den Umständen veranlassten Aufklärungsmöglichkeiten gemäß § 151 Abs. 1 Nr. 4 i.V.m § 26 FamFG Gewissheit über das tatsächliche Alter des Betroffenen zu verschaffen (BGH, Urteil vom 12.02.2015, ZB 185/14). In der

166 Kindschaftsrecht

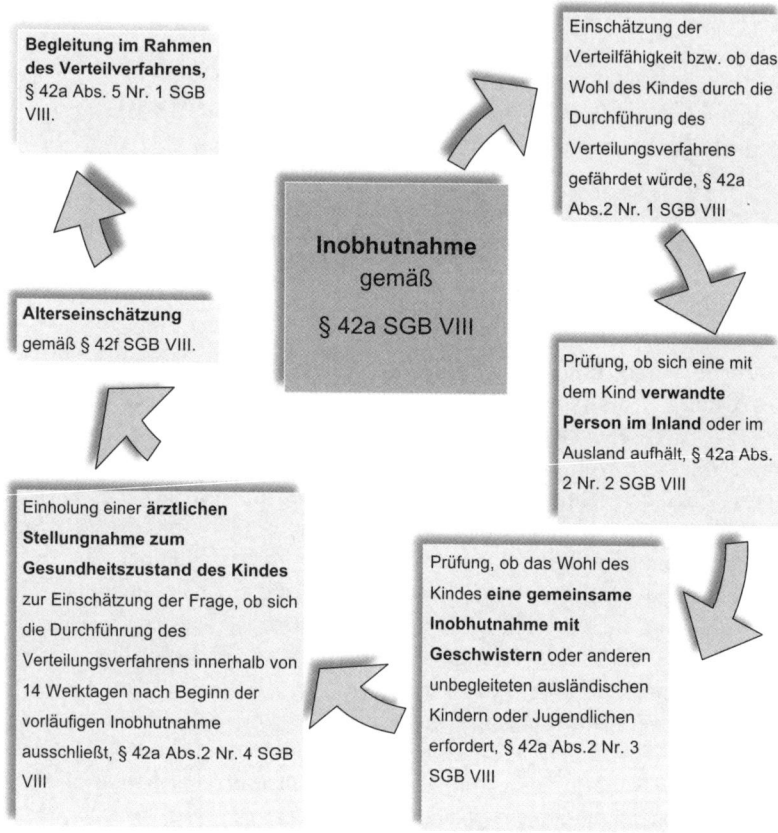

Abb. 16: Übersicht über das Verfahren der Inobhutnahme nach § 42a SGB VIII

Praxis erfolgt dies durch die Einholung eines **medizinischen Altersgutachtens**. Eine zuverlässige Altersdiagnostik erfordert insoweit verschiedene Untersuchungen, wie z.B. die Erfassung der anthropometrischen Maße, Feststellung sexueller Reifezeichen sowie möglicher altersrelevanter Entwicklungsstörungen, eine zahnärztliche Untersuchung mit Erhebung des Zahnstatus und Gebissbefundes sowie den Einsatz bildgebender Verfahren im Rahmen radiologischer Untersuchungen. Dabei hat der Betroffene die Untersuchungen im Rahmen seiner **Mitwirkungsverpflichtung** nach § 27 FamFG grundsätzlich über sich ergehen zu lassen.

Lassen sich dennoch Zweifel an der Volljährigkeit nicht ausräumen, ist grundsätzlich zugunsten des Betroffenen von dessen Minderjährig-

keit auszugehen (vgl. OLG Karlsruhe, Beschluss vom 26.08.2015, 18 UF 92/15).
Die Begleitung des Minderjährigen im Rahmen des Verteilverfahrens durch das **Jugendamt** ist in § 42a Abs. 5 Nr. 1 SGB VIII geregelt.

13.4 Fachkräftegebot (§ 72 SGB VIII, § 6 SGB XII)

Der besonderen Verantwortung der Sozialarbeiter (u. a.) entsprechen besondere Anforderungen des Gesetzgebers an die Qualifikation. Zwei grundlegende Normen sollen hier wiedergegeben werden.

> **§ 72 SGB VIII (Mitarbeiter, Fortbildung)**
>
> „(1) Die Träger der öffentlichen Jugendhilfe sollen bei den Jugendämtern und Landesjugendämtern hauptberuflich nur Personen beschäftigen, die sich für die jeweilige Aufgabe nach ihrer Persönlichkeit eignen und eine dieser Aufgabe entsprechende Ausbildung erhalten haben (Fachkräfte) oder aufgrund besonderer Erfahrungen in der sozialen Arbeit in der Lage sind, die Aufgabe zu erfüllen. Soweit die jeweilige Aufgabe dies erfordert, sind mit ihrer Wahrnehmung nur Fachkräfte oder Fachkräfte mit entsprechender Zusatzausbildung zu betrauen. Fachkräfte verschiedener Fachrichtungen sollen zusammenwirken, soweit die jeweilige Aufgabe dies erfordert.
> (2) Leitende Funktionen des Jugendamts oder des Landesjugendamts sollen in der Regel nur Fachkräften übertragen werden.
> (3) Die Träger der öffentlichen Jugendhilfe haben Fortbildung und Praxisberatung der Mitarbeiter des Jugendamts und des Landesjugendamts sicherzustellen."
>
> **§ 6 SGB XII (Fachkräfte)**
>
> „(1) Bei der Durchführung der Aufgaben dieses Buches werden Personen beschäftigt, die sich hierfür nach ihrer Persönlichkeit eignen und in der Regel entweder eine ihren Aufgaben entsprechende Ausbildung erhalten haben oder über vergleichbare Erfahrungen verfügen.
> (2) Die Träger der Sozialhilfe gewährleisten für die Erfüllung ihrer Aufgaben eine angemessene fachliche Fortbildung ihrer Fachkräfte. Diese umfasst auch die Durchführung von Dienstleistungen, insbesondere von Beratung und Unterstützung."

14 Grundzüge des Gewaltschutzgesetzes

14.1 Allgemeines

GewSchG Das Gewaltschutzgesetz (GewSchG) regelt seit dem 01.01.2002 („Gesetz zur Verbesserung des zivilgerichtlichen Schutzes bei Gewalttaten und Nachstellungen sowie zur Erleichterung der Überlassung der Ehewohnung bei Trennung, vom 11. Dezember 2001", BGBl. I S. 3513) den **zivilgerichtlichen Schutz bei Gewalttaten und Nachstellungen, häuslicher Gewalt, Belästigung, Stalking u. ä.** und erleichtert die Überlassung der Ehewohnung bei einer gewaltbegleiteten Trennung. Die betroffenen Opfer haben die Möglichkeit, eine gerichtliche Schutzanordnung zu erwirken. Sie können in diesen Fällen im Eilverfahren einen Antrag auf Näherungsverbot und/oder Kontaktverbot sowie einen Antrag auf Wohnungszuweisung stellen.

Anordnungen nach dem Gewaltschutzgesetz kann ein Gericht allerdings nur auf **Antrag** der verletzten Person treffen.

Inhalt des Beschlusses Bei einer gerichtlichen **Schutzanordnung und/oder Wohnungszuweisung** wird der Täter verpflichtet, die gemeinsame Wohnung dem Opfer allein zu überlassen. Er darf die Wohnung nicht mehr betreten und sich auch nicht in einem bestimmten Umkreis der Wohnung aufhalten. Ihm kann zusätzlich untersagt werden, weitere zu bestimmende Orte aufzusuchen, an denen sich das Opfer regelmäßig aufhält, oder sonst Verbindung zum Opfer aufzunehmen, oder ein Zusammentreffen herbeizuführen, soweit dies nicht zur Wahrnehmung berechtigter Interessen erforderlich ist. Der Täter darf zu dem Opfer auch keine Verbindung per Fernkommunikationsmitteln (insbesondere Telefon, SMS oder Nachrichtendienste wie WhatsApp etc.) aufnehmen.

Der entsprechende Gerichtsbeschluss ist in der Regel bereits vor seiner Zustellung an den Täter wirksam. Dies soll verhindern, dass das Opfer neuen Gewalttätigkeiten ausgesetzt ist, die zu erwarten sind, wenn der Täter Kenntnis von dem gegen ihn ergangenen gerichtlichen Beschluss erhält.

Folge bei Missachtung In dem Beschluss wird dem Täter zugleich angedroht, dass er im Fall des Verstoßes gegen den Beschluss ein **Zwangsgeld** von bis zu 250.000 € zu zahlen hat und für den Fall der Nichtzahlung des Zwangsgeldes auch in Haft genommen werden kann. Zudem ist ein Verstoß gegen den Beschluss **strafbar** (§ 4 GewSchG).

Anstelle eines Gerichtsbeschlusses kann in geeigneten Fällen zwischen den Parteien vor Gericht ein **Vergleich** geschlossen werden, in dem sich der Täter weitgehend verpflichtet, die unerwünschten Handlungen zu unterlassen. Der Vergleich wird gerichtlich protokolliert. Allerdings entfaltet dieser Vergleich nicht die gleiche Wirkung wie ein Beschluss. So ist ein Verstoß gegen einen Vergleich beispielsweise nicht strafbar. Der Verstoß des Täters gegen eine gerichtliche Schutzanordnung hingegen stellt, wie gesehen, eine Straftat dar. Vergleich statt Beschluss

Das örtlich zuständige **Familiengericht**, d. h. nach Wahl des Antragstellers, i. d. R. also des Opfers, das Gericht, in dessen Bezirk sich der Tatort oder die gemeinsame Wohnung von Täter und Opfer befindet, oder in dem der Täter seinen gewöhnlichen Aufenthalt hat (§ 211 FamFG), erlässt **auf Antrag** einen Beschluss, in dem gegen den Täter **bestimmte Anordnungen** getroffen werden. Für die Fälle, in denen Täter und Opfer einen auf Dauer angelegten gemeinsamen Haushalt führen oder innerhalb der letzten 6 Monate geführt haben, ist das Familiengericht nicht nur für Wohnungszuweisungen, sondern auch für die Schutzanordnungen nach § 1 GewSchG zuständig. Zuständigkeit

In Gewaltschutzverfahren besteht **kein Anwaltszwang** (§ 10 FamFG).

Der Beschluss ergeht i. d. R. zeitlich **befristet**, z. B. für ein halbes Jahr. Sollte sich zeigen, dass die Gewalttätigkeiten nach Ablauf der Frist nicht beendet oder erneut vorgefallen sind, kann entweder der Beschluss verlängert oder ein neuer Beschluss erwirkt werden. Befristung

Die **Darlegungslast** für das Vorliegen einer der genannten Rechtsgutverletzungen trägt im Gewaltschutzsachen der jeweilige Antragsteller (vgl. OLG Frankfurt am Main, Beschluss vom 15.05.2012, 4 WF 115/12). Allerdings hat das Gericht auch die Pflicht zur Ermittlung des Sachverhalts von Amts wegen (§ 26 FamFG). Verfahren

Die Schutzanordnungen müssen nach dem Prinzip der **Verhältnismäßigkeit** den Eingriff in die Rechte des Täters rechtfertigen.

Die Vorschriften des Gewaltschutzgesetzes sind auch anwendbar, wenn der Täter zur Tatzeit wegen Alkohol- oder Drogenmissbrauchs unzurechnungsfähig war, nicht aber, wenn er wegen psychischer Erkrankung **schuldunfähig** ist (vgl. OLG Hamm, Beschluss 03.03.2017, 7 WF 130/16).

Durch die **Strafbewehrung** in § 4 GewSchG mit Freiheitsstrafe bis zu einem Jahr oder mit Geldstrafe wird die Effizienz des GewSchG erhöht. Dies ermöglicht insbesondere auch ein polizeiliches Eingreifen, wenn gegen eine Schutzanordnung nach § 1 Abs. 1 Satz 1 oder 3 Missachtung strafbar

GewSchG, jeweils auch in Verbindung mit Abs. 2 Satz 1, verstoßen wird. In diesen Fällen handelt es sich um ein sog. Offizialdelikt, nämlich eine Straftat, bei der die Polizei und auch die Staatsanwaltschaft bei Kenntniserlangung tätig werden müssen (Legalitätsprinzip).

§ 4 GewSchG (Strafvorschriften)

„Wer einer bestimmten vollstreckbaren Anordnung nach § 1 Abs. 1 Satz 1 oder 3, jeweils auch in Verbindung mit Abs. 2 Satz 1, zuwiderhandelt, wird mit Freiheitsstrafe bis zu einem Jahr oder mit Geldstrafe bestraft. Die Strafbarkeit nach anderen Vorschriften bleibt unberührt."

Ordnungsmittel des Zivilprozessrechts Nach einer Entscheidung des Bundesgerichtshofes (BGH, Urteil vom 10.05.2017, XII ZB 62/17) sind zudem die **zivilprozessualen Ordnungsmittel** auch nach Ablauf des Kontaktverbots wegen zuvor begangener Verstöße möglich. Eine Gewaltschutzanordnung lege nur fest, bis wann ein bestimmtes Verhalten verboten sei. Die Verhängung eines Ordnungsgeldes wegen eines während der Geltungsdauer begangenen Verstoßes sei auch nach Ablauf der Geltungsdauer noch möglich. Ordnungsmittel hätten neben ihrer Funktion als zivilrechtliche Beugemaßnahmen zur Vermeidung künftiger Zuwiderhandlungen auch einen repressiven, strafähnlichen Sanktionscharakter. Deshalb könnten sie auch dann noch festgesetzt und vollstreckt werden, wenn die zu vollstreckende Unterlassung wegen Fristablaufs nicht mehr geschuldet ist (vgl. BGH, Urteil vom 10.05.2017, XII ZB 62/17).

Jugendamt Das **Jugendamt** kommt als Verfahrensbeteiligter in Betracht, wenn in dem betreffenden Haushalt ein Kind lebt (§ 212 FamFG). Das Jugendamt hat ein eigenes Beschwerderecht nach § 213 Abs. 2 S. 2 FamFG und ist immer anzuhören (§ 213 Abs. 1 FamFG).

Abgrenzung der Anwendbarkeit Sind **Kinder** von den in §§ 1, 2 GewSchG angesprochenen Übergriffen/Verletzungen betroffen, scheidet unter den weiteren Voraussetzungen des § 3 GewSchG ein Vorgehen nach dem GewSchG aus. Der Schutz des Kindes richtet sich in diesem Fall **nach §§ 1666, 1666a BGB**.

Überschneidungen der Anwendungsbereiche von Gewaltschutz (befristete Regelung) und **Ehewohnungszuweisung** nach § 1361b BGB (auch ohne Fehlverhalten des anderen Teils, Regelung auf Dauer) sind möglich.

14.2 Schutzmaßnahmen nach § 1 GewSchG

Die in § 1 Abs. 1 und 2 GewSchG genannten Tatbestände sind nach ständiger Rechtsprechung abschließend (vgl. OLG Frankfurt am Main, Beschluss vom 15.05.2012, 4 WF 115/12; OLG Celle, Beschluss vom 21.03.2012, 10 UF 9/12).

In den Anwendungsbereich des § 1 GewSchG fallen die vorsätzliche **Verletzung** von Körper, Gesundheit oder Freiheit und die widerrechtliche **Drohung** mit einer entsprechenden Tat. Die „Verletzung des Körpers oder der Gesundheit" umfasst auch Schäden, die nachweislich durch **psychische** Gewalt herbeigeführt wurden.

In den Anwendungsbereich des § 1 GewSchG fallen zudem **Hausfriedensbruch** und das so genannte „**Stalking**", also das wiederholte Nachstellen und Verfolgen einer Person auch unter Einsatz moderner technischer Kommunikationsmittel, wie z. B. Facebook, Mail etc. Im Falle einer Schutzanordnung bei Stalking ist zusätzlich Voraussetzung, dass die belästigte Person gegenüber dem Täter ausdrücklich erklärt hat, die Handlung nicht zu wollen.

Anwendungsfälle

§ 1 GewSchG (Gerichtliche Maßnahmen zum Schutz vor Gewalt und Nachstellungen)

„(1) Hat eine Person vorsätzlich den Körper, die Gesundheit oder die Freiheit einer anderen Person widerrechtlich verletzt, hat das Gericht auf Antrag der verletzten Person die zur Abwendung weiterer Verletzungen erforderlichen Maßnahmen zu treffen. Die Anordnungen sollen befristet werden; die Frist kann verlängert werden. Das Gericht kann insbesondere anordnen, dass der Täter es unterlässt,
1. die Wohnung der verletzten Person zu betreten,
2. sich in einem bestimmten Umkreis der Wohnung der verletzten Person aufzuhalten,
3. zu bestimmende andere Orte aufzusuchen, an denen sich die verletzte Person regelmäßig aufhält,
4. Verbindung zur verletzten Person, auch unter Verwendung von Fernkommunikationsmitteln, aufzunehmen,
5. Zusammentreffen mit der verletzten Person herbeizuführen, soweit dies nicht zur Wahrnehmung berechtigter Interessen erforderlich ist.
(2) Absatz 1 gilt entsprechend, wenn

1. eine Person einer anderen mit einer Verletzung des Lebens, des Körpers, der Gesundheit oder der Freiheit widerrechtlich gedroht hat oder
2. eine Person widerrechtlich und vorsätzlich
a) in die Wohnung einer anderen Person oder deren befriedetes Besitztum eindringt oder
b) eine andere Person dadurch unzumutbar belästigt, dass sie ihr gegen den ausdrücklich erklärten Willen wiederholt nachstellt oder sie unter Verwendung von Fernkommunikationsmitteln verfolgt.
Im Falle des Satzes 1 Nr. 2 Buchstabe b liegt eine unzumutbare Belästigung nicht vor, wenn die Handlung der Wahrnehmung berechtigter Interessen dient.
(3) In den Fällen des Absatzes 1 Satz 1 oder des Absatzes 2 kann das Gericht die Maßnahmen nach Absatz 1 auch dann anordnen, wenn eine Person die Tat in einem die freie Willensbestimmung ausschließenden Zustand krankhafter Störung der Geistestätigkeit begangen hat, in den sie sich durch geistige Getränke oder ähnliche Mittel vorübergehend versetzt hat."

Aufgabe nicht gemeinsam genutzter Wohnung

Der XII. Zivilsenat des Bundesgerichtshofs (Beschluss vom 26.02.2014, XII ZB 373/11) hat darauf hingewiesen, dass „auch die Verpflichtung eines Gewalttäters zur Aufgabe einer von ihm und dem Opfer **nicht gemeinsam genutzten Wohnung** [...] Gegenstand eines Anspruchs des Opfers entsprechend § 1004 BGB und demzufolge auch Inhalt einer Anordnung nach § 1 GewSchG" sein kann. In dem der Entscheidung zugrunde liegenden Fall hatte die Antragstellerin beantragt, ihren von ihr getrennt lebenden Ehemann zu verpflichten, seine Wohnung aufzugeben, die er, nachdem sie im Verlauf der Trennung aus der bisherigen Ehewohnung in ein Mehrfamilienhaus gezogen war, dort, im Stockwerk unter der ihren, angemietet hatte. Der Ehemann wurde daher verpflichtet, nach § 1 GewSchG seine Wohnung aufzugeben und in eine andere Wohnung in einem anderen Haus zu ziehen. § 2 GewSchG bilde hier für die beantragte Maßnahme keine Rechtsgrundlage, weil diese Vorschrift nach ihrem eindeutigen Wortlaut lediglich den Fall einer von Gewaltopfer und -täter ursprünglich gemeinsam genutzten Wohnung betrifft (vgl. BGH, Beschluss vom 26.02.2014, XII ZB 373/11), sodass auf § 1 GewSchG zurückgegriffen werden könne.

14.3 Die Wohnungszuweisung nach § 2 GewSchG

Nach § 2 Abs. 1 GewSchG hat das Opfer die Möglichkeit, wenn es mit dem Täter einen auf Dauer angelegten **gemeinsamen Haushalt** zum Zeitpunkt der Tat führte, vom Täter zu verlangen, ihm, dem Opfer, die Wohnung zur alleinigen Benutzung zu überlassen. Die befristete Zuweisung der (Ehe-)Wohnung, muss erforderlich sein, um Verletzungen von Körper, Gesundheit oder Freiheit oder Drohungen zu verhindern und um eine „unbillige" Härte auszuschließen. Dabei sind allerdings auch besonders schwerwiegende Belange des Täters zu berücksichtigen (z. B. Behinderung des Täters). Wohnungszuweisungen sollten immer durch Schutzanordnungen nach § 1 GewSchG ergänzt werden.

Nach § 2 Abs. 2 GewSchG ist die Wohnungsüberlassung auf eine Dauer von höchstens 6 Monaten zu **befristen**, wenn ihm die Wohnung gehört oder sie beide die Wohnung gemietet haben. Findet die verletzte Person in dieser Zeit nichts anderes, kann das Gericht die Frist um höchstens weitere 6 Monate verlängern.

Nach § 2 Abs. 3, Satz 2 GewSchG ist der Anspruch nach § 2 Abs. 1 GewSchG ausgeschlossen, wenn das Opfer nicht innerhalb von drei Monaten nach der Tat die Überlassung der Wohnung schriftlich vom Täter **verlangt** hat (andere Möglichkeiten, siehe § 2 Abs. 3 Nr. 1 und 3 GewSchG).

Ist der verletzten Person die Wohnung zur Benutzung überlassen worden, hat der Täter alles zu **unterlassen**, was die Nutzung der Wohnung für die verletzte Person und Kinder unmöglich macht (§ 2 Abs. 4 GewSchG).

Nach § 2 Abs. 5 GewSchG kann der Täter allerdings von der verletzten Person, die die Wohnung nutzt eine **Vergütung** für die Nutzung verlangen, soweit dies der Billigkeit entspricht (vgl. OLG Hamm, Urteil vom 11.05.2005, 11 WF 135/05).

Liegt „nur" eine Drohung mit Gewalttaten vor, muss abgewogen werden, ob die Wohnungszuweisung erforderlich ist, um eine **„unbillige Härte"** zu vermeiden (§ 2 Abs. 6 GewSchG).

Der Begriff der unbilligen Härte ist gesetzlich nicht definiert und daher einzelfallbezogen auszufüllen. Als Maßstab für eine „unbillige Härte" nach dem GewSchG im Bereich der häuslichen Gewalt wird auf die Rechtsprechung zu § 1361b BGB Bezug genommen.

Eine unbillige Härte ist insbesondere bei Anwendung von Gewalt und bei Beeinträchtigung des Kindeswohles gegeben. Sofern das Kindeswohl durch eine auf dem Verhalten der Eltern beruhende unerträgliche Wohnsituation beeinträchtigt wird, die häusliche Atmosphäre nachhaltig gestört ist und dies zu erheblichen Belastungen der Kinder führt oder diese unter den erheblichen Auseinandersetzungen der Eltern über das normale Maß hinaus leiden, ist die Wohnung dem Elternteil zuzuweisen, der die Kinder vorzugsweise betreut (vgl. OLG Stuttgart, Beschluss vom 16.12.2014, 17 UF 142/14; Kammergericht, Beschluss vom 25.02.2015, 3 UF 55/14; zur Definition der „unbilligen Härte" nach § 1361b Abs. 1 S. 2 BGB).

§ 2 GewSchG (Überlassung einer gemeinsam genutzten Wohnung)

„(1) Hat die verletzte Person zum Zeitpunkt einer Tat nach § 1 Abs. 1 Satz 1, auch in Verbindung mit Abs. 3, mit dem Täter einen auf Dauer angelegten gemeinsamen Haushalt geführt, so kann sie von diesem verlangen, ihr die gemeinsam genutzte Wohnung zur alleinigen Benutzung zu überlassen.

(2) Die Dauer der Überlassung der Wohnung ist zu befristen, wenn der verletzten Person mit dem Täter das Eigentum, das Erbbaurecht oder der Nießbrauch an dem Grundstück, auf dem sich die Wohnung befindet, zusteht oder die verletzte Person mit dem Täter die Wohnung gemietet hat. Steht dem Täter allein oder gemeinsam mit einem Dritten das Eigentum, das Erbbaurecht oder der Nießbrauch an dem Grundstück zu, auf dem sich die Wohnung befindet, oder hat er die Wohnung allein oder gemeinsam mit einem Dritten gemietet, so hat das Gericht die Wohnungsüberlassung an die verletzte Person auf die Dauer von höchstens sechs Monaten zu befristen. Konnte die verletzte Person innerhalb der vom Gericht nach Satz 2 bestimmten Frist anderen angemessenen Wohnraum zu zumutbaren Bedingungen nicht beschaffen, so kann das Gericht die Frist um höchstens weitere sechs Monate verlängern, es sei denn, überwiegende Belange des Täters oder des Dritten stehen entgegen. Die Sätze 1 bis 3 gelten entsprechend für das Wohnungseigentum, das Dauerwohnrecht und das dingliche Wohnrecht.

(3) Der Anspruch nach Absatz 1 ist ausgeschlossen,
1. wenn weitere Verletzungen nicht zu besorgen sind, es sei denn, dass der verletzten Person das weitere Zusammenleben mit dem Täter wegen der Schwere der Tat nicht zuzumuten ist oder
2. wenn die verletzte Person nicht innerhalb von drei Monaten nach der Tat die Überlassung der Wohnung schriftlich vom Täter verlangt oder
3. soweit der Überlassung der Wohnung an die verletzte Person besonders schwerwiegende Belange des Täters entgegenstehen.

(4) Ist der verletzten Person die Wohnung zur Benutzung überlassen worden, so hat der Täter alles zu unterlassen, was geeignet ist, die Ausübung dieses Nutzungsrechts zu erschweren oder zu vereiteln.
(5) Der Täter kann von der verletzten Person eine Vergütung für die Nutzung verlangen, soweit dies der Billigkeit entspricht.
(6) Hat die bedrohte Person zum Zeitpunkt einer Drohung nach § 1 Abs. 2 Satz 1 Nr. 1, auch in Verbindung mit Abs. 3, einen auf Dauer angelegten gemeinsamen Haushalt mit dem Täter geführt, kann sie die Überlassung der gemeinsam genutzten Wohnung verlangen, wenn dies erforderlich ist, um eine unbillige Härte zu vermeiden. Eine unbillige Härte kann auch dann gegeben sein, wenn das Wohl von im Haushalt lebenden Kindern beeinträchtigt ist. Im Übrigen gelten die Absätze 2 bis 5 entsprechend."

Nach **§ 1361b BGB** kann ein **Ehegatte** unter fast gleichen Voraussetzungen wie nach § 2 GewSchG eine **Wohnungszuweisung** beantragen. Bei § 1361b BGB geht es aber zentral nicht um Opferschutz vor Gewalttaten, sondern um die Regelung der Ehewohnung im Rahmen einer **Trennung**. Daher setzt die Wohnungszuweisung hier nicht das Vorliegen von Gewalttätigkeiten voraus. Die Wohnungszuweisung muss hier auch nicht befristet werden.

Abgrenzung zur Wohnungszuweisung bei Trennung

Es ist denkbar, dass sowohl nach § 1361b BGB eine Zuweisung der Ehewohnung ausgesprochen werden kann als auch nach § 2 GewSchG. Die beiden Normen stoßen zwar zeitlich zusammen, überlappen sich jedoch nicht. § 1361b BGB regelt die Fälle ab dem Zeitpunkt der Trennung, während § 2 GewSchG eine Trennung der Eheleute nicht voraussetzt.

Im Falle der Trennung hat das Gewaltopfer allerdings ein **Wahlrecht** zwischen den beiden anspruchsbegründenden Normen.

14.4 Sorgeberechtigte Personen als Täter (§ 3 GewSchG)

Die §§ 1 und 2 GewSchG gelten grundsätzlich für **jede Person**, also ohne Rücksicht auf eine familiäre, häusliche oder sonstige soziale Bindung zum Täter. **Ausgenommen** sind allerdings unter elterlicher Sorge, Vormundschaft oder unter Pflegschaft stehende Opfer im Verhältnis zu den für sie **sorgeberechtigten Personen** (§ 3 GewSchG).

Sonderfall sorgeberechtigte Personen

Gemäß § 3 Abs. 1 GewSchG gelten im Verhältnis der bedrohten Person zum Täter ausschließlich die für das Sorgerechts-, Vormundschafts- oder Pflegschaftsverhältnis maßgebenden Vorschriften. Im Eltern-Kind-Verhältnis sind dies beispielsweise die familienrechtlichen Vorschriften über die elterliche Sorge und den Umgang (Palandt 2017). Können sich die Eltern nicht über den Umgang einigen, ist darüber in einem gesonderten Umgangsverfahren zu entscheiden (vgl. dazu OLG Brandenburg, Beschluss vom 05.12.2016, 10 UF 120/16).

Soweit es z. B. aus Kindeswohlgesichtspunkten geboten ist, gegen einen sorgeberechtigten Elternteil ein Kontaktaufnahme- bzw. Näherungsverbot zu verhängen, können gerichtliche Maßnahmen zur Vermeidung einer Kontaktaufnahme zwischen sorgeberechtigten Elternteilen und ihren Kindern nach Maßgabe von § 1684 Abs. 4 BGB erfolgen. Ein Verstoß des Umgangsberechtigten gegen solch eine gerichtliche Maßnahme kann mit Ordnungsmitteln gemäß § 89 FamFG geahndet werden.

Entscheidung „Umgangsausschluss" (OLG Frankfurt, Beschluss vom 31.10.2016, 2 WF 302/16):
Aus den Gründen: „Soll aber dem Umgangsberechtigten auch jegliche persönliche Kontaktaufnahme bzw. Näherung außerhalb der geregelten Zeiten untersagt werden (entsprechend der Vorschrift des § 1 Abs. 1 Gewaltschutzgesetz, welche aber nach § 3 Absatz 1 Gewaltschutzgesetz im Verhältnis Kind – Elternteil nicht anwendbar ist), so ist diese Untersagung ausdrücklich in die entsprechende Umgangsregelung bzw. den Umgangsausschluss aufzunehmen, wobei § 1684 Absatz 4 BGB insoweit eine ausreichende Ermächtigungsgrundlage darstellt (OLG Frankfurt, Beschluss vom 11.03.2013, FamRZ 2013, 1237; vgl. auch OLG Celle, Beschluss vom 17.06.2011, ZKJ 2011, 393–394)."

§ 3 GewSchG (Geltungsbereich, Konkurrenzen)

„(1) Steht die verletzte oder bedrohte Person im Zeitpunkt einer Tat nach § 1 Abs. 1 oder Abs. 2 Satz 1 unter elterlicher Sorge, Vormundschaft oder unter Pflegschaft, so treten im Verhältnis zu den Eltern und zu sorgeberechtigten Personen an die Stelle von §§ 1 und 2 die für das Sorgerechts-, Vormundschafts- oder Pflegschaftsverhältnis maßgebenden Vorschriften.
(2) Weitergehende Ansprüche der verletzten Person werden durch dieses Gesetz nicht berührt."

15 Fälle zu den Kapiteln und Musterlösungen

Die nachfolgenden Fälle sind echten Gerichtsentscheidungen nachgebildet. Die Lösungen beschränken sich auf die wesentlichen Überlegungen, die die Gerichte ihren Entscheidungen zugrunde gelegt haben. Dabei zeigt sich, dass es häufig um Wertungen geht. Sie sind aufgefordert, diese Wertungen zunächst rechtlich einzuordnen und gedanklich nachzuvollziehen, warum es unter rechtlichen Gesichtspunkten auf die jeweiligen Erwägungen ankommt. Sie sind aber auch aufgerufen, selbst kritisch zu überprüfen, ob Sie die Wertungen teilen oder vielleicht zu anderen Ergebnissen gelangt wären (mit welchen Argumenten?). Dabei müssen die Vorgaben des Gesetzgebers natürlich eingehalten werden. Lösungen von Ihnen, die mit dem Recht nicht vereinbar sind, sondern nur eine andere Meinung widerspiegeln, scheiden daher aus, denn Rechtsprechung und Verwaltung – und damit auch der Leser in dieser Rolle – sind an das Gesetz gebunden. Insbesondere ergibt sich aus den Entscheidungen, wie sich der jeweilige Amtsträger in der Verwaltung jedenfalls nach Ansicht des Gerichts zu verhalten hat. Sie mögen auch insoweit prüfen, wie Sie sich als Amtsträger in dem konkreten Fall verhalten hätten.

15.1 Übungsfall: „Sorgerecht bei gewalttätigen Eltern"

Dieser Fall ist einer Entscheidung des OLG Saarbrücken, Beschluss vom 30.07.2010, 6 UF 52/10 nachgebildet, Formulierungen wurden zum Teil übernommen.

15.1.1 Sachverhalt

Die Beziehung der Eheleute Anna und Anton war von Gewalt geprägt. Anton hat, insbesondere auch wegen seines Alkoholproblems, unter anderem wegen Körperverletzung und gefährlicher Körperverletzung gegenüber seiner Ehefrau schon mehrfach Strafhaft verbüßt. Aus der am 31.08.2003 geschlossenen und seit dem 20.10.2015 rechtskräftig geschiedenen Ehe ist die Tochter Sina, geboren 2013, hervorgegangen. Sina lebt seit der Trennung der Eltern im Mai 2014 bei der Mutter. Im Rahmen des Scheidungsverfahrens wurde Anna mit Zustimmung von Anton das Aufenthaltsbestimmungsrecht für Sina übertragen.

In einem vor dem Familiengericht zwischen den geschiedenen Eheleuten geführten Gewaltschutzverfahren wurde Anton untersagt, sich Anna – mit Ausnahme unbedingt erforderlicher Kontakte zur Ausübung des Umgangsrechts mit dem Kind Sina – nicht mehr auf weniger als 50 Meter zu nähern, diesen Abstand im Falle zufälligen Zusammentreffens sofort wieder herzustellen und es zu unterlassen, Anna zu bedrohen, zu beschimpfen und zu schlagen. Seitdem konnte aber auch kein Umgang von Anton mit Sina umgesetzt werden, ohne dass es zu Zwischenfällen kam.

Anna hat nunmehr vor dem Familiengericht beantragt, ihr die alleinige elterliche Sorge für Sina zu übertragen. Anton hat um Zurückweisung des – vom Jugendamt unterstützten – Antrags gebeten.

Wie wird das Gericht über den Sorgerechtsantrag von Anna entscheiden?

15.1.2 Lösung

Das Gericht wird der Mutter – über das ihr bereits zustehende Aufenthaltsbestimmungsrecht hinausgehend – nach § 1671 Abs. 1 und Abs. 2 Nr. 2 BGB die Alleinsorge für Sina übertragen.

Das den Eltern gemäß Art. 6 Abs. 2 S. 1 GG verfassungsrechtlich gegenüber dem Staat gewährleistete Freiheitsrecht auf Pflege und Erziehung ihrer Kinder dient in erster Linie dem Kindeswohl, das zugleich oberste Richtschnur für die Ausübung der Elternverantwortung ist (vgl. BVerfGE 75, 201; 61, 358).

Dabei setzt die gemeinsame Ausübung der Elternverantwortung eine tragfähige soziale Beziehung zwischen den Eltern voraus, erfordert ein Mindestmaß an Übereinstimmung zwischen ihnen und hat sich am Kindeswohl auszurichten (BVerfGE 107, 150; BGH, FamRZ 2008, 592).

Dem dient § 1671 Abs. 2 Nr. 2 BGB, der bestimmt, dass einem Elternteil auf Antrag die elterliche Sorge allein zu übertragen ist, wenn zu erwarten ist, dass die Aufhebung der gemeinsamen Sorge und die Übertragung auf den antragstellenden Elternteil dem Wohl des Kindes am besten entspricht (vgl. BGH FamRZ, 2010, 1060).

Dabei ist es von Verfassungs wegen nicht geboten, der gemeinsamen Sorge gegenüber der alleinigen Sorge einen Vorrang einzuräumen; ein solcher findet sich auch nicht in der Regelung des § 1671 BGB wieder. Genauso wenig kann vermutet werden, dass die gemeinsame Sorge nach der Trennung der Eltern im Zweifel die für das Kind beste Form der Wahrnehmung elterlicher Verantwortung sei (vgl. BVerfGE 107, 150).

Daher ist zunächst zu prüfen, ob zwischen den Eltern in den Grundlinien der Erziehung Einvernehmen besteht. Die gemeinsame Sorge ist nur dann aufzuheben, wenn aufgrund bestehender Meinungsverschiedenheiten eine Kooperation auf der Elternebene nicht mehr möglich ist und die begründete Besorgnis besteht, dass die Eltern auch in Zukunft nicht in der Lage sein werden, ihre Streitigkeiten in wesentlichen Bereichen der elterlichen Sorge konstruktiv und ohne gerichtliche Auseinandersetzungen beizulegen.

Wenn die gemeinsame elterliche Sorge aufgehoben werden soll, haben sich die Gerichte allerdings zunächst nach Maßgabe des Verhältnismäßigkeitsgrundsatzes mit Teilentscheidungen – als milderes Mittel – zu begnügen, wenn dies dem Kindeswohl nicht widerspricht (vgl. BGH, Entscheidung vom 26.08.2009, 6 UF 68/09).

Bei den hier gegebenen Umständen ist eine Verständigung der Eltern über wichtige Sorgerechtsfragen – auch in Teilbereichen – nicht mehr in einer Art und Weise möglich, die bei Meinungsverschiedenheiten der Eltern eine dem Kindeswohl dienliche Entscheidung gewährleistet.

Es kommt auch nicht entscheidend darauf an, ob und ggf. in welchem Umfang die fehlende Kooperationsfähigkeit der Eltern auf dem Verhalten eines Elternteils beruht. Unbeschadet dessen ist die Ablehnung der Mutter, sich mit Anton hinsichtlich wesentlicher Kindeswohlbelange auszutauschen und ein Einvernehmen anzustreben (§ 1687 S. 1 i. V. m. § 1627 BGB), gut nachvollziehbar.

Aufgrund der Straftaten von Anton gegenüber Anna ist die für eine gemeinsame Ausübung der elterlichen Sorge erforderliche soziale Beziehung der Eltern hier zerrüttet und nicht mehr tragfähig. Anna wäre es bei den gegebenen Umständen nicht zumutbar, an der gemeinsamen Sorge mit Anton festzuhalten. Es stünde in diesem Fall vielmehr konkret zu erwarten, dass sich dies auch auf das Kind nachteilig auswirkt, zumal weitere Angriffe von Anton auf Anna zu befürchten sind, denn Anton ist hinsichtlich seiner Gewaltbereitschaft aufgrund der bekannten Vorfälle eine negative Prognose zu bescheinigen. Darüber hinaus hat Anton ein Alkoholproblem, wobei er unter dem Einfluss größerer

Mengen Alkohol zu unbedachten Handlungen neigt, die auch das Kindeswohl erheblich gefährden können. Dem möglichen Gedanken, Anna hintertreibe Antons Umgang mit dem Kind, käme keine entscheidende Bedeutung zu. Die Beibehaltung des gemeinsamen Sorgerechts ist nicht Voraussetzung für das hiervon unabhängig bestehende Umgangsrecht Antons, das er gerichtlich erneut beantragen könnte. Dort würde dann allerdings auch zu berücksichtigen sein, dass das Umgangsrecht Antons mit dem Kind nur aus § 1685 Abs. 2 i.V.m. Abs. 1 BGB folgen kann, also die Feststellung voraussetzt, dass der Umgang dem Wohl des Kindes dient. Dies wird nach einer Kindesanhörung vor dem Familiengericht genauer zu prüfen sein.

Eine Aufhebung der gemeinsamen elterlichen Sorge nur in Teilbereichen dürfte vorliegend trotz des zu beachtenden Verhältnismäßigkeitsgrundsatzes nicht dem Wohle des Kindes dienen. Es ist davon auszugehen, dass sich das Kind besser entwickeln wird, wenn man das sorgerechtliche Band, das die Eltern miteinander verbindet, restlos durchtrennt.

Das Familiengericht wird daher die gemeinsame elterliche Sorge vollständig aufheben und allein Anna übertragen, zumal es bei Anna keinerlei Anhaltspunkte gibt, die elterliche Sorge nach § 1671 Abs. 3 BGB abweichend zu regeln.

15.2 Übungsfall: „Der unverheiratete Vater und sein Sorgerecht"

Dieser Fall ist der Entscheidung des BVerfGE 107, 150 ff. nachgebildet, Formulierungen wurden zum Teil übernommen.

15.2.1 Sachverhalt

Volker ist der Vater und Maria die Mutter eines 2015 nichtehelich geborenen Sohnes. Die Eltern lebten lediglich einige Wochen zusammen und trennten sich noch während der Schwangerschaft der Mutter. Der gemeinsame Sohn lebt seit seiner Geburt im Haushalt von Maria. Nachdem Volker die Vaterschaft angezweifelt hatte, wurde diese in einem Verfahren vor dem Familiengericht durch Sachverständigengutachten festgestellt. Daraufhin erkannte Volker im Dezember 2015 die Vaterschaft vor dem Jugendamt an. Maria stimmte dem Anerkenntnis zu. Im Januar 2016 ließ Volker eine notarielle Sorgeerklärung erstellen, in welcher er erklärte, die elterliche Sorge gemeinsam mit Maria übernehmen zu wollen. Maria verweigerte eine entsprechende Sorgeerklärung. Im November 2016 vereinbarten die Eltern vor dem Familiengericht ein Umgangsrecht, das Volker unter anderem ermöglicht, jedes zweite Wochenende unter Einschluss von Übernachtungen mit dem gemeinsamen Sohn zu verbringen. Außerdem wurden Ferien-, Feiertags- und Geburtstagsregelungen getroffen. Beide Elternteile haben sich in den darauf folgenden Jahren an die getroffene Vereinbarung gehalten. Der Vater hat ein gutes Verhältnis zum Kind. Allerdings ist das Verhältnis der Eltern seit der Geburt des Kindes von Auseinandersetzungen und gegenseitigem Misstrauen geprägt.

Nachdem Volker Anfang 2017 erfahren hatte, dass Maria beabsichtigte, in den Sommerferien 2017 mit dem Kind innerhalb Deutschlands umzuziehen, beantragte er beim Familiengericht die teilweise Entziehung des Sorgerechts der Mutter und die Übertragung des Aufenthaltsbestimmungsrechts auf ihn selbst; darüber hinaus stellte er hilfsweise den Antrag, ihm das alleinige Sorgerecht für seinen Sohn zu übertragen oder zur Begründung einer gemeinsamen Sorge die Zustimmung der Mutter zu seiner Sorgeerklärung zu ersetzen.

Nach welchen Vorschriften wird das Familiengericht über den Sorgerechtsantrag von Volker entscheiden und wie wird es dabei vorgehen?

15.2.2 Lösung

Das Familiengericht wird die Entscheidung über den Sorgerechtsantrag von Volker auf § 1626a BGB stützen.

Nach der Neuregelung des § 1626a Abs. 2 BGB i.d.F. vom 16.04.2013 ist keine positive Kindeswohlprüfung mehr erforderlich; es wird nur noch geprüft, ob die gemeinsame elterliche Sorge dem Kindeswohl nicht widerspricht. Das neue Sorgerecht geht zusammen mit der Rechtsprechung des Bundesverfassungsgerichts davon aus, dass die gemeinsame elterliche Sorge grundsätzlich den Bedürfnissen des Kindes nach Beziehungen zu beiden Elternteilen entspricht (amtl. Begründung, BT-Drucks. 17/11048 unter Hinweis auf BVerfGE 107, 150).

Das Verfahren rund um die elterliche Sorge nicht miteinander verheirateter Eltern ist in § 155a FamFG so geregelt, dass die Entscheidung beschleunigt ergehen soll. § 155a Abs. 3 FamFG sieht deshalb ein schriftliches Verfahren vor. Stellt der Vater einen Antrag auf Begründung der gemeinsamen elterlichen Sorge, so stellt das Familiengericht den Antrag der Mutter zur Stellungnahme zu; die Stellungnahmefrist endet gem. § 155a Abs. 2 Satz 2 FamFG frühestens sechs Wochen nach der Geburt des Kindes. Es ist sogar eine gerichtliche Entscheidung ohne persönliche Anhörung der Eltern und ohne Anhörung des Jugendamtes vorgesehen. Nur wenn dem Gericht durch den Vortrag des Kindesvaters, die schriftliche Stellungnahme der Mutter oder auf sonstige Weise Gründe bekannt werden, die dem Kindeswohl entgegenstehen, setzt das Gericht binnen eines Monats einen Erörterungstermin an (negative Kindeswohlprüfung). Es handelt sich allerdings um eine Soll-Regelung, d. h. die persönliche Anhörung ist nicht zwingend, sondern nur für den Regelfall anzuordnen. Sofern das Gericht einen Erörterungstermin ansetzt, wird außer den Eltern auch das Jugendamt angehört. Es gilt gem. § 155 FamFG dann der Beschleunigungsgrundsatz; eine Terminverlegung ist auf Antrag eines Beteiligten oder seines Bevollmächtigten nur aus zwingenden Gründen zulässig, die glaubhaft zu machen sind. Das Gericht hat, wie auch bisher schon, zu jedem Zeitpunkt des Verfahrens auf ein Einvernehmen der Beteiligten hinzuwirken, sofern dies dem Kindeswohl nicht widerspricht, § 156 Abs. 1 FamFG.

Bei der Prüfung, ob die Errichtung der gemeinsamen elterlichen Sorge dem Kindeswohl nicht widerspricht, greift die Rechtsprechung trotz der eindeutigen Regelungen auf § 1671 BGB zurück.

Gemäß § 1671 BGB ist die elterliche Sorge einem Elternteil allein zu übertragen, wenn dies dem Kindeswohl am besten dient (positive Kindeswohlprüfung).

Die Kriterien einer Kindeswohlprüfung sind die allgemeine Erziehungseignung, das Förderungsprinzip, das Kontinuitätsprinzip (im Sinne der Einheitlichkeit, Stabilität und Gleichmäßigkeit der Erziehungsverhältnisse), die Bindungen des Kindes und schließlich der Wille des Kindes.

Das Gericht wird daher ein Sachverständigengutachten in Auftrag geben, ob eine gemeinsame Sorge der Eltern dem Kindeswohl widerspricht. Es wird weiterhin prüfen, ob die elterlichen Auseinandersetzungen ein solches Ausmaß erreichen, dass das Kind in seinem körperlichen, geistigen oder seelischen Wohl nachhaltig gefährdet wäre, weil den Eltern die erforderliche Kooperationsbereitschaft bei der Ausübung der gemeinsamen Sorge fehlt. Eine gemeinsame Ausübung der Elternverantwortung setzt nämlich eine tragfähige soziale Beziehung zwischen den Eltern voraus, erfordert ein Mindestmaß an Übereinstimmung

zwischen ihnen und hat sich am Kindeswohl auszurichten (BVerfGE 107, 150; BVerfG, FamRZ 2004, 354; BGH, FamRZ 2008, 592).
Weiterhin muss das Gericht durch Einsetzung eines Verfahrensbeistandes den Willen des Kindes feststellen. Dazu gibt es im Sachverhalt bisher keine Anhaltspunkte. Das Gericht wird daher zunächst den Sachverhalt weiter prüfen, bevor es eine Entscheidung treffen kann.

15.3 Übungsfall: „Sorgerecht von Eltern, die selbst unter Betreuung stehen"

Dieser Fall ist der Entscheidung des BGH, Beschluss vom 26.10.2011, XII ZB 247/11 nachgebildet, Formulierungen wurden zum Teil übernommen.

15.3.1 Sachverhalt

Die nicht miteinander verheirateten Albert und Anna werden seit Jahren im Rahmen der Behinderten-Fürsorge vom Sozialamt betreut. Als feststand, dass Anna schwanger ist, wurde ihr ärztlicherseits zu einem Schwangerschaftsabbruch geraten, weil sie, neben der bei ihr diagnostizierten starken Schwerhörigkeit und einer Wirbelsäulenverkrümmung, an Schwachsinn ersten bis zweiten Grades leide und Albert geistig erheblich minderbegabt und Epileptiker sei. Anna lehnte dies ab. Im April 2009 trennten sich Anna und Albert. Anna brachte im siebten Schwangerschaftsmonat (Februar 2010) ein zwar schwächliches, aber erkennbar körperlich und geistig gesundes Kind zur Welt. Das Kind blieb zunächst bei Anna, der die alleinige elterliche Sorge zustand.

Umgehend nach der Geburt des Kindes beantragte das Jugendamt beim Familiengericht, Anna das Sorgerecht zu entziehen und es auf das Jugendamt zu übertragen, damit das Kind in eine geeignete Pflegefamilie gegeben werden könne. Aufgrund dieses Antrags holte das Gericht ein nervenfachärztliches Gutachten über Anna beim städtischen Gesundheitsamt ein. Zusätzlich wurden die Entwicklung des Kindes und die Erziehungsfähigkeit der Eltern fachärztlich begutachtet. Aufgrund der Ergebnisse dieser Gutachten setzte das Gericht im Mai 2012 das Verfahren für die Dauer von neun Monaten aus. Zugleich verfügte das Gericht die probeweise Aufnahme des bis dahin in einem Heim untergebrachten Kindes in Annas Haushalt. Es gab Anna auf, ihre Tochter regelmäßig eine bestimmte Kindertagesstätte besuchen zu lassen. Im Mai 2012 holte das Gericht das Gutachten eines weiteren Sachverständigen zu der Frage ein, „ob Anna in der Lage sei, dem Kind die für seine positive psychische Entwicklung dringend notwendige emotionale Stabilität und soziale Sicherheit zu geben".

Der Gutachter verneinte das mit der Feststellung, Anna garantiere nicht die „sich in wandelnden Normsystemen und schulischen wie beruflichen Anforderungen bewegende Sozialisation" des Kindes. Im Übrigen zeige das Kind ein „konzentriertes Spielverhalten" und habe nur „seltene Defizite und Unsicherheiten in der Sprache". Diese positive Entwicklung sei aber kein Erziehungserfolg von Anna, sondern der Betreuung ihres Kindes in der Kindertagesstätte zu verdanken. Die Möglichkeit einer „Kooperation" zwischen Beratungsstellen und Anna beurteilte der Gutachter aufgrund des „geistigen Potenzials" Annas als unrealistisch und damit als nicht durchführbar.

Wie wird das Gericht über den Sorgerechtsantrag des Jugendamtes beim Familiengericht entscheiden? Welche rechtlichen Kriterien muss das Gericht beachten?

15.3.2 Lösung

Es ist nicht gerechtfertigt, Anna gemäß §§ 1666, 1666a BGB die elterliche Sorge zu entziehen.

Nach § 1666 Abs. 1 BGB hat das Familiengericht die zur Abwendung der Gefahr erforderlichen Maßnahmen zu treffen, wenn das körperliche, geistige oder seelische Wohl eines Kindes gefährdet ist und die Eltern nicht gewillt oder nicht in der Lage sind, die Gefahr abzuwenden.

Die teilweise oder vollständige Entziehung der elterlichen Sorge darf als Maßnahme nur ergriffen werden, wenn gegenwärtig eine erhebliche Gefahr vorhanden ist, dass sich eine Schädigung des geistigen oder seelischen Wohls des Kindes ergeben wird, und dieser nur durch die Entziehung des Sorgerechts und nicht durch mildere Maßnahmen begegnet werden kann (BGH, Beschluss vom 26.10.2011, XII ZB 247/11, DRsp-Nr. 2011/21300).

Zudem darf Eltern das Sorgerecht nur unter strikter Beachtung des Grundsatzes der Verhältnismäßigkeit entzogen werden, § 1666a BGB. Helfende und unterstützende Maßnahmen sind vorrangig anzuwenden (BVerfG, Beschluss vom 17.02.1982, 1 BvR 188/80, DRsp-Nr. 1994/2637 und Beschluss vom 28.02.2012, 1 BvR 3116/11, DRsp-Nr. 2012/10833).

Problematisch ist hier, dass die Kindesmutter selbst unter Betreuung steht.

Die Anordnung der Betreuung (§ 1896 BGB) als solche hat aber keine Auswirkung auf die elterliche Sorge, da der Betreute durch die Betreuerbestellung nicht geschäftsunfähig wird. Der Betreuer ist nicht Vertreter des Betreuten in dessen elterlichen Angelegenheiten. Die Anordnung einer Betreuung für einen sorgeberechtigten Elternteil als solche führt auch nicht zum Ruhen der elterlichen Sorge aus rechtlichen Gründen (§ 1673 BGB). Bis zum Beweis des Gegenteils ist auch bei Betreuten davon auszugehen, dass sie die elterliche Sorge für ihre minderjährigen Kinder weiterhin selbst ausüben. Ist die betreute Person freiheitsentziehend untergebracht (§ 1906 BGB), gibt es die Möglichkeit des Ruhens der elterlichen Sorge aus tatsächlichen Gründen (§ 1674 BGB).

Der Betreuer jedenfalls übt grundsätzlich keine elterliche Sorge stellvertretend für den unter Betreuung stehenden Elternteil aus. Stattdessen ist, wenn die Voraussetzungen der §§ 1666 oder 1673 BGB bejaht werden, ein Vormund für das Kind zu bestellen (§ 1773 BGB), sofern nicht ein anderer Sorgerechtsinhaber vorhanden ist (z. B. der andere Elternteil).

Denkbar ist lediglich, dass ein Betreuer mit einem passenden Aufgabenkreis (z. B. Vertretung in familiengerichtlichen Verfahren) die Rechte des betreuten Elternteils in Bezug auf sein Sorgerecht geltend macht. Hier ist eine Vertretung durch einen Betreuer zulässig, nicht aber bei der eigentlichen Ausübung der elterlichen Sorge.

Eine Gefährdung des Kindeswohls kann daher nicht festgestellt werden, auch wenn aufgrund der Behinderung die Haushaltsführung und die damit zusammenhängende Betreuung des Kindes ohne Hilfe Dritter nicht möglich ist. Es besteht die Notwendigkeit, die Mutter und das Kind in der Entwicklung und Erziehung zu unterstützen, wobei beide der ständigen Unterstützung durch Fachkräfte bedürfen. Die Bedenken gegen die Erziehungsfähigkeit der Mutter rechtfertigen demgegenüber nicht den weiteren Eingriff in das Sorgerecht der Mutter. Zumal die Mutter bereit ist, weitere ambulante Unterstützungsmaßnahmen des Jugendamts anzunehmen.

Auch eine mögliche allgemeine Gefahr für das Kind reicht allein noch nicht. Nach §§ 1666, 1666a BGB muss vielmehr eine gegenwärtige, erhebliche Gefahr vorliegen, zu deren Abwendung eine derart schwerwiegende Maßnahme – wie die Entziehung des Sorgerechts – getroffen werden muss. Hier ist daher ein milderes Mittel zu wählen, z. B. wäre eine helfende, unterstützende Maßnahme wie etwa eine Mutter-Kind-Einrichtung gemäß § 19 SGB VIII möglich.

Die Mutter behält die alleinige elterliche Sorge.

15.4 Übungsfall: „Unterbringung von Kindern und Erwachsenen"

Dieser Fall ist der Entscheidung des BGH, Beschluss vom 24.10.2012, XII ZB 386/12 nachgebildet, Formulierungen wurden zum Teil übernommen.

15.4.1 Sachverhalt

Der allein sorgeberechtigten Kindesmutter Manuela wurde das Recht zur Aufenthaltsbestimmung über das 9-jährige Kind Kian zur Zuführung einer medizinischen Behandlung, zur Regelung der ärztlichen Versorgung und Schulangelegenheiten sowie zur Beantragung von Jugendhilfemaßnahmen entzogen und auf das Stadtjugendamt als Ergänzungspfleger übertragen.

Wegen massiver Auffälligkeiten im sexuellen Bereich hatte das Amtsgericht auf Antrag des Stadtjugendamts am 29.09.2011 die Unterbringung des betroffenen Kindes in einer geschlossenen Intensivgruppe für sexuell übergriffig agierende männliche Kinder und Jugendliche und das nächtliche Einschließen des betroffenen Kindes in seinem Zimmer in der Zeit von 21:30 Uhr bis maximal 8:00 Uhr sowie während der Teamkonferenz für die Dauer von maximal 3 Stunden genehmigt. Die Dauer der Genehmigung war bis zum 31.03.2012 befristet.

Die gegen diesen Beschluss gerichtete Beschwerde der Kindesmutter hatte keinen Erfolg.

Trotz des Einschließens von Kian hatte dieser bereits im November 2011 sexuelle Kontakte mit anderen Jugendlichen aus der Wohngruppe, dabei kam es zu einem sexuellen Übergriff von Kian an zwei Jugendlichen.

Im Dezember 2011 beantragte der Ergänzungspfleger daraufhin die Verlängerung der vom Gericht für den Zeitraum bis zum 31.03.2012 bereits erteilten Genehmigung der geschlossenen Unterbringung Kians und des nächtlichen Einschließens in seinem Zimmer in der Zeit von 21:30 Uhr bis maximal 8:00 Uhr sowie während der Teamkonferenz für die Dauer von maximal 3 Stunden.

Diesmal wendete sich die Großmutter Kians, die die einzige familiäre Bezugsperson des Kindes ist und der er vertraut, gegen den Antrag des Ergänzungspflegers.

Das Gericht beauftragte in diesem Verfahren nach Anhörung des Kindes in Anwesenheit des Verfahrensbeistands und des Verfahrensbevollmächtigten der Großmutter einen Sachverständigen.

Für die Begutachtung wurden dem Sachverständigen eine Vielzahl von Berichten über das Verhalten und die Auffälligkeiten des Kindes aus Zeiten, in denen es sich in anderen Kinder- und Jugendhilfeeinrichtungen aufgehalten hatte, sowie Berichte der derzeitigen Erzieher des Kindes zur Verfügung gestellt. Zudem führte der Sachverständige Gespräche mit den Beteiligten.

In seinem Gutachten kam er zu folgendem Ergebnis:

Bei Kian läge eine Störung der psychosexuellen Entwicklung und eine hyperkinetische Störung des Sozialverhaltens vor. Diese Diagnose stütze sich nicht allein auf die Angaben des Kindes, sondern beruhe auf den seit mehreren Jahren dokumentierten Auffälligkeiten in dessen Sexualisierungsverhalten. Daher sei von einer erheblichen Selbst- und Fremdgefährdung des Kindes, insbesondere aufgrund der vorliegenden Störung der psychosexuellen Entwicklung, auszugehen. Diese könne unbehandelt zu einer schweren Störung des Sexualverhaltens führen. Eine derartige Entwicklung sei nicht nur zu vermeiden, um eine zukünftige Fremdgefährdung abzuwenden, sondern auch deshalb, weil eine derartige Entwicklung für den Betroffenen selbst mit einem erheblichen und oft lebenslang wiederkehrenden Leidensdruck verbunden sei. Eine solche Entwicklung sei als eine protrahierte erhebliche Gefährdung zu betrachten, zu deren Abwendung dringend eine weitere geschlossene Unterbringung des Kindes erforderlich sei. Eine adäquate Behandlung des Kindes sei derzeit weder in einer offenen Einrichtung noch im ambulanten Rahmen möglich, weil die Gefahr einer Beendigung der Behandlung durch Weglaufen zu befürchten sei und die therapeutischen/pädagogischen Ziele gegenwärtig nur unter den strukturierten Bedingungen eines geschlossenen Bereichs zu erreichen seien. Es gebe keine Alternative zu einer geschlossenen Unterbringung.

Darf sich die Großmutter überhaupt am Verfahren beteiligen?

Wie wird das Amtsgericht über die beantragte Verlängerung der bereits erteilten Genehmigung der geschlossenen Unterbringung entscheiden? Nennen Sie die Gesetzesnormen, auf die Sie Ihre Antworten stützen.

15.4.2 Lösung

Das Amtsgericht wird dem Antrag nach § 1631b Satz 1 BGB stattgeben und die geschlossene Unterbringung des Kindes (im Fall bis zum 29.01.2013) genehmigen, also die Frist verlängern.

Der Ergänzungspfleger hat den Antrag auf Genehmigung einer mit Freiheitsentziehung verbundenen Unterbringung von Kian nach § 1631b BGB in einer geschlossenen Abteilung einer Kinder- und Jugendhilfeeinrichtung gestellt. Er war antragsberechtigt, da er das Aufenthaltsbestimmungsrecht für das Kind hatte. Er konnte diesen Antrag als Ergänzungspfleger stellen (vgl. § 151 Nr. 6 in Verbindung mit den für das Verfahren in Unterbringungssachen geltenden Vorschriften der §§ 167 Abs. 1, 312 ff. FamFG).

Die Großmutter wendet sich gegen die Unterbringung. Gemäß §§ 151 Nr. 6, 167 Abs. 1 Satz 1, 335 Abs. 1 Nr. 2 FamFG ist sie als Großmutter berechtigt, sich am Verfahren zu beteiligen und ebenfalls antragsberechtigt, da sie dem Kind gegenüber eine Person seines Vertrauens nach § 335 Abs. 1 Nr. 2 FamFG ist. Die Eltern, ggf. Pflegeeltern und das betroffene Kind (ggf.) sind dabei anzuhören, vgl. §§ 159, 160, 161 FamFG. Ein Verfahrensbeistand wurde gemäß § 158 FamFG bestellt. Der örtliche Jugendhilfeträger wurde ebenfalls beteiligt.

Es wurde auch ein Gutachten erstellt. Bei freiheitsentziehenden Maßnahmen (z. B. in einer Jugendhilfeeinrichtung) kann es von einem in der Heimerziehung erfahrenen Sozialpädagogen, Psychotherapeuten oder Psychologen oder Pädagogen erstattet werden (vgl. § 1631b BGB in Verbindung mit §§ 151 Nr. 6, 167 Abs. 6 FamFG).

Die materiellen Voraussetzungen der Genehmigung einer Unterbringung richten sich nach § 1631b BGB.

Nach der vorgenannten Bestimmung bedarf die Unterbringung eines Kindes, die mit Freiheitsentziehung verbunden ist, der Genehmigung des Familiengerichts. Freiheitsentzug liegt dann vor, wenn in die persönliche Bewegungsfreiheit eines Kindes oder Jugendlichen gegen seinen natürlichen Willen umfassend eingegriffen wird, wie z. B. das Festhalten auf beschränktem Raum mit ständiger Überwachung und Sicherungsmaßnahmen, die den Kontakt mit Personen außerhalb des Raumes verhindern. Das Maß einer im Rahmen der allgemeinen Erziehungs- und Aufsichtspflicht angemessenen und üblichen Freiheitsbeschränkung wird damit überschritten. Daher ist hier eine richterliche Entscheidung nötig.

Die Unterbringung ist nur zulässig, wenn sie zum Wohl des Kindes, insbesondere zur Abwendung einer erheblichen Selbst- oder Fremdgefährdung, erforderlich ist und der Gefahr nicht auf andere Weise, auch nicht durch andere öffentliche Hilfen, begegnet werden kann (§ 1631b Satz 2 BGB). Voraussetzungen sind also zunächst, dass eine Kindeswohlgefährdung vorliegt (vgl. §§ 1 SGB VIII, 1631b, 1631 Abs. 2 und 1666 BGB) und dass der Freiheitsentzug zur Abwendung einer Eigen- oder Fremdgefährdung notwendig ist (vgl. § 42 Abs. 5 SGB VIII) mit dem Ziel einer Lebens- bzw. Verhaltensänderung.

Eine geschlossene Unterbringung kommt daher aber nur als letztes Mittel und nur für die kürzeste angemessene Zeit in Betracht (vgl. auch Art. 37 Buchstabe b der UN-Kinderrechtekonvention). Die freiheitsentziehende Maßnahme muss daher geeignet sein, die Gefährdung abzuwenden und sie muss erforderlich sein, d. h., weniger einschneidende Maßnahmen reichen nicht aus, vgl. § 1631b Satz 2 BGB. Die Beurteilung obliegt zunächst den Sorgeberechtigten, ggf. in Abstimmung mit dem örtlichen Jugendhilfeträger. Der Freiheitsentzug darf bei akuter Gefährdung des Kindeswohls (z. B. Suizidgefahr, Kriminalität Strafunmündiger) ohne vorheriges Anrufen des Familiengerichts kurzfristig erfolgen, vgl. § 1631b Satz 3 BGB. Ohne (schuldhaftes) Zögern muss sodann und in allen übrigen Fällen das zuständige Familiengericht angerufen werden (vgl. §§ 151 ff. FamFG).

Der Gesetzgeber hat davon abgesehen, Gründe für eine geschlossene Unterbringung abschließend aufzuzählen, da diese Gründe zu vielschichtig sind. Das Gesetz nennt aber beispielhaft die Abwendung einer erheblichen Selbst- oder Fremdgefährdung. Im Fall der Fremdgefährdung kann die Unterbringung des Kindes geboten sein, wenn das Kind sich sonst dem Risiko von Notwehrmaßnahmen, Ersatzansprüchen und Prozessen aussetzt. Eigen- und Fremdgefährdung sind insoweit eng miteinander verbunden (vgl. BGH, Beschluss vom 18.07.2012, XII ZB 661/11, FamRZ 2012, 1556 m. w. N.).

Diese Voraussetzungen für eine Unterbringung sind vorliegend erfüllt.

Die Unterbringung dient dem Wohl des betroffenen Kindes, weil sie zur Abwendung einer erheblichen Selbst- oder Fremdgefährdung erforderlich ist.

Auf der Grundlage des eingeholten Sachverständigengutachten wurde festgestellt, dass das Kind an einer Störung der psychosexuellen Entwicklung und des Sozialverhaltens leidet, die unbehandelt zu einer schweren Störung des Sexualverhaltens führen kann. Nach den Ausführungen des Sachverständigen kann das Kind derzeit weder in einer offenen Einrichtung noch in einem ambulanten Rahmen ausreichend therapeutisch betreut werden. Aufgrund der Verhaltensauffälligkeiten des Kindes vor der Unterbringung in der Einrichtung, in der es sich jetzt befindet, kann man darauf schließen, dass außerhalb einer geschlossenen Unterbringung die Gefahr besteht, dass sich das Kind Dritten gegenüber erneut sexuell auffällig verhält. Aufgrund des vom Sachverständigen dargestellten Krankheitsbildes ist die Annahme, das Kind bedürfe einer pädagogischen und therapeutischen Betreuung, die nur im Rahmen einer geschlossenen Einrichtung erbracht werden kann, rechtlich nicht zu beanstanden.

Aufgrund des Alters und der bisherigen Entwicklung des Kindes in der Einrichtung bestehen auch gegen den Zeitraum, für den die Unterbringung genehmigt wurde, keine rechtlichen Bedenken. Der Verbleib des Kindes in der Einrichtung ist nicht deshalb kindeswohlgefährdend, weil es im November 2011 zu einem sexuellen Übergriff auf zwei Jugendliche aus der Wohngruppe des Kindes gekommen ist. Hierbei hat es sich um einen einmaligen Vorgang gehandelt, aus dem die Einrichtung entsprechende Konsequenzen gezogen hat.

Der Sachverständige hat seine Diagnose und die daraus gezogenen Schlussfolgerungen nicht allein auf die Angaben des Kindes gestützt. Ihm stand für die Begutachtung eine Vielzahl von Berichten über das Verhalten und die Auffälligkeiten des Kindes aus Zeiten zur Verfügung, in denen es sich in anderen Kinder- und Jugendhilfeeinrichtungen aufgehalten hat. Zudem konnte der Sachverständige auf Berichte der derzeitigen Erzieher des Kindes sowie auf die Angaben des Verfahrenspflegers zurückgreifen.

15.5 Übungsfall: „Elterliche Sorge und Sterbenlassen des Kindes"

Dieser Fall ist einer Entscheidung des OLG Hamm, Urteil vom 24.05.2007, 1 UF 78/07 nachgebildet, Formulierungen wurden zum Teil übernommen.

15.5.1 Sachverhalt

Der vierjährige, mehrfach schwerbehinderte Kim musste von den Ärzten in ein dauerhaftes künstliches Koma versetzt werden. Unter anderem litt Kim unter einem extremen spastischen Dauerzustand, der zu einer völligen Versteifung des Körpers und Verdrehung der Wirbelsäule führte (Apalliker). Nach Auskunft mehrerer Fachärzte bestand für das Kind keine Aussicht auf Besserung seines Gesundheitszustandes. Daraufhin entschlossen sich die Eltern, die künstliche Ernährung des Kindes einstellen zu lassen.

Hiergegen schritt das zuständige Jugendamt ein, das vom behandelnden Arzt des Kindes benachrichtigt wurde, und beantragte die Fortführung der künstlichen Ernährung beim Familiengericht. Das Jugendamt beantragte insoweit zudem, einen Teil der elterlichen Sorge den Eltern für Kim zu entziehen, nämlich das Aufenthaltsbestimmungsrecht und die Gesundheitsfürsorge, und eine Pflegschaft einzurichten. Zur Begründung hat es im Wesentlichem ausgeführt, die Absicht der Eltern, lebenserhaltende medizinische Maßnahmen bei Kim und ihre künstliche Ernährung beenden zu wollen mit der Konsequenz, dass Kim sterbe, gefährde das Kindeswohl und überschreite den ihnen zuzubilligenden Ermessensspielraum. Ob und inwieweit künftig eine Wiederherstellung zumindest insoweit möglich sein werde, dass Kim zumindest eine basale Teilhabe am Leben ermöglicht werden könne, sei offen.

Wie wird das Gericht über den Antrag entscheiden? Nennen Sie die Gesetzesgrundlagen, auf die sich das Jugendamt gestützt haben könnte.

15.5.2 Lösung

Das Gericht wird den Antrag des Jugendamtes abweisen, da die Eltern hier ihre Elternverantwortung nicht missbräuchlich wahrgenommen oder gar schuldhaft i. S. v. § 1666 BGB versagt haben. In rechtlicher Hinsicht lassen sich die Voraussetzungen für einen – auch nur partiellen – Sorgerechtsentzug gem. §§ 1666, 1666a BGB nicht feststellen.

Bei minderjährigen Kindern haben die Eltern das Recht, für das Kind die Zustimmung zu einer ärztlichen Behandlung zu erklären oder zu verweigern. Angesichts des Alters von Kim von nur vier Jahren bedarf es keiner vertiefenden Betrachtung, dass die Eltern dabei mit wachsender Reife die eigenen Wünsche des Kindes zu beachten haben. Den Eltern steht es gemäß Artikel 6 Abs. 2 S. 1 GG als natürliches Recht und als die zuvörderst ihnen obliegende Pflicht zu, für ihr Kind Entscheidungen über die Zuführung zu ärztlicher Behandlung zu treffen. So wie das Grundgesetz diese Aufgabe allein den Eltern überträgt und diesem eigenen Entscheidungsrecht der Eltern Verfassungsrang einräumt, so richtet das Grundgesetz in Artikel 6 Abs. 2 S. 2 GG aber auch das Wächteramt der staatlichen Gemeinschaft ein. Dieses Wächteramt übt die Familiengerichtsbarkeit aus, indem sie die Wohlschranke des § 1666 BGB zu prüfen hat.

Die Eltern dürfen für Kim so entscheiden, wie sie auch aktuell über ihre eigene Behandlung entscheiden dürfen. Dies ist der Kerngehalt des Grundrechtes nach Artikel 6 GG. Dieses Grundrecht findet folglich seine Grenzen nur im objektiven Wohl des Kindes.

Nach ständiger Rechtsprechung widersprechen der Behandlungsabbruch, das Zulassen des Sterbens unter Beachtung einer Patientenverfügung und das Zulassen des Sterbens per se nicht dem Wohl eines Menschen. Diese gewandelte allgemeine Wertvorstellung ist Folge der heutigen Möglichkeiten der Medizin, menschliches Leben in früher ebenso unbekanntem wie ungeahntem Ausmaß künstlich zu verlängern und damit das Sterben auch bei an sich unumkehrbar tödlichen Krankheitsverläufen beliebig hinauszuschieben.

Die Eltern haben sich entschieden, Kim sterben zu lassen, indem die künstliche Lebenserhaltung durch die derzeitige Ernährungstherapie beendet wird. Kims Sterbevorgang soll palliativmedizinisch so therapiert werden, dass sie nach ärztlichem und menschlichem Ermessen nicht einmal über basale Wahrnehmungen Leid empfinden kann.

Das Zulassen des symptomfreien Sterbens widerspricht nicht dem Wohl von Kim.

Zum einen hat Kim schwerste Gesundheitsschädigungen. Zum anderen ist auszuschließen, dass sich an diesem Zustand jemals etwas Gravierendes ändern wird. Einziges Therapieziel soll das Erreichen der Schmerzlosigkeit unter Inkaufnahme der weitgehenden Reduzierung selbst basaler Reaktionsfähigkeiten sein. Es soll also das Empfinden des Schmerzes durch das gänzliche Ausschalten von letzten Empfindungsmöglichkeiten des allein funktionierenden Stammhirns ausgeschlossen werden.

Damit entfallen aber auch die letzten Argumente für eine Lebenserhaltung des Kindes, nämlich das wenigstens basale Teilnehmen an der Umwelt. Eine Kontaktaufnahme im Sinne einer bewussten Willensbetätigung oder auch nur als Zeichen vorhandenen Bewusstseins lässt sich nach gegenwärtigen Erkenntnisstand und dem Stand der medizinischen Wissenschaft mit Sicherheit ausschließen. Das gilt auch für eine Kommunikation auf „nonverbaler Ebene", soweit damit irgendeine Bewusstseinsbetätigung gemeint ist. Nicht erfasst sind lediglich reflexartige Reaktionen auf eingebrachte körperliche Reize, die als reine Stammhirnfunktionen keine geeigneten Anzeichen für Reste von Bewusstsein darstellen.

Die Eltern haben, ausgehend von zutreffenden tatsächlichen Gegebenheiten und in Kenntnis ihrer Rechte, Pflichten und ihrer Verantwortung, eine nach bürgerlichem Recht und verfassungsrechtlich garantiert zuvörderst ihnen zukommende Entscheidung nach reiflicher Überlegung getroffen. Anhaltspunkte für einen Sorgerechtsmissbrauch liegen nicht vor. Maßstab ist insoweit nicht, ob ein anderer Entscheidungsträger ein ihm zustehendes Ermessen möglicherweise anders ausgeübt hätte. Jedenfalls wäre das Ermessen nicht zwingend anders auszuüben.

Ein Sorgerechtsmissbrauch ergibt sich insbesondere auch nicht unter dem Gesichtspunkt, dass die Entscheidung der Eltern möglicherweise oder sogar wahrscheinlich den Tod Kims zur Folge hätte. In ihrer konkreten Situation ohne die Perspektive einer Besserung ihrer gesundheitlichen Situation, ohne nach medizinischem Ermessen greifbare Wahrscheinlichkeit der Wiedererlangung irgendeiner Bewusstseinsfunktion und einhergehend mit weiteren irreversiblen, wenn auch nur auf basaler Ebene als schmerzhaft erlebten, gesundheitlichen Beeinträchtigungen, die nur durch weitere invasive Eingriffe gemildert werden können, erscheint auch aus Sicht des Kindeswohls die Entscheidung, einer Fortsetzung der lebenserhaltenden Maßnahmen nicht weiter zustimmen zu wollen, nicht missbräuchlich.

15.6 Übungsfall: „Sorgerecht bei ungewisser wirtschaftlicher und räumlicher Situation der Eltern"

Dieser Fall ist einer Entscheidung des Bundesverfassungsgerichts vom 19.11.2014, 1 BvR 1178/14 nachgebildet, Formulierungen wurden zum Teil übernommen.

15.6.1 Sachverhalt

Bijan stammt aus Afrika und lebt inzwischen geduldet in Deutschland. Seine Freundin Anna, die er in Frankfurt kennengelernt hat, leidet an gravierenden psychischen Erkrankungen und wurde von ihm schwanger. Bijan und Anna trennten sich noch während der Schwangerschaft. In den Monaten vor der Entbindung wurde Anna in einem Mutter-Kind-Heim betreut. Im Oktober 2014 gaben Bijan und Anna vorgeburtlich eine Vaterschaftsanerkennung und eine gemeinsame Sorgeerklärung ab. Unter Verweis auf die psychische Situation der Mutter und die intransparente Wohn- und Lebenssituation von Bijan entzog das Amtsgericht auf Anregung des Jugendamts beiden Eltern kurz vor der Geburt im Wege einer einstweiligen Anordnung das Aufenthaltsbestimmungsrecht, die Gesundheitssorge und das Recht zur Beantragung öffentlicher Hilfen und bestellte das Jugendamt zum Ergänzungspfleger. Mitte Februar 2015 wurde die Tochter von Bijan und Anna geboren. Sie wurde nach der Entlassung aus dem Krankenhaus in einer Pflegefamilie untergebracht, wo sie seitdem lebt. Anfang Mai 2015 traf das Amtsgericht eine Umgangsregelung, nach der begleitete Kontakte stattfanden. Im April 2016 wurde die Bereitschaftspflege des Kindes in eine Dauerpflege in derselben Familie umgewandelt.

Bijan wendete sich dagegen, dass die elterliche Sorge für sein Kind ihm – wie auch der Mutter – entzogen und auf das Jugendamt übertragen wurde. Bijan beantragte daher, ihm das alleinige Sorgerecht zu übertragen.

Das Amtsgericht gab ein Sachverständigengutachten dazu in Auftrag, ob die Eltern in der Lage seien, das körperliche, geistige und seelische Kindeswohl sicherzustellen, und somit erziehungsfähig seien.

Die Sachverständige hielt die Mutter für krankheitsbedingt erziehungsunfähig und Bijan für nur teilweise erziehungsfähig. Sie empfahl, das Kind weiterhin in einer Pflegefamilie unterzubringen. Bijan fehle es an Kernkompetenzen in der Kindererziehung. Bei ihm liege eine erhebliche Bindungsintoleranz gegenüber der Mutter vor. Seine ungewisse wirtschaftliche und räumliche Situation würden eine Kindeswohlgefährdung darstellen. Sein aufenthaltsrechtlicher Status sei nach wie vor nicht endgültig geklärt. Zwar löse dies allein keine Kindeswohlgefahr aus. Die damit verbundene ungewisse wirtschaftliche und räumliche Situation wiege aber schwer und begründe eine Kindeswohlgefährdung, weil es bei dem Kind in erster Linie auf feste Strukturen im Alltagsleben ankomme.

Seine Einstellung zum deutschen Rechts- und Wertesystem sei problematisch. Er ziehe afrikanische Erziehungsmethoden vor und distanziere sich nicht von der selbst erlebten, teilweise gewalttätigen Erziehung. Bijan könne derzeit das körperliche, geistige und seelische Wohl der Tochter nicht sicherstellen. Es fehle ihm (noch) an Kernkompetenzen bei der Kindeserziehung. Ihm habe nach den Ausführungen der Sachverständigen in den von ihr beobachteten Umgangskontakten oft die Fähigkeit gefehlt, auf die konkreten Bedürfnisse des Kindes einzugehen. So habe er mehrmals versucht, das Kind mittels Schütteln auf dem Arm zu beruhigen, was alle Beteiligten als dem Alter der Tochter unangemessen beschrieben hätten.

Wie wird das Gericht auf der dargestellten Sachverhaltsgrundlage und insbesondere unter Berücksichtigung des Sachverständigengutachtens entscheiden?

15.6.2 Lösung

Das Gericht wird derzeit noch nicht über die gestellten Anträge entscheiden können und wird auch das Gutachten nur zum Teil zugrunde legen.

Eine die Trennung des Kindes von Bijan legitimierende Kindeswohlgefahr liegt nicht vor und würde eine Verletzung des Elternrechts gemäß Art. 2 Abs. 1, Art. 3 Abs. 1, Art. 6 Abs. 1 und Abs. 2 GG darstellen. Sein Elterngrundrecht wäre verletzt, weil die Voraussetzungen für eine Entziehung des Sorgerechts nach Art. 6 Abs. 2 und Abs. 3 GG nicht vorliegen.

Für die Fachgerichte ergibt sich aus Art. 6 Abs. 2 und 3 GG das Gebot, die dem Kind drohenden Schäden ihrer Art, Schwere und Eintrittswahrscheinlichkeit nach konkret zu benennen und vor dem Hintergrund des grundrechtlichen Schutzes vor der Trennung des Kindes von seinen Eltern zu bewerten. Die Fachgerichte werden dem i. d. R. nicht gerecht, wenn sie ihren Blick nur auf die Verhaltensweisen der Eltern lenken, ohne die sich daraus ergebenden schwerwiegenden Konsequenzen für die Kinder darzulegen (BVerfG, Beschluss vom 19.11.2014, 1 BvR 1178/14).

Art. 6 Abs. 2 Satz 1 GG garantiert den Eltern das Recht auf Pflege und Erziehung ihrer Kinder. Der Schutz des Elternrechts erstreckt sich auf die wesentlichen Elemente des Sorgerechts, ohne die die Elternverantwortung nicht ausgeübt werden kann (vgl. BVerfGE 84, 168, 180; 107, 150, 173). Eine Trennung des Kindes von seinen Eltern gegen deren Willen stellt den stärksten Eingriff in das Elterngrundrecht dar. Art. 6 Abs. 3 GG erlaubt diesen Eingriff nur unter strengen Voraussetzungen. Das ist nur dann der Fall, wenn die Eltern versagen oder das Kind aus anderen Gründen zu verwahrlosen droht. Nicht jedes Versagen oder jede Nachlässigkeit der Eltern berechtigen den Staat einzugreifen (vgl. BVerfG, Beschluss vom 19.11.2014, 1 BvR 1178/14).

Nicht zur Ausübung des Wächteramts gehört es, gegen den Willen der Eltern für eine bestmögliche Förderung der Fähigkeiten des Kindes zu sorgen. Um eine Trennung des Kindes von den Eltern zu rechtfertigen, muss das elterliche Fehlverhalten vielmehr ein solches Ausmaß erreichen, dass das Kind bei den Eltern in seinem körperlichen, geistigen oder seelischen Wohl nachhaltig gefährdet wäre (BVerfG, Beschluss vom 17.02.1982, 1 BvR 188/80, DRsp-Nr. 1994/2637).

Die Annahme einer nachhaltigen Gefährdung des Kindes setzt voraus, dass bereits ein Schaden des Kindes eingetreten ist oder sich eine erhebliche Schädigung mit ziemlicher Sicherheit voraussehen lässt

(BVerfG, Beschluss vom 29.01.2010, 1 BvR 374/09, DRsp-Nr. 2010/3999 und Beschluss vom 28.02.2012, 1 BvR 3116/11, DRsp-Nr. 2012/10833). Eine solche Kindeswohlgefahr, die eine Trennung des Kindes von Bijan legitimieren würde, liegt hier aber nicht vor. Gemessen an der enormen Tragweite der Entscheidung für Kind und Vater kann sich das Gericht hier auch nicht einfach auf die Feststellungen im Sachverständigengutachten berufen, sondern es muss eine eigenständig tatsächlich eingeordnete und einer rechtlichen Würdigung unterzogene Entscheidung treffen.

Die Annahme einer Kindeswohlgefahr, die die Sachverständige hier bejaht, begegnet Zweifeln, weil die zugrunde liegenden Fragestellungen die zu ermittelnden Umstände nicht klären können und die Sachverständige Bijan möglicherweise nicht mit der gebotenen Neutralität begegnet ist (vgl. BVerfGE, Beschluss vom 19.11.2014, 1 BvR 1178/14). Zwar geht das Gutachten auf mögliche Defizite an der Erziehungsfähigkeit Bijans ein, ohne dass sich daraus aber ergibt, welcher Art, Schwere und Wahrscheinlichkeit die befürchteten Beeinträchtigungen des Kindes sind und weshalb diese Gefahren so gravierend sind, dass sie eine Fremdunterbringung legitimieren.

Die Annahme, Bijan könne derzeit das körperliche, geistige und seelische Wohl der Tochter nicht sicherstellen, es fehle ihm (noch) an Kernkompetenzen bei der Kindererziehung, er sei nicht ausreichend in der Lage, im Kontakt mit der Tochter auf deren Bedürfnisse einzugehen, begründet keine tragfähige Grundlage für die Feststellung einer nachhaltigen Kindeswohlgefährdung. Es ist unklar, woraus ein solches Defizit hergeleitet wird. Soweit man hier auf die erfolglosen Versuche von Bijan, das Kind während der Umgangskontakte zu beruhigen, abstellt, werden nur Schwierigkeiten beschrieben, die sich ohne Weiteres mit der durch die Fremdunterbringung verursachten Unerfahrenheit von Bijan erklären lassen. Daraus allein kann nicht hergeleitet werden, dass Bijan die emotionalen Bedürfnisse des Kindes nicht angemessen wahrnehmen kann.

Die Annahme, bei Bijan liege eine erhebliche Bindungsintoleranz vor, er wolle das Kind der Mutter vorenthalten, hat ebenfalls keine hinreichende Grundlage. Es ist nicht erkennbar, woraus dies hergeleitet wird. Unabhängig davon begründet selbst eine negativ-manipulative Beeinflussung der Kinder gegen den anderen Elternteil, die zum völligen Kontaktabbruch führt, nicht ohne Weiteres eine die Fremdunterbringung rechtfertigende Kindeswohlgefahr. Dies ist nur dann anzunehmen, wenn deshalb besonders gravierende Entwicklungseinbußen eingetreten oder zu erwarten wären, die die nachteiligen Folgen einer

Trennung des Kindes von beiden Eltern überwögen (vgl. BGH, Beschluss vom 26.10.2011, XII ZB 247/11). Hier sind solche Folgen nicht ersichtlich.

Auch der Aufenthaltsstatus von Bijan begründet keine die Trennung rechtfertigende Kindeswohlgefahr, da der Aufenthaltsstatus für sich genommen ohne Bedeutung für die Frage der Erziehungsfähigkeit ist (vgl. BVerfG, Beschluss vom 20.10.2008, 1 BvR 2275/08). Bijan kann trotz seines Aufenthaltsstatus eine ausreichende Kontinuität sicherstellen, denn er hätte als sorgeberechtigter Vater Anspruch auf Erteilung einer Aufenthaltserlaubnis nach § 28 Abs. 1 Nr. 2 AufenthG und könnte dem Kind feste Strukturen im Alltagsleben schaffen.

Es ist auch nicht nachvollziehbar, inwiefern man eine die Trennung von Kind und Eltern legitimierende Gefahr für das Wohl des Babys darin sehen kann, dass Bijan seinem Kind hinsichtlich der „Einstellung zum deutschen Rechte- und Wertesystem" nach den Feststellungen der Sachverständigen „sicher kein Vorbild" sein könne.

Die Gutachterin bemängelt zuletzt, dass Bijan afrikanische Erziehungsmethoden anwende. Wenn aber die Haltung oder Lebensführung der Eltern von dem von der Gutachterin für sinnvoll gehaltenen Lebensmodell abweicht, begründet dies noch keine Kindeswohlgefährdung.

Das Gericht wird sich daher zur Beurteilung des Einzelfalls mit den Inhalten und Schlussfolgerungen des Gutachtens kritisch auseinandersetzen und die Ausführungen nicht allgemein übertragen, sondern sich vielmehr gerade bei einer Entziehung des Sorgerechts und einer Trennung des Kindes von seinen Eltern gewissenhaft mit zahlreichen fallbezogenen Einzelkriterien auseinandersetzen.

Es wird daher prüfen, ob das elterliche Fehlverhalten ein solches Ausmaß erreicht, dass das Kind bei den Eltern in seinem körperlichen, geistigen oder seelischen Wohl nachhaltig gefährdet wäre. Das setzt voraus, dass bereits ein Schaden des Kindes eingetreten ist oder sich eine erhebliche Schädigung mit ziemlicher Sicherheit voraussehen lässt. Demnach reicht es nicht aus, lediglich die Defizite der Eltern zu benennen.

Weiterhin muss das Gericht noch prüfen, welcher Art, Schwere und Wahrscheinlichkeit die befürchteten Beeinträchtigungen des Kindes sind und weshalb diese Gefahren so gravierend sind, dass sie eine Fremdunterbringung legitimieren.

Dazu gibt es im Sachverhalt bisher keine Anhaltspunkte.

15.7 Übungsfall: „Erziehungseignung einer streng islamischen Mutter"

Dieser Fall ist einer Entscheidung des OLG Hamm, Beschluss vom 12.05.2017, 4 UF 94/16 nachgebildet, Formulierungen wurden zum Teil übernommen.

15.7.1 Sachverhalt

Die Kindeseltern Melissa und Aren haben sich im Jahr 2005 kennengelernt und sind eine Beziehung eingegangen, in deren Rahmen die Kindesmutter kurze Zeit später schwanger geworden ist. Melissa ist in Deutschland geboren, hat dann aber ihre ersten elf Lebensjahre in Serbien verbracht. Nach dem Umzug nach Deutschland hat sie zunächst ein Gymnasium besucht und dann auf einer Gesamtschule das Fachabitur absolviert. Aufgrund der frühen Schwangerschaft hat sie keine weitere Ausbildung gemacht.

Aren ist in Nigeria aufgewachsen und ist im Jahr 2004 nach Deutschland gekommen. Er hat zwölf Jahre lang die Schule besucht, jedoch keine Ausbildung absolviert. Seine Familie lebt in Nigeria. In Deutschland hat er nach eigenen Angaben lediglich zwei Monate lang eine Schule besucht, weil er ein Studium angestrebt habe. Einen Abschluss hat er jedoch nicht gemacht, sondern stattdessen in verschiedenen Bereichen gearbeitet, zeitweise als Lagerarbeiter.

Mit Urkunde vom 21.04.2006 wurde eine gemeinsame Sorgerechtserklärung abgegeben. Der Verlauf der Beziehung nach der Geburt wird von den Kindeseltern unterschiedlich dargestellt. Während Melissa angibt, Aren habe sich wenig bis gar nicht um sie und das Kind gekümmert, hat Aren angegeben, dass man sich in der Folgezeit gemeinsam um die Tochter gekümmert habe, wobei er jedoch auch viel unterwegs gewesen sei. Gelebt haben die Kindeseltern von den Einkünften der Kindesmutter, die sie vom Jobcenter erhalten hat.

Melissa hat angegeben, Aren sei ihr gegenüber bereits zum Ende der Schwangerschaft hin gewalttätig gewesen und dies habe sich auch nach der Geburt des Kindes regelmäßig fortgesetzt. Der Kindesvater habe auch unmittelbar nach der Geburt andere Partnerinnen gehabt. Unstreitig hat er sich wohl nach der Geburt überwiegend in der Wohnung der Kindesmutter aufgehalten, war aber häufiger abwesend.

Aren und – ihm folgend – wohl auch Melissa haben jedenfalls in der Vergangenheit während der frühen Kindheit des Kindes regelmäßig Cannabis konsumiert, der Kindesvater auch häufiger in erheblichen Mengen Alkohol. Im Oktober 2008 ist angesichts einer weiteren tätlichen Auseinandersetzung die Beziehung beendet gewesen. Gleichwohl ist Aren offensichtlich in der Wohnung von Melissa verblieben. Im März 2009 erfolgte allerdings der Umzug Melissas mit dem Kind in eine andere Wohnung. Aren hat dagegen angegeben, dass es zwar teilweise verbale Auseinandersetzungen mit der Kindesmutter gegeben habe, aber keinerlei Ausübung von Gewalt. Er sei aus der Wohnung ausgezogen.

Tatsächlich sind Anfang des Jahres 2011 die Umgangskontakte zum Kindesvater aufgrund eines Konflikts abgebrochen worden. Kontakte der beteiligten Eltern miteinander waren ebenfalls selten und endeten mit weiteren Auseinandersetzungen. Ein vorläufig letzter Kontakt hat im Rahmen der Einschulung des Kindes im Herbst 2012 stattgefunden, wobei sich der Kindesvater hierbei verspätet hat. In der Folgezeit hatte er dann keinen Umgang.

Die Kindesmutter ist bereits (im September) 2011 vom Christentum zum Islam konvertiert. Im November 2012 hat sie einen neuen Partner kennengelernt (mit marokkanischer Staatsangehörigkeit), den sie im Jahr 2013 nach islamischem Recht geheiratet hat. Die Kindesmutter vertritt eine strenge Linie des Islam und trägt eine Vollverschleierung (Niquab). Tatsächlich trägt auch das Kind in der Öffentlichkeit, so auch in der Schule, seit dem siebten Lebensjahr ein Kopftuch. In der Folgezeit hatte Aren keinen Kontakt mehr zu Melissa sowie zum Kind.

Erst im Jahr 2014 begehrte der Kindesvater erneut Umgang. Im Rahmen des Umgangsverfahrens wurden begleitete Umgangskontakte vereinbart, die aber aufgrund der Weigerungshaltung von Melissa nicht umgesetzt werden konnten. Sie hat daraufhin die alleinige Übertragung des Sorgerechts auf sich beantragt.

Das Gericht hat einen Verfahrensbeistand bestellt, der sich dafür ausgesprochen hat, das Sorgerecht auf die Kindesmutter zu übertragen. Kommunikationsfähigkeit und Kommunikationsziele seien bei den Kindeseltern nicht mehr gegeben. Dies habe sich insbesondere auch in dem von ihr als Umgangspflegerin begleiteten Umgangsverfahren gezeigt. Es bestünden zwischen den Kindeseltern grundsätzlich voneinander abweichende Erziehungsvorstellungen. Auch perspektivisch bestünden keine Anhaltspunkte, dass selbst unter Vermittlung Dritter damit zu rechnen wäre, dass die Eltern zumindest auf einem Minimalniveau miteinander kommunizieren könnten. Dem Wohle des Kindes entspreche es besser, wenn die elterliche Sorge von der Kindesmutter allein ausgeübt werde. Das entspreche zum einen dem ausdrücklich geäußerten Willen des Kindes. Zum anderen lebe das Kind seit der Trennung bei der Kindesmutter ohne wesentliche Kontakte zum Kindesvater. Zudem sei der Kindesvater auch deshalb unzuverlässig, weil er sich trotz Terminvereinbarung nicht zu einem Gespräch mit dem Verfahrensbeistand eingefunden habe.

Aus den vom Gericht beauftragten Sachverständigengutachten geht hervor, dass die Kindesmutter in jeder Beziehung in der Lage sei, ihr Kind angemessen zu erziehen, während beim Kindesvater deutliche Einschränkungen in der Erziehungsfähigkeit vorlägen. Diese bestünden in einer deutlich eingeschränkten Empathiefähigkeit und in einem geringen Wissen über die Wesensmerkmale eines Kindes. Auch die starke Selbstbezogenheit des Kindesvaters verbunden mit einer fehlenden Möglichkeit zur selbstkritischen Reflexion schränkten dessen Erziehungsfähigkeit deutlich ein. Entscheidend sei jedoch, dass es zwischen den Kindeseltern an einer tragfähigen Beziehung mangele, die auch nur ein Mindestmaß an Kooperationsfähigkeit ermöglichen würde. Die Kindeseltern seien in ihren Grundüberzeugungen, ihrer Lebensführung und ihrer Persönlichkeit dergestalt unterschiedlich, dass eine Verständigung über wesentliche Belange des Kindes unmöglich sei. Das Kind sei aber dennoch normal entwickelt und sei eine ordentliche Schülerin. Das Kind strebe eine hohe berufliche Ausbildung an. Das Tragen des Kopftuches verursache keinerlei Probleme in der Schule. Auch andere Mitschülerinnen trügen Kopftuch.

Wie wird das Gericht über den Antrag von Melissa auf Übertragung des alleinigen Sorgerechts auf sich entscheiden?

15.7.2 Lösung

Gemäß § 1671 Abs. 1 S. 2 Nr. 2 BGB ist dem Antrag der Kindesmutter auf Übertragung des alleinigen Sorgerechts stattzugeben, weil vorliegend zu erwarten ist, dass die Aufhebung der gemeinsamen Sorge und die Übertragung auf die Kindesmutter dem Wohl des Kindes am besten entsprechen.

Die Aufhebung des gemeinsamen Sorgerechts ist erforderlich, weil es keine gemeinsame Kommunikationsbasis der Kindeseltern mehr gibt. Maßgeblich für das Fehlen einer Kommunikationsbasis sind insbesondere die in erster Linie religiös bedingten völlig unterschiedlichen und nicht miteinander zu vereinbarenden Wert- und Erziehungsvorstellungen der Kindeseltern. Diese lassen eine Kommunikations- und Kooperationsfähigkeit nicht mehr als möglich erscheinen.

Weiterhin ist vorliegend zu erwarten, dass die Übertragung der elterlichen Sorge auf die Kindesmutter dem Kindeswohl am besten entspricht. Diese Prognose stützt sich auf die allgemein anerkannten Kriterien, die für das Kindeswohl maßgeblich sind. Diese Kriterien sind die allgemeine Erziehungseignung, das Förderungsprinzip, das Kontinuitätsprinzip (im Sinne der Einheitlichkeit, Stabilität und Gleichmäßigkeit der Erziehungsverhältnisse), die Bindungen des Kindes und schließlich der Wille des Kindes. Hinsichtlich der letzten drei Kriterien ergeben sich nach der Sachlage deutliche Vorzüge einer elterlichen Sorge der Kindesmutter. Wie sich aus dem oben dargestellten Sachverhalt ergibt, lebt das Kind nach der Trennung der Eltern mittlerweile seit ca. acht Jahren bei der Kindesmutter, die allein die Betreuung und Erziehung des Kindes übernommen hat. Tatsächlich hat das Kind in den vorangegangenen Jahren ganz seltene und sporadische Kontakte zum Kindesvater, wobei letztlich dahinstehen mag, was dafür ursächlich gewesen ist. Faktisch hat das Kind demnach nur Bindungen zur Kindesmutter aufgebaut und keinerlei Bindungen zum Kindesvater. Ergebnis dessen ist, dass das Kind die Interaktion mit dem Kindesvater schon im Ansatz verweigert hat.

Auch der Wille des Kindes, bei wem es verbleiben will, ist ganz klar, nämlich bei der Kindesmutter. Unabhängig davon, ob die Kindesmutter möglicherweise nicht ihrer Wohlverhaltenspflicht (§ 1684 Abs. 2 BGB) gegenüber dem Kindesvater nachgekommen ist, steht jedenfalls fest, dass das mittlerweile elfjährige Kind unter keinen Umständen zum Kindesvater will. Diesen eindeutigen Willen zu brechen und dem Kindesvater das Sorgerecht zu übertragen, ist jedenfalls nicht dem Kindeswohl förderlich.

Im Hinblick auf das Förderungsprinzip ist in tatsächlicher Hinsicht zunächst festzustellen, dass die Kindesmutter das Kind trotz schwieriger Verhältnisse (sowohl in persönlicher als auch in wirtschaftlicher Hinsicht) recht gut erzogen hat. Das Kind ist ausweislich der Feststellungen der Sachverständigen normal entwickelt und eine ordentliche Schülerin.

Kritisch im Hinblick auf die Erziehungseignung der Mutter ist allerdings zu bewerten, dass die streng islamische Erziehung des Kindes für das Kind eher ungünstig ist und bisweilen mit sozialen Einschränkungen einhergeht, welche den Erfahrungsraum und die Entwicklungsmöglichkeiten des Kindes auch langfristig beschränken können. Insoweit stellt es für das Kind einen Nachteil dar, dass ihm von der Kindesmutter eine Vollverschleierung sowohl von dieser selbst als auch von ihrem derzeitigen Lebenspartner vorgelebt wird und dass persönliche Gespräche mit Personen des jeweils anderen Geschlechts nur unter erheblichen Einschränkungen möglich sind. Insgesamt ist nach dem Ergebnis des Gutachtens den Angaben des Kindes aber zu entnehmen, dass es selbst einen positiven Bezug zur Schule hat sowie eine hohe berufliche Ausbildung anstrebt, sodass nicht von einer seitens der Kindesmutter vermittelten geringfügigen Bedeutung von Schule und Bildung auszugehen sei. Zudem ist nach den eigenen Darstellungen des Kindes von einer den kindlichen Bedürfnissen entsprechenden Freizeitgestaltung sowie einer ausreichenden sozialen Integration auszugehen, da es in der Schule keinerlei Probleme wegen des Tragens des Kopftuches gebe, zumal auch einige andere Mitschülerinnen ein Kopftuch trügen.

Im Hinblick auf die Erziehungsfähigkeit der Kindesmutter ist einschränkend zu bewerten, dass die Bindungstoleranz der Kindesmutter im Hinblick auf den Kindesvater als eingeschränkt zu beurteilen ist, weil die Kindesmutter die Bedeutsamkeit des Vaters für die psychosoziale Entwicklung des Kindes nicht (mehr) anerkennt. Insgesamt unterliegt die Erziehungsfähigkeit der Mutter jedenfalls keinen weiteren grundlegenden Einschränkungen.

Hinsichtlich des Kindsvaters ermittelte die Sachverständige nur eine eingeschränkte Erziehungsfähigkeit. Die Sachverständige hat insoweit ausgeführt, dass bei ihm nur ein geringes Wissen über die Wesensmerkmale des Kindes sowie eine nur deutlich eingeschränkte Empathiefähigkeit bestünden und das Fehlen einer selbstkritischen Auseinandersetzung mit eigenen Anteilen an den familiären Entwicklungen und der aktuellen Situation festgestellt. Der Kindesvater hat sich auch nicht nachdrücklich darum bemüht, regelmäßigen Umgangskontakt mit dem Kind zu haben bzw. sich in Erziehungsfragen einzubringen. Unabhängig von den zwischen den Kindeseltern streitigen Umständen, die dazu geführt haben, dass der Kindesvater das Kind nur wenig gesehen hat, hätte es bei wirklichem Interesse an dem Kind Mittel und Wege gegeben, gegebenenfalls unter Einschaltung der Gerichte, größeren Einfluss auf die Erziehung des Kindes zu nehmen. Dass der Kindesvater dies in den letzten Jahren erst gar nicht mehr versucht hat, ist ein starkes Indiz für sein fehlendes Interesse.

Selbst wenn demnach im Ergebnis möglicherweise durchaus ins Gewicht fallende Einschränkungen im Hinblick auf die Förderkompetenz bzw. Erziehungseignung der Kindesmutter – insbesondere im Hinblick auf die oben dargestellte Vermittlung streng islamisch geprägter Verhaltensweisen – bestehen, kann insgesamt keinesfalls von einer besseren Erziehungseignung bzw. Förderkompetenz des Kindesvaters ausgegangen werden. Der Kindesvater legt insoweit auch gar nichts dafür dar, warum er das Kind trotz fehlender Erfahrung und trotz fehlender Bindung zum Kind besser fördern und erziehen können sollte als die Kindesmutter. Hierfür fehlt auch jeder tatsächliche Anhaltspunkt.

Aber auch die weiteren Kritierien des Kindeswohles, nämlich Kontinuitätsgesichtspunkte, die Bindungen des Kindes und der Wille des Kindes sprechen, wie dargestellt, für eine Übertragung des alleinigen Sorgerechts auf die Kindesmutter.

Das Gericht wird daher alle Sorgerechtsbereiche auf die Kindesmutter allein übertragen.

Literaturempfehlungen für Fallsammlungen und Anleitungen zur Falllösung

Benner, S. A. (2017): Klausurenkurs im Familien- und Erbrecht. 5. Aufl. C. F. Müller, Heidelberg

Jox, R. (2014): Fälle zum Familien- und Jugendrecht. 3. Aufl. Verlag Barbara Budrich, Stuttgart

Lange, K.W., Tischer, R.P. (2015): Familien- und Erbrecht. 3. Aufl. C.H. Beck, München

Löhnig, M., Leiß, M.(2015): Fälle zum Familien- und Erbrecht. 3. Aufl. C.H. Beck, München

Roth, A. (2010): Familien- u. Erbrecht mit ausgewählten Verfahrensfragen. 5. Aufl. C. F. Müller, Heidelberg

Schwab, D. (2013): Prüfe dein Wissen Familienrecht. 12. Aufl. C.H. Beck, München

Werner, O. (2015): 21 Probleme aus dem Familien- und Erbrecht. 4. Aufl. Vahlen, München

Glossar

Adoption: Adoption bezeichnet die Annahme als Kind (§§ 1741–1766 BGB).

Amtsermittlungsgrundsatz: Das Gericht oder die Behörde hat von Amts wegen die zur Feststellung der entscheidungserheblichen Tatsachen erforderlichen Ermittlungen durchzuführen (z. B. § 26 FamFG).

Amtspfleger: Amtspfleger ist ein alter Begriff, der heute noch verwendet wird für Ergänzungspfleger oder selbständige Pflegschaften gemäß §§ 1909 ff., 1960, 1961 BGB durch das Jugendamt (§§ 55–58 SGB VIII).

Anfangsvermögen: Das Vermögen, das einem Ehegatten nach Abzug der Verbindlichkeiten beim Eintritt des Güterstandes gehört, wird als Anfangsvermögen bezeichnet (§ 1374 Abs. 1 BGB; siehe auch Endvermögen, Zugewinn).

Anhängigkeit eines Antrags: Mit der Anhängigkeit eines Antrags wird der Eingang desselben bei Gericht bezeichnet (z. B. Klage wird bei Gericht eingereicht; siehe auch Rechtshängigkeit).

Aufenthaltsbestimmungsrecht: Das Aufenthaltsbestimmungsrecht ist ein Teilbereich des Sorgerechts; es beinhaltet das Recht, den Wohnsitz, den gewöhnlichen Aufenthalt oder den tatsächlichen Aufenthalt des Kindes zu bestimmen.

Aufhebung der Ehe: Die Aufhebung der Ehe erfolgt, wenn Tatbestände vorliegen, in denen die Ehe von Anfang an nichtig ist (in §§ 1313–1320 BGB abschließend geregelt).

Beschleunigungsgrundsatz: In Kindschaftssachen soll spätestens einen Monat nach Beginn des Verfahrens terminiert werden (§ 155 FamFG); dies gibt es auch in anderen Verfahren.

Beschluss: Das Gericht entscheidet durch Beschluss, soweit durch die Entscheidung der Verfahrensgegenstand ganz oder teilweise erledigt wird (§ 38 FamFG).

Beteiligtenfähigkeit: Beteiligtenfähig sind natürliche und juristische Personen, Vereinigungen, Personengruppen und Einrichtungen, soweit ihnen ein Recht zustehen kann, und Behörden (§ 8 FamFG).

Beteiligter: Eine Definition findet sich in § 7 FamFG: Im Antragsverfahren ist der Antragsteller Beteiligter (§ 7 Abs. 1 FamFG) sowie derjenige, dessen Recht durch das Verfahren unmittelbar betroffen wird (Muss-Beteiligte: § 7 Abs. 2 FamFG) und derjenige, der auf Grund eines Gesetzes von Amts wegen oder auf Antrag zu beteiligen ist (Kann-Beteiligte: § 7 Abs. 3 FamFG).

Bindung: Eine gefühlsbestimmte Beziehung bezeichnet man als Bindung.

Bindungstoleranz: Die Bereitschaft, den persönlichen Umgang des Kindes mit dem anderen Elternteil zuzulassen und zu fördern, wird als Bindungstoleranz bezeichnet.

Ehe: Ehe bezeichnet die Vereinigung zweier Menschen zu einer auf Dauer angelegten Lebensgemeinschaft begründet auf dem freien Entschluss unter Mitwirkung des Staates.

Ehefähigkeit: Die Ehefähigkeit ist gleichbedeutend mit der Ehemündigkeit (§ 1303 Abs. 1 BGB), jedoch nicht identisch mit der Geschäftsunfähigkeit (§ 1304 BGB).

Eigentumsvermutung bei Ehegatten: Nach § 1362 Abs. 1 BGB gelten die im Besitz eines oder beider Ehegatten befindlichen beweglichen Sachen als Sachen des Schuldner-Ehegatten.

Einzeladoption: Die Adoption eines Kindes durch eine Einzelperson bezeichnet man als Einzeladoption. Gemäß § 1743 BGB muss die Einzelperson das 25. Lebensjahr vollendet haben, um zu einer Adoption berechtigt zu sein; die Adoption darf das Wohl des adoptierten Kindes nicht gefährden. Auch innerhalb einer Ehe kann ein Ehepartner ein Kind als „Einzelperson" adoptieren, § 1741 BGB. Erforderlich ist aber gemäß § 1749 des BGB die Einwilligung des Ehepartners.

Elternunterhalt: Elternunterhalt ist der Unterhalt, zu dem die Kinder nach § 1601 BGB den Eltern gegenüber verpflichtet sind.

Endvermögen: Vermögen, das einem Ehegatten nach Abzug der Verbindlichkeiten bei Beendigung des Güterstands gehört, bezeichnet man als Endvermögen, § 1375 Abs. 1 Satz 1 BGB (siehe auch Anfangsvermögen, Zugewinn).

Ergänzungspflege: Die gerichtliche Übertragung eines Teilbereiches der elterlichen Sorge für einen Minderjährigen, an deren Besorgung die Eltern oder der Vormund verhindert sind, auf eine andere Person, wird als Ergänzungspflege bezeichnet (§ 1909 BGB).

Erwerbsobliegenheit: Dem Unterhaltsfordernden kann eine angemessene Erwerbstätigkeit zugemutet werden, sofern sie der Ausbildung, den vorhandenen Fähigkeiten, der früheren Erwerbstätigkeit, dem Lebensalter und dem Gesundheitszustand entspricht (§ 1574 BGB).

Förderkompetenz: Eignung, Bereitschaft und Möglichkeit der Eltern zur Übernahme der für das Kindeswohl maßgeblichen Erziehung und Betreuung.

Formelles Recht: Das formelle Recht ist das Recht, das die Regeln über die Durchsetzung der Ansprüche enthält (z. B. Verfahrensrecht).

Gemeinschaftliche Adoption: Ehepaare können ein Kind nur gemeinschaftlich annehmen. Lebenspartner haben diese Möglichkeit nach dem Gesetz noch nicht. Mit der Annahme erlöschen die bisherigen Verwandtschaftsverhältnisse des Kindes und die sich daraus ergebenden Pflichten und Rechte, z. B. das Erbrecht (§ 1741 BGB).

Geschäftsfähigkeit: Geschäftsfähigkeit ist die Fähigkeit, selbständig wirksame rechtsgeschäftliche Willenserklärungen abgeben zu können (§§ 104 ff. BGB).

Härtefallscheidung: Die Entscheidung über die Unzumutbarkeit der Fortsetzung des realen ehelichen Zusammenlebens, bezeichnet man als Härtefallentscheidung (§ 1565 Abs. 2 BGB).

Kindeswohlgefährdung: Der Begriff Kindeswohlgefährung ist ein unbestimmter Rechtsbegriff, der in § 1666 BGB für gerichtliche Maßnahmen definiert ist: Hiernach ist das Kindeswohl gefährdet, wenn das körperliche, geistige oder seelische Wohl des Kindes oder sein Vermögen gefährdet ist und die Eltern nicht gewillt oder in der Lage sind, die Gefahr abzuwehren.

Kleines Sorgerecht: Der Lebenspartner bzw. der neue Ehegatte, der nicht Elternteil des Kindes ist, aber regelmäßig auch die Aufgaben der Pflege und Erziehung des Kindes übernimmt, erhält eine Mitentscheidungsbefugnis im Alltag (§ 1687b BGB und § 9 LPartG).

Kontinuitätsgrundsatz: Das Kind hat das grundlegende Bedürfnis nach gleichbleibenden und stabilen Lebensverhältnissen.

Lebenspartnerschaft: Eine Lebensgemeinschaft zweier Personen gleichen Geschlechts, die nach dem LPartG eine Partnerschaft eingegangen sind, heißt Lebenspartnerschaft.

Lebenspartnerschaftsähnliche Gemeinschaft: Eine Lebensgemeinschaft zweier Personen gleichen Geschlechts ohne „Trauschein" wird als lebenspartnerschaftsähnliche Gemeinschaft bezeichnet.

Loyalitätspflicht/Wohlverhaltensklausel: Beide Eltern haben alles zu unterlassen, was das Verhältnis des Kindes zum anderen Elternteil beeinträchtigen und die Erziehung sowie den Umgang erschweren könnte (§ 1684 Abs. 2 BGB).

Materielles Recht: Materielles Recht ist das Recht, das die Regeln über Inhalt und Voraussetzungen von Ansprüchen enthält.

Mehrbedarf: Der Teil des Lebensbedarfs, der regelmäßig während eines längeren Zeitraums anfällt und das Übliche derart übersteigt, dass er mit den Regelsätzen nicht zu erfassen ist, wird als Mehrbedarf bezeichnet (§ 1610 Abs. 2 BGB).

Mutterschaft: Mutter eines Kindes ist die Frau, die das Kind geboren hat (§ 1591 BGB).

Nichteheliche Lebensgemeinschaft: Eine nichteheliche Lebensgemeinschaft ist die Vereinigung zweier Menschen zu einer auf Dauer angelegten Lebensgemeinschaft ohne „Trauschein".

Öffentliches Recht: Das öffentliche Recht regelt das Verhältnis des Staats zum Bürger.

Pflegschaft: Eine Pflegschaft ist die Begleitung bei der Besorgung einzelner Maßnahmen bzw. eines Kreises von Angelegenheiten in einzelnen Lebensbereichen, in denen für den Betroffenen ein besonderes Schutzbedürfnis besteht (§§ 1909–1921 BGB); die Vertretungsmacht folgt aus der Bestellung (§ 1789 BGB).

Pflicht zur ehelichen Lebensgemeinschaft: Die Pflicht zur ehelichen Lebensgemeinschaft bezeichnet das Zusammenleben in häuslicher Gemeinschaft; beiden muss die Mitbenutzung von Hausrat und Ehewohnung (Mitbesitz) ermöglicht werden, unabhängig davon, wer Eigentümer/Mieter ist (§ 1353 Abs. 1 S. 2 BGB).

Prinzip der Eigenverantwortung: Jeder ist für die Deckung seines Lebensbedarfs grundsätzlich selbst verantwortlich. Dauerhafte nacheheliche Unterhaltsansprüche sollen daher nicht die Regel, sondern die Ausnahme sein, um die Eigenverantwortung zu fördern (§§ 1574, 1578b, 1579 BGB).

Privilegierte volljährige Kinder: Privilegierte volljährige Kinder sind volljährige Kinder nach § 1603 Abs. 2 BGB, wenn sie das 21. Lebensjahr noch nicht vollendet haben, im Haushalt der Eltern oder eines Elternteils leben und sich in der allgemeinen Schulausbildung befinden (etwa Fachoberschule, Gymnasium, nicht jedoch Berufsschule).

Rechtshängigkeit: Der Antrag geht beim Gegner ein (z. B. Klage wird dem Beklagten zugestellt; siehe auch Anhängigkeit).

Rechtskraft: Die Entscheidung ist endgültig; sie kann nicht mehr angefochten werden, da es keine Rechtsmittelmöglichkeit mehr gibt.

Rechtsmittel: Rechtsmittel bezeichnet eine Verfahrenshandlung, um eine behördliche oder gerichtliche Maßnahme oder Entscheidung überprüfen zu lassen (z. B. Beschwerde, Rechtsbeschwerde, Widerspruch, Berufung, Revision).

Relative Sättigungsgrenze: Die relative Sättigungsgrenze betrifft die Berechnung des Unterhalts. Eine gesetzliche Begrenzung der Unterhaltshöhe gibt es nicht. Die Oberlandesgerichte haben daher diesen Begriff zur Begrenzung des Unterhalts nach eigenen Kriterien geprägt und können die Grenze für ihren Zuständigkeitsbereich nunmehr „relativ frei" bestimmen. Die relative Sättigungsgrenze beim OLG Frankfurt liegt bei 2.500 €.

Residenzmodell: Die Kinder leben im Haushalt eines Elternteils, der zum überwiegenden Teil die Versorgung und Erziehung des Kindes übernommen hat (siehe auch Wechselmodell).

ROM III-Verordnung: Unter ROM III-Verordnung versteht man die EU-Verordnung Nr. 1259/2010 zur Durchführung einer verstärkten Zusammenarbeit im Bereich des auf die Ehescheidung und Trennung ohne Auflösung des Ehebandes anzuwendenden Rechts.

Sächliches Existenzminimum: Beträge, die erforderlich sind, um die finanzielle Versorgung eines Kindes in Form des Kindesunterhalts sicherzustellen, bezeichnet man als sächliches Existenzminimum.

Schutzklauseln: Ehegattenschutzklausel (§ 1568 S. 1, 2. Alt. BGB), Kinderschutzklausel (§ 1568 S. 1, 1. Alt. BGB): Die Ehe soll trotz ihres Scheiterns nicht geschieden werden, wenn und solange die Scheidung für den anderen Partner, der sie ablehnt und/oder für Kinder, aufgrund außergewöhnlicher Umstände eine schwere Härte darstellen würde.

Sittenwidrigkeit: Sittenwidrigkeit bezeichnet einen Verstoß gegen das Anstandsgefühl aller billig und gerecht Denkenden; führt gemäß § 138 BGB bei Verträgen und sonstigen Rechtsgeschäften zur Nichtigkeit.

Sonderbedarf: Ein im Unterhaltsrecht unregelmäßiger außergewöhnlich hoher Bedarf, wird als Sonderbedarf bezeichnet (§ 1613 BGB).

Sorgerecht: Nach § 1626 Abs. 1 Satz 1 BGB haben die Eltern die Pflicht und das Recht, für das minderjährige Kind zu sorgen. Die elterliche Sorge umfasst gem. § 1626 Abs. 1 S. 2 BGB die Sorge für die Person des Kindes (Personensorge) und das Vermögen des Kindes (Vermögenssorge) (§§ 1626–1698b BGB).

Stiefkindadoption: Ein Ehe- oder Lebenspartner (§ 9 VIII LPartG) nimmt das leibliche Kind seines Partners zusätzlich als Adoptivkind an (§ 1755 Abs. 2 BGB).

Strafrecht: Strafrecht ist das Recht der Sanktion, der Bestrafung von Personen durch den Staat wegen Verletzung von strafbewehrten Verboten oder Geboten (z. B. Strafgesetzbuch).

Sukzessivadoption: Bei einer Suksessivadoption adoptiert der eine Partner das vom anderen Partner bereits zuvor adoptierte Kind.

Trennung: Bei einer Auflösung der häuslichen Gemeinschaft spricht man von einer Trennung, insbesondere einer von „Tisch und Bett"; ein entsprechender Trennungswille ist vorausgesetzt.

Umgangspfleger: In Fällen der erheblichen Beeinträchtigung des Umgangsrechts wird ein Umgangspfleger eingesetzt. Dieser hat das Recht auf Herausgabe des Kindes zur Durchführung des Umgangs; ferner hat er den Aufenthalt des Kindes für die Dauer des Umgangs und die konkrete Ausgestaltung des Umgangs zu bestimmen (§ 1696 Abs. 3 S. 3–5 BGB, Aufgaben und Rechte ergeben sich aus § 1684 Abs. 3 BGB).

Umgangspflegschaft: Siehe Umgangspfleger (§ 1684 Abs. 4 S. 3–6 BGB).

Umgangsrecht: Umgangsrecht bezeichnet den Anspruch auf Umgang eines minderjährigen Kindes mit seinen Eltern und jedes Elternteils – und nur ausnahmsweise auch eines Dritten – mit dem Kind (§ 1684 Abs. 1 BGB). Es soll dem nicht sorgeberechtigten Elternteil den Restbestand des Elternrechts sichern bzw. dem nicht betreuenden Elternteil die Möglichkeit verschaffen, sich über das körperliche und geistige Befinden des Kindes zu informieren, einer Entfremdung vorzubeugen und die verwandtschaftlichen Beziehungen zum Kind aufrechtzuerhalten.

Unterhaltsgrundsätze der Oberlandesgerichte: Unterhaltsgrundsätze der Onberlandesgerichte sind von Richtern der Familiensenate der Oberlandesgerichte erarbeitete Grundsätze, die auf der Rechtsprechung des Bundesgerichtshofs beruhen. Sie sollen im Interesse der Einheitlichkeit und Überschaubarkeit Orientierungslinien für die Praxis geben.

Unterhaltsvergleich: Die vertragliche Regelung der Ehegatten über die Unterhaltsansprüche bezeichnet man als Unterhaltsvergleich.

Vaterschaft: Nach § 1592 BGB ist Vater eines Kindes der Mann, der zum Zeitpunkt der Geburt mit der Mutter des Kindes verheiratet ist, der die Vaterschaft anerkannt hat oder dessen Vaterschaft nach § 1600d BGB oder § 182 Abs. 1 FamFg gerichtlich festgestellt ist.

Verfahrensbeistand: Der Verfahrensbeistand hat das Interesse des Kindes festzustellen und im gerichtlichen Verfahren zur Geltung zu bringen und das Kind über den Gegenstand, Ablauf und möglichen Ausgang zu informieren. Seine Aufgaben hat er gemäß § 158 FamFG zu erfüllen, er ist ausschließlich verfahrensrechtlich tätig und er ist kein gesetzlicher Vertreter. Das Jugendamt ist nicht zugleich Verfahrensbeistand. Im Rahmen von § 1666 BGB kann auch für ein noch nicht geborenes Kind ein Verfahrensbeistand bestellt werden.

Verfahrensfähigkeit: Verfahrensfähigkeit bezeichnet die Fähigkeit, innerhalb eines Gerichtsverfahrens Erklärungen abzugeben, Anträge zu stellen und Rechtsmittel einzulegen (§ 9 FamFG).

Verfahrenskostenhilfe: Für Personen, die aufgrund ihrer persönlichen und wirtschaftlichen Verhältnisse nicht in der Lage sind, Verfahrenskosten selbst zu bezahlen, übernimmt der Staat die Zahlung der Anwalts- und Gerichtskosten (§§ 76 ff. FamFG).

Verfahrenspfleger: Der Verfahrenspfleger vertritt im Verfahren vor dem Betreuungsgericht die Interessen des Betroffenen und kann hier Anträge stellen, Rechtsmittel einlegen und an den Anhörungen teilnehmen. Er wird im Erwachsenenbereich und Betreuungsrecht eingesetzt, (§§ 271 ff., §§ 312 ff. FamFG).

Verhältnismäßigkeitsgrundsatz: Der Verhältnismäßigkeitsgrundsatz ist der Grundsatz, wonach jeder Eingriff des Staates einen legitimen Zweck haben, geeignet, erforderlich und angemessen (d. h. nicht übermäßig belastend, nicht unzumutbar) sein muss.

Verlöbnis: Verlöbnis ist das gegenseitige formfreie Versprechen, künftig miteinander die Ehe einzugehen (§ 1297 BGB).

Vertrauliche Geburt: Frauen in besonders konflikthaften Lebenslagen können aufgrund ihrer Situation ihre Schwangerschaft verleugnen oder verheimlichen und „vertraulich" gebären (Schwangerschaftskonfliktgesetz). Nach § 1674a BGB ruht die elterliche Sorge der Mutter bei vertraulich geborenem Kind.

Vertretungsbefugnis der Eltern: Von den Eltern im Namen ihrer Kinder vorgenommene Rechtshandlungen gegenüber Dritten wirken für und gegen das Kind.

Volljährigenadoption: Eine Volljährigenadoption ist die Annahme eines Volljährigen als Kind (§ 1768 BGB). Voraussetzung ist das Bestehen eines Eltern-Kind-Verhältnisses oder die Erwartung einer sittlich gerechtfertigten Eltern-Kind-Beziehung.

Vormundschaft: Eine Vormundschaft umfasst kraft Gesetzes die gesamte Fürsorge für das Mündel (für Minderjährige, §§ 1773–1895 BGB, für Volljährige, §§ 1896–1908i BGB), sie umfasst auch die Vertretung, §§ 1793 ff. BGB.

Wechselmodell: Die gleichmäßige Betreuung eines Kindes durch getrennt lebende Sorgeberechtigte bezeichnet man als Wechselmodell. Kinder pendeln zwischen den Wohnungen der getrennten Eltern. (siehe auch Residenzmodell).

Zerrüttung der Ehe: Man spricht von einer Zerrüttung der Ehe bzw. einem Scheitern der Ehe, wenn die Lebensgemeinschaft der Ehegatten nicht mehr besteht und nicht erwartet werden kann, dass die Ehegatten sie wiederherstellen (§ 1565 BGB).

Zivilrecht/Privatrecht: Das Zivil- und das Privatrecht regeln die Rechtsbeziehungen unter gleichgestellten Privatrechtssubjekten (auch der Staat und der Bürger können sich als gleichgestellte Privatrechtssubjekte begegnen, z. B. wenn der Staat in einem Geschäft Bürobedarf kauft).

Zugewinn: Derjenige Betrag, um den das Endvermögen eines Ehegatten das Anfangsvermögen übersteigt, wird als Zugewinn bezeichnet (§ 1373 BGB).

Literatur

Ballof, R. (2007): „Anmerkung zum Beschluss des OLG Hamm vom 24.05.2007, Az.: 1 UF 78/07 (Teilentzug der elterlichen Sorge für im Koma liegendes Kind)". In: Neue Juristische Wochenschrift 2007, 2705ff.
Beck'sches Formularbuch, Bergschneider, L. (Hrsg.) (2017): Familienrecht. 5. Aufl. C.H. Beck, München
Bruns, M. (2012): Die strafrechtliche Verfolgung homosexueller Männer in der BRD nach 1945. In: Senatsverwaltung für Arbeit, Integration und Frauen (Hrsg.): § 175 StGB, Rehabilitierung der nach 1945 verurteilten homosexuellen Männer. Dokumentation des Fachsymposiums am 17. Mai 2011 zum internationalen Tag gegen Homophobie im Festsaal des Abgeordnetenhauses von Berlin und ergänzende Beiträge. Senatsverwaltung für Arbeit, Integration und Frauen Landesstelle für Gleichbehandlung – gegen Diskriminierung, Berlin, 26–43
Büte, D., Poppen, E., Menne, M. (2015): Unterhaltsrecht. 3. Aufl. C.H. Beck, München

Dethloff, N. (2015): Familienrecht. 31. Aufl. C.H. Beck, München
Dettenborn, H. (2017): Kindeswohl und Kindeswille: Psychologische und rechliche Aspekte. 5. aktual. Aufl. Ernst Reinhardt, München

Gerhardt, P., v. Heintschel-Heinegg, B., Klein, M. (2015): Handbuch des Fachanwalts Familienrecht. 10. Aufl. Luchterhand, Regensburg
Gernhuber, J., Coester-Waltjen, D. (2010): Familienrecht. 6. Aufl. C.H. Beck, München
Goldstein, J., Freud, A., Solnit A. J. (1991): Jenseits des Kindeswohls. Suhrkamp, Frankfurt am Main
Grziwotz, H. (2014): Nichteheliche Lebensgemeinschaft. 5. Aufl. C.H. Beck, München

Hirschfeld, M. (2012): Die Homosexualität des Mannes und des Weibes. 2. Aufl (Reprint von 1914). DeGruyter, Berlin
Horndasch, K.-P., Viefhues, W. (2014): Kommentar zum Familienverfahrensrecht. 3. Aufl. ZAP, Köln

Ipsen, J. (2014): Staatsrecht II – Grundrechte. 17. Aufl. Franz Vahlen, München

Jauernig, O. (Begr.), Stürner, R. (Hrsg.) (2015): BGB Bürgerliches Gesetzbuch. 16. Aufl. C.H. Beck, München
Johannsen, K. H., Henrich, D. (2015): Familienrecht: Scheidung, Unterhalt, Verfahren. 6. Aufl., C.H. Beck, München

Müller, G., Sieghörtner, R., Emmerling de Oliveira, N. (2016): Adoptionsrecht in der Praxis. 3. Aufl. Gieseking, E u. W, Bielefeld

Münch, C. (2016): Familienrecht in der Notar- und Gestaltungspraxis. C.H. Beck, München

Münchener Anwaltshandbuch (2014): Schnitzler, K. (Hrsg.): Familienrecht. 4. Aufl. C.H. Beck, München

Münchener Kommentar zum FamFG, Rauscher, T. (Hrsg.) (2013): FamFG. 2. Aufl. C.H. Beck, München

Münchener Kommentar zum Bürgerlichen Gesetzbuch, Koch, E. (Red.) (2017): BGB Band 8, 7. Aufl. C.H. Beck, München

Münder, J., Ernst, R., Behlert, W. (2013): Familienrecht. 7. Aufl. Nomos, Baden-Baden

Muscheler, K. (2017): Familienrecht. 4. Aufl. Franz Vahlen, München

Palandt, O. (Hrsg.) (2017): Bürgerliches Gesetzbuch. 76. Aufl. C.H. Beck, München

Prütting, H., Helms, T. (2013): FamFG Kommentar. 3. Aufl. Otto Schmidt, Köln

Prütting, H., Wegen, G., Weinreich, G. (Hrsg.) (2017): BGB Kommentar. 12. Aufl. Luchterhand, Regensburg

Schlüter, W. (2012): BGB-Familienrecht. 14. Aufl. C. F. Müller, Heidelberg

Schwab, D. (2013): Handbuch des Scheidungsrechts. 7. Aufl. Franz Vahlen, München

Steindorff, C. (1994): Vom Kindeswohl zu den Kindesrechten. Luchterhand, München

Weinreich, G., Klein, M. (2017): Fachanwaltskommentar Familienrecht. 6. Aufl. Luchterhand, Regensburg

Wellenhofer, M. (2017): Familienrecht. 4. Aufl. C.H. Beck, München

Wendl, P., Dose, H.-J. (2015): Das Unterhaltsrecht in der familienrichterlichen Praxis. 9. Aufl. C.H. Beck, München

Sachregister

Abstammung 90, 114 f.
Abstammungssachen 17
Adoption 124 ff.
–, Adoptionsvarianten 124 ff.
–, Einzeladoption 125
–, gemeinschaftliche 126
Adoption 124
–, Lebenspartnerschaft 25 ff., 49 ff.
–, Minderjährigenadoption 124 f.
–, Stiefkindadoption 57, 126
–, Volljährigenadoption 125
–, Verfahrenablauf 126 f.
–, Sukzessivadoption 56, 126
–, Rechtswirkungen 127
Adoptionspflege 125
Adoptionsvermittlung 125
Adoptionsvermittlungsgesetz 125
Adoptionsvermittlungsstellen 125
Alleinentscheidungsrecht 117
Alleinsorge 110
–, bei Trennung/Scheidung 179
Anfangsvermögen 86
Anfechtung der Vaterschaft 118 ff.
–, Behördenanfechtung 119 f.
–, Anfechtungsberechtigte 119 f.
–, Anfechtungsfrist 119
–, missbräuchliche Vaterschaftsanerkennung 120 f.
Angelegenheiten des täglichen Lebens 58, 105
Angelegenheit von erheblicher Bedeutung 93
Anwaltszwang 170
Arbeitslosigkeit
–, Unterhalt 77 f.
Aufenthaltsbestimmungsrecht 98, 179
Aufenthalt 61 ff.
–, gewöhnlicher Aufenthalt 62
Aufsichtspflicht 189
Aufstockungsunterhalt 77
Ausbildung 74 ff.
–, Unterhalt bei Volljährigen 71 ff.
Auskunft über die persönlichen Verhältnisse des Kindes 142, 152
Auskunftsanspruch des Scheinvaters 123 f.

Barunterhalt 66 ff.
Bedürftigkeit
–, Unterhalt 76
–, Eltern 84
Begleiteter Umgang 139
Behördenanfechtung 119 f.
Beistandschaft
–, Verfahrensbeistand 17, 106
Beschneidung des männlichen Kindes 112 f., 114
Betreuungsrecht 116 f.
Billigkeit 77, 79–85
Bindungen des Kindes 92, 98
Biologischer Vater 119
–, Sorgerecht 106–112
–, Umgangsrecht 140 f.

Düsseldorfer Tabelle 67

Ehe 24
–, Wirkungen der Ehe 29
–, Ehe für Alle 25–28
Eheschließung 28
Ehebedingter Nachteile 80
Ehedauer
–, Unterhalt 81
Ehefähigkeit 28
Ehegattenunterhalt 76 ff.
Eheliche Lebensgemeinschaft 27, 34
Ehemündigkeit 28
Ehename 29
Ehescheidung siehe Scheidung
Eheschließung 28 f.
Eheverbot 28 f.
Ehevertrag
–, Sittenwidrigkeit 82
Ehewohnung
–, Treuebruch in der Ehewohnung 43 f.
–, Zuweisung bei Trennung 171
–, Zuweisung bei Gewaltschutz 174
Eingetragene Lebenspartnerschaft siehe Lebenspartnerschaft
Einkommen
– Unterhalt 66 ff.
Einstweilige Anordnung 39
Elterliche Sorge 88 ff.

–, Änderung bei dauerhafte getrennt lebenden Eltern 93
–, Eingriffe in die elterliche Sorge bei Kindeswohlgefährdung 95 ff.
–, Kleines Sorgerecht 104
–, bei Nichtverheirateten 106 ff.
Elternunterhalt 83–85
Endvermögen 86
Erbschaften 86
Ergänzungspfleger 115, 187
Erstscreening 166
Erziehungsrecht 113
EU-Grundrechtecharta (GRC) 166
EU-Verfahrensrichtlinie 166
Existenzminimum 67

FamFG 16–20
Familiengericht 89, 105
Familienname 29
Familienrecht
–, Regelungsinhalt 15
–, Begriff 17 f.
–, Verfahrensrecht 16 f.
Flüchtlinge
–, Minderjährige 165 ff.
Förderungsprinzip 98, 183, 202 f.

Gefährdung des Kindeswohls 91, 97 f.
Gemeinsames Sorgerecht 90
–, bei verheirateten Eltern 90, 110 f.
–, bei unverheirateten Eltern 107 ff.
Gesetzliche Vertretung 90 f., 166
Getrenntleben 34 f.
Gewalt
–, gewaltfreie Erziehung 114, 144
–, Zuweisung der Ehewohnung 174
Gewaltschutzgesetz 169–177
Gewaltschutzsachen 17–169 ff.
Gewöhnlicher Aufenthalt 61
Grundgesetz 26, 117, 144
Güterrecht 86

Haager Minderjährigen Schutzabkommen 166
Härteklausel / Siehe auch Schutzklauseln 44–46
Hausrat 17

Inobhutnahme 157–161

Sachregister

Internationale Scheidung 61–64
Jugendamt 144–164
–, Wächteramt 146
–, Funktion 148
–, Beratung und Unterstützung 148–153
–, im Rahmen der Adoption 124 f.
–, im Rahmen der vertraulichen Geburt 130 f.
–, begleiteter Umgang 137
–, Umgangsausschluss 139
–, Schutzauftrag 153–161
–, Verfahrensrechte 144 f.
–, Verhältnis zum Gericht 146 f.
Kindesunterhalt 65–69
Kindeswille 99
Kindeswohl 95
–, Definition 95–101
–, Gefährdung 114 f.
–, Zuweisung der Ehewohnung 174
Kindeswohlgefährdung 109
Kindeswohlprüfung 97 ff.
Kinderfreibetrag 67
Kindschaftsrecht 144 ff.
Kindschaftssachen 17
Kontinuitätsprinzip 98
Lebensbedarf 67
–, Geschäfte zur angemessenen Deckung des Lebensbedarfs 30
–, notwendiger allgemeiner Lebensbedarf 67
–, Mehrbedarf 68 f.
–, Sonderbedarf 69 f.
Lebensgemeinschaft
–, eheliche 25–29
–, nichteheliche 16
Lebenspartnerschaft 25–28
–, Adoption 58, 124
–, Güterstand 86
–, Sukzessivadoption 57, 122
Lebenspartnerschaftsgesetz 49–60
Lebensstandard 84
Lebensverhältnisse
–, eheliche 65, 76–78
–, stabile 98
Leistungsfähigkeit 84
Loyalitätspflicht 138
Misshandlung
– als Scheidungsgrund 44
Missbrauchsfälle der Vaterschaftsanfechtung 119 ff.

Mutterschaft 90
Nestprinzip 98 f.
Nichteheliche Kinder 65
Nichteheliche Lebensgemeinschaft 16, 25
Öffentliche Jugendhilfe 144–168
Personensorge 91 f.
Pflegschaft
–, Umgangspflegschaft 139 f.
–, Ergänzungspflegschaft 98
Quotenunterhalt 81 f.
Rechtsbeschwerde 17, 207
Religiöse Erziehung 92
ROM III-Verordnung 61–64
Scheidung 33 ff.
–, Fallgruppen 33–44
–, Härteklausel 44
–, Härtegründe 39–44
–, Schuldprinzip 33
–, streitige 38
–, unzumutbare Härte 38 f.
–, Zerrüttungsprinzip 33
Scheidungstatbestände 38–44
Scheidungsverbund 89
Scheidungsverfahren 16, 89
Schenkung/Erbschaft 86 f.
Schutzklauseln 44–46
Selbstbehalt 68 f., 70
Sorge.; siehe auch Sorgerecht
Sorgeerklärung 106 f.
Sorgerecht
–, gemeinsame elterliche Sorge 93 f.
–, bei unverheirateten Ehepaaren 106–110
–, bei Trennung/Scheidung 90
–, beim Wechselmodell 70, 104 f.
–, kleines Sorgerecht 104 f.
Sorgerechtsentscheidung 104
Staatsangehörigkeit 120 ff.
Stiefkindadoption 126 f.
Sukzessivadoption 57, 126
Trennung 34
Trennungszeit 37
Trennungsunterhalt 76 f.
Trennungswille 35 f.
Umgang 137 ff.
– des Kindes mit den Eltern 137 f.
– mit Dritten 138 f.

–, Umfang 138
Umgangsausschluss 139
Umgangspflegschaft 139
Umgangsrecht des biologischen Vaters 140 f.
UN-Kinderrechtekonvention 190
Unterhalt
–, bei Getrenntlebenden 76 f.
–, nach Scheidung 76–81
–, Bedürftigkeit 76
–, Bemessungseinkommen 68
–, Prinzip der Eigenverantwortung 79
–, Billigkeit 79 f.
–, Düsseldorfer Tabelle 67
–, Erwerbsobliegenheit 77
–, Kindesunterhalt 65–71
–, Rangfolge 78
–, Vergleiche 82
Unterhalt bei Volljährigen 71 ff.
Unterhaltsanspruch nichtverheirateter betreuender Eltern 82 f.
Unterhaltsgrundsätze der OLG 68
Unterhaltsvorschussgesetz 67
Unterhaltsvorschuss 67 f.
Vaterschaft 90
Vaterschaftsanerkennung
–, missbräuchliche 120–122
Vaterschaftsanfechtung 118 ff.
–, durch Behörde 122
Verfahren
–, bei Adoption 124 f.
–, familienrechtliche 126 f.
–, bei vertraulicher Geburt 129–133
Verfahrensbeistand 17, 189
Vermögenssorge 90 f.
Vernachlässigung 63, 157
Versorgungsausgleich 87
Vormund 129, 132, 186
Vorrang- und Beschleunigungsgebot 111 f.
Wächteramt 118 f., 146
Wille des Kindes 99 f.
Wohl des Kindes *siehe Kindeswohl*
Wohlverhaltenspflicht 202
Wohnungszuweisung 174–176
Zerrüttungsprinzip 32
Zugewinn 86 f.
Zugewinnausgleich 86 f.
Zuständigkeit der Familiengerichte 17 f.

Leseprobe aus

Sabahat Gürbüz:

Verfassungs- und Verwaltungsrecht für die Soziale Arbeit

Bei der Selbstverwaltungsaufgabe nimmt die Kommune eine eigene Aufgabe wahr, bei der sie selbst entscheidet, ob, wann und wie sie sie erfüllt. Es handelt sich dann um eine freiwillige Selbstverwaltungsaufgabe (z. B. Errichtung von Schwimmbädern, Museen, Wirtschafts- und Wohnungsbauförderung). Ist die Gemeinde zur Erfüllung kraft Gesetzes verpflichtet (ob) und kann sie daher nur über das Wann und Wie entscheiden, spricht man von einer pflichtigen Selbstverwaltungsaufgabe (z. B. Katastrophenschutz, Errichtung von Kindergärten).

Ob eine Auftragsangelegenheit oder eine Pflichtaufgabe zur Erfüllung nach Weisung vorliegt, richtet sich nach der Organisationsstruktur der Aufgabenzuordnung in dem jeweiligen Bundesland. In einigen Bundesländern sind diese Aufgaben nach dem Landesrecht dem Staat zugeordnet, der sich zu ihrer Erfüllung lediglich der Kommune bedient. Man spricht von einer Auftragsangelegenheit (Kommune im Auftrag des Staates). In anderen Bundesländern ist die Aufgabe nach dem Landesrecht der Kommune als eigene zugewiesen. Sie heißt dann Pflichtaufgabe zur Erfüllung nach Weisung (Erfüllung einer eigenen Aufgabe der Kommune). Die Kommunen unterliegen jeweils den Weisungen (wann und wie) des Staates (z. B. Flüchtlingsgesetz).

ɐV reinhardt
www.reinhardt-verlag.de

2.1.4 Verhältnis Bund / Länder

Die Selbstverwaltung der Kommunen ist Ergebnis und konsequente Umsetzung der von der Verfassung vorgegebenen Struktur des Staates. Deutschland ist eine Bundesrepublik (Badura 2015; Wabnitz 2014), d. h., der Bund darf nur staatliche Befugnisse übernehmen, Aufgaben erfüllen oder Gesetze erlassen, wenn dies das Grundgesetz ausdrücklich zulässt (Badura 2015). Ansonsten liegt die Zuständigkeit bei den Ländern und deren Kommunen.

2.2 Demokratie (Art. 20 Abs. 1 und 2, 28 GG)

Das Demokratieprinzip (Katz 2010) ist als tragende Säule des gesellschaftlichen Zusammenlebens im Grundgesetz selbst definiert (siehe zum Begriff auch Schmidt, 2015a; Wabnitz 2014): Das Volk ist der Träger der Staatsgewalt. Es übt die Staatsgewalt mittels von ihm gewählter Repräsentanten aus (Bethge/von Coelln 2011; Badura 2015). Dabei gilt das Mehrheitsprinzip.

Alles staatliche Handeln muss durch das Volk legitimiert sein, insbesondere muss es sich auf Gesetze zurückführen lassen. Ein wesentliches Mitwirkungsrecht ist daher die regelmäßige Wahl der Gesetzgebungsorgane auf Bundes- und Landes- sowie auch auf kommunaler Ebene. Damit verbunden, wenn auch nur mittelbar über die Stimmverhältnisse im Bundestag bzw. Landtag, ist der Einfluss auf die Bildung der Regierung als Exekutive. Die Regierungsmehrheit beruht auf der Anzahl der Abgeordneten der eigenen Fraktion im Parlament und damit auf dem Abstimmungsverhalten des Volkes bei den Wahlen zur Legislative. Die dritte Staatsgewalt, die Rechtsprechung, verkündet ihre Urteile schließlich im Namen des Volkes.

Wer Strukturen und Regelungen ändern will, muss überzeugen und braucht demokratische Mehrheiten. Ein Diktat eines Einzelnen oder einer Minderheit ist nicht gewünscht und ausgeschlossen. Umgekehrt benötigt die Minderheit Schutz vor der Mehrheit, denn auch die Minderheit soll gehört werden und muss die Möglichkeit haben, sich zu entfalten. Denn nur so hat wirklich das gesamte Volk ein Mitspracherecht, das notwendig ist, damit Demokratie lebendig bleibt (Bethge/von Coelln 2011; Badura 2015; zum Begriff: Schmidt 2015a).

(...)

Leseprobe (S. 19–20) aus:
Sabahat Gürbüz
**Verfassungs- und Verwaltungsrecht
für die Soziale Arbeit**
Eine praxisnahe Einführung
2016. 176 Seiten. 7 Abb.
utb-M (978-3-8252-4561-0) kt

www.reinhardt-verlag.de

Familie und Recht im Fokus

Reinhard J. Wabnitz
**Grundkurs Familienrecht
für die Soziale Arbeit**
Mit 7 Tabellen, 66 Übersichten,
14 Fallbeispielen und Musterlösungen.
5., überarbeitete Auflage 2019.
194 Seiten. 7 Tab.
utb-S (978-3-8252-5314-1) kt

Wie sind Familienrecht und Kinder- und Jugendhilferecht im deutschen Grundgesetz verankert? Was sollte man über elterliche Sorge und Vormundschaft wissen? Reinhard Wabnitz beantwortet diese und weitere Fragen und vermittelt das relevante Basiswissen des Familienrechts – speziell aufbereitet für Studierende der Sozialen Arbeit.
Die 5. Auflage wurde auf den aktuellen Stand von Gesetzgebung, Rechtsprechung und Literatur gebracht.

ℝ/ reinhardt
www.reinhardt-verlag.de

Bewährtes Lehrbuch in 5. Auflage!

T. Trenczek / B. Tammen /
W. Behlert / A. v. Boetticher
Grundzüge des Rechts
Studienbuch für soziale Berufe
Mit 61 Übersichten
(Studienbücher für soziale Berufe; 9)
5., vollst. überarb. Auflage 2018.
873 Seiten.
utb-L (978-3-8252-8726-9) kt

Das Standardwerk gibt einen umfassenden Überblick über die Grundlagen des Rechts und seine großen Teilgebiete, die für Studium und Praxis sozialer Berufe relevant sind.
Sowohl in der Abhandlung der allgemeinen juristischen Grundlagen als auch in den Schwerpunkten des Privatrechts, des Öffentlichen Rechts sowie des Strafrechts sind für die Autoren der geschulte juristische Blick und der Schutz der Rechtspositionen der Betroffenen leitend.

www.reinhardt-verlag.de

Kommunale Jugendhilfe

Joachim Merchel
Jugendhilfeplanung
Anforderungen, Profil, Umsetzung
2016. 207 Seiten. 5 Abb. 2 Tab.
utb-S (978-3-8252-4677-8) kt

Jugendhilfeplanung ist das zentrale Verfahren, um zu einem angemessenen Unterstützungs- und Förderungsangebot für Kinder- und Jugendliche in einer Stadt bzw. einem Kreisgebiet zu gelangen. Wie soll konzeptionell, methodisch und organisatorisch geplant werden? Wie kann eine bedarfsentsprechende Angebotsstruktur in der kommunalen Jugendhilfe geschaffen werden? In übersichtlicher Form werden die zentralen Elemente von Jugendhilfeplanung dargestellt.

ℝ/ reinhardt
www.reinhardt-verlag.de

Familie im Fokus

Uwe Uhlendorff / Kim-Patrick Sabla /
Matthias Euteneuer
Soziale Arbeit mit Familien
2013.
212 Seiten. 8 Abb. 3 Tab.
utb-M (978-3-8252-3913-8) kt

Familienzentren, Mehrgenerationenhäuser, Elterntrainings: Die Aufgabenfelder der Sozialen Arbeit mit Familien werden immer vielfältiger. Das Lehrbuch bietet Studierenden der Sozialen Arbeit eine solide Orientierung. Die Autoren führen in die Familie als Ort der Sozialisation sowie in wichtige sozialpädagogische Methoden, Konzepte und Einrichtungen ein. Mit zahlreichen Fallbeispielen, Literaturtipps und Übungsaufgaben!

www.reinhardt-verlag.de

Basiswissen Recht für die Soziale Arbeit

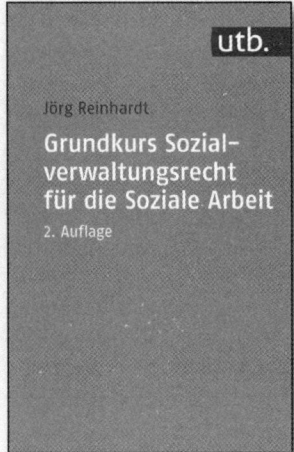

Jörg Reinhardt
**Grundkurs Sozialverwaltungsrecht
für die Soziale Arbeit**
Mit 22 Übersichten, 13 Fällen
und Musterlösungen.
2., überarbeitete Auflage 2019.
204 Seiten.
utb-S (978-3-8252-5195-6) kt

Das Sozialverwaltungsrecht spielt für die Praxis der Sozialen Arbeit eine wichtige Rolle: Von der Begleitung Arbeitssuchender über die Jugendhilfe bis zur Tätigkeit im ASD überlagern behördliche Zuständigkeiten, Verfahrensfragen und Rechtsschutzmöglichkeiten immer wieder fachlich-inhaltliche Aspekte. Die Kenntnis des Sozialverwaltungsrechts ist hier und in vielen anderen Bereichen der Sozialen Arbeit unverzichtbar. Der Grundkurs erleichtert den Einstieg in das Recht für die Soziale Arbeit mit vielen praktischen Beispielen. Für die 2. Auflage wurde insbesondere das Kapitel zum Thema Datenschutz überarbeitet.

ℝ/ reinhardt
www.reinhardt-verlag.de

Organisation sozialer Arbeit – kompakt!

Petra Mund
Grundkurs Organisation(en) in der Sozialen Arbeit
Mit Online-Zusatzmaterial.
(Soziale Arbeit studieren)
2019. 217 Seiten. 12 Abb.
utb-S (978-3-8252-5256-4) kt

Organisation und Organisationen sind zentrale Merkmale professionalisierter Sozialer Arbeit. Neben einem Überblick über die heterogene Organisationslandschaft, wie beispielsweise Jugendamt, freie Träger und Lobbyorganisationen, vermittelt dieses Lehrbuch Wissen über organisationstheoretische Grundlagen, grundlegende Strukturen und Finanzierungsbedingungen in Organisationen Sozialer Arbeit. Es enthält zahlreiche praktische Übungen und Anregungen zur kritischen Reflexion praktischen Handelns.

www.reinhardt-verlag.de

Psychologie trifft Soziale Arbeit

Barbara Bräutigam
Grundkurs Psychologie für die Soziale Arbeit
Mit Online-Zusatzmaterial.
(Soziale Arbeit studieren)
2018. 228 Seiten.
utb-S (978-3-8252-4947-2) kt

Diese Einführung vermittelt Grundkenntnisse der Psychologie, die für Studierende der Sozialen Arbeit relevant sind: Entwicklungspsychologie, Sozialpsychologie, Familien und Erziehungspsychologie, Klinische Psychologie, Methodische Kompetenzen und Interventionsformen, Schulpsychologie etc. bis hin zu Fragen der Psychotherapie und Sozialpädagogischen Familienhilfe. Dabei wird insbesondere unter Einbeziehung zahlreicher Fallbeispiele reflektiert, wie Psychologie Soziale Arbeit beeinflusst.

℟ reinhardt
www.reinhardt-verlag.de

Souveräner Umgang mit prominenten Theorien

Philipp Sandermann/
Sascha Neumann
**Grundkurs Theorien
der Sozialen Arbeit**
Mit Online-Zusatzmaterial.
(Soziale Arbeit studieren)
2018. 238 Seiten.
utb-S (978-3-8252-4948-9) kt

Diese kritischsystematische Einführung gibt Studierenden einen Überblick zum Themenfeld Theorien der Sozialen Arbeit. Die Autoren ermuntern zu einer differenzierten und analytischen Auseinandersetzung mit dem aktuellen Theoriediskurs, bei dem neben dem Aussagegehalt der Theorien der Sozialen Arbeit vor allem ihre Plausibilisierungsstrategien sowie deren Grenzen im Mittelpunkt stehen.

www.reinhardt-verlag.de

Gewusst wie:
Methoden und deren Anwendung

Uta Walter
Grundkurs methodisches Handeln in der Sozialen Arbeit
Mit Online-Zusatzmaterial.
(Soziale Arbeit studieren)
2017. 238 Seiten. 11 Abb. 2 Tab.
utb-S (978-3-8252-4846-8) kt

Soziale Arbeit ist in der Praxis oft komplex und unberechenbar. Sie braucht kritisch-reflexive PraktikerInnen mit einem umfassenden Repertoire an methodischen Handlungsmöglichkeiten. Neben wichtigen Grundbegriffen und allgemeinen Komponenten methodischen Handelns geht die Autorin in diesem Lehrbuch auf spezifische Konzepte ein und gibt Studierenden zahlreiche praktische Übungen und Anregungen zur kritischen Reflexion an die Hand, um den Praxisalltag Sozialer Arbeit durch methodisches Handeln versteh- und gestaltbar zu machen.

www.reinhardt-verlag.de